46

CHAPITRE 4

Exploitez l'Internet tout confort sur l'iPad

58

CHAPITRE 5

Faites le plein d'applis pour votre iPad

66

CHAPITRE 6

Découvrez la télé mobile avec l'iPad

140

CHAPITRE 10

Allez plus loin avec votre iPad

150

CHAPITRE 11

Les meilleurs accessoires pour l'iPad

156

INDEX

1
Comment bien choisir votre iPad

série hightech

DIRECTION DE COLLECTION
Yann Garret

RÉDACTION
Rédaction en chef
Fabrice Neuman
redaction@presselivre.fr
Ont collaboré à ce numéro
Louis Carreau
Isidore Duncan
Elisabeth Garret
José Roda

FABRICATION
Pierre Jauneau

ILLUSTRATIONS
Couverture et ouvertures de chapitres : Ra2 Studio - Fotolia ; AndreasG - Fotolia.
Photos iPad : Courtesy Apple

ISBN : 978-2-212-13293-9
Groupe Eyrolles
61, Bd Saint-Germain
75240 Paris Cedex 05
www.editions-eyrolles.com

N° d'éditeur : 8546
Dépôt légal : mai 2011
Imprimé en Espagne
par Cayfosa Impresia Ibérica
08130 Santa Perpetua
de Mogoda - Barcelone

L'ordinateur intime

« L'essayer c'est l'adopter ». On dirait cette phrase inventée pour l'iPad. Vous en doutez ? Essayez donc ! Que ce soit avec l'iPad de première génération ou avec l'iPad 2, il suffit de prendre la tablette en main pour réaliser que l'on est en présence d'un objet pas comme les autres. L'appareil est fin, léger, rapide, et d'une simplicité exemplaire. Aussi simple qu'un iPhone ou qu'un iPod, c'est dire ! Mais, surtout, il ajoute une notion supplémentaire, aussi inattendue qu'agréable : l'intimité. On l'entoure de ses deux mains, on le porte près de soi, sans clavier pour faire barrage entre soi et l'écran. Et la taille de ce dernier permet de s'immerger sans retenue dans tout ce que l'on entreprend. Un vrai régal ! À tel point qu'on ne le prête pas facilement : l'iPad est probablement le premier ordinateur véritablement et totalement personnel.

D'accord, d'accord, l'iPad est séduisant… Mais à quoi sert-il donc ? « Un iPad en plus de mon ordinateur et de mon smartphone ? À quoi bon ? », vous demandez-vous peut-être… Suivez les pages de ce guide et vous comprendrez que l'iPad s'intégrera à votre vie quotidienne, comme s'il en avait toujours fait partie. Tour à tour, il devient votre écran de cinéma ou de télévision personnel, votre livre, votre magazine, votre fournisseur d'actualités, votre fenêtre de recherche sur le Web, votre instrument de musique, votre album photo, votre console de jeu, votre compagnon de vidéoconférence… et même votre outil de travail dans certains cas. Grâce à son autonomie record, et à sa capacité à se réveiller en clin d'œil, il est toujours disponible et sait se rendre ainsi indispensable.

L'iPad n'est pas un ordinateur de plus : il marque avec brio une nouvelle étape de la révolution informatique, celle de l'ordinateur intime.

Sommaire

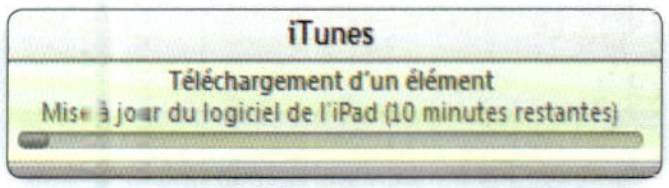

iTunes
Téléchargement d'un élément
Mise à jour du logiciel de l'iPad (10 minutes restantes)

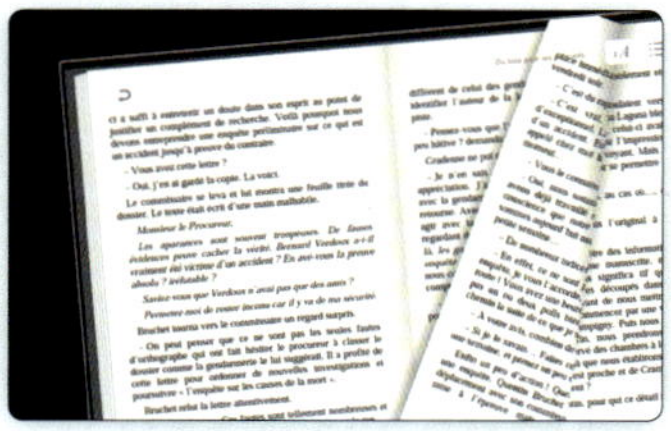

À DÉCOUVRIR DANS CES PAGES

Comment bien choisir votre iPad

Apple n'a pas inventé le concept d'ordinateur tablette, mais il est le seul à avoir pour l'instant transformé l'essai. Avec l'iPad, le constructeur a trouvé la bonne recette en créant à la fois un appareil abouti et un écosystème entièrement à son service. Aucun doute aujourd'hui : si vous cherchez une tablette, l'iPad s'impose. Faites donc le tour des modèles disponibles pour choisir celui qui vous convient, et découvrez également tous les services qu'il peut vous rendre… avant de dévorer le reste de ce guide !

L'IPAD N'EST PAS LA PREMIÈRE TABLETTE À AVOIR VU LE JOUR, MAIS C'EST LA PREMIÈRE À AVOIR ÉTÉ ADOPTÉE AUSSI LARGEMENT.

L'iPad, nouvelle étape de la révolution informatique

Lorsque l'on parle d'ordinateur tablette ou de tablette électronique, il y a l'iPad et il y a tous les autres. Il s'en est vendu près de 20 millions pendant sa première année d'existence, et les prévisions ne cessent d'être ajustées à la hausse. Combien en aura-t-il été vendu à la fin de 2011 ? 30 millions ? 40 millions ? Tous les analystes semblent perdus devant l'ampleur du succès de la tablette d'Apple. La seule limite semble être les capacités de production. « Nous vendons les iPad 2 aussi vite que nous parvenons à les fabriquer », déclarait ainsi Apple lors d'un point financier à la fin du mois d'avril 2011. Plus d'un mois après sa sortie mondiale en mars de la même année, les candidats à l'achat faisaient encore la queue devant les différentes enseignes distribuant la tablette magique.

UN SUCCÈS INATTENDU Magique, c'est le mot-clé qu'Apple utilisait pour présenter la première génération d'iPad en 2010. Et il semble que seule la magie puisse expliquer un succès qui a pris tout le monde par surprise. Car l'iPad n'est pas la première tablette à voir le jour, loin s'en faut. Dix ans auparavant par exemple, Microsoft s'était lancé dans l'aventure du Tablet PC. Une version spéciale de Windows, capable d'être pilotée aussi bien à la souris que de manière tactile, équipait des ordinateurs portables proposant des claviers escamotables ou même détachables. Seulement, l'engouement des débuts s'est vite calmé devant les faiblesses évidentes de ces machines. Elles manquaient notamment de puissance pour faire tourner Windows et, surtout, l'adaptation tactile se révélait bien peu pratique. Sans oublier l'autonomie bien trop courte.

LA DÉMARCHE INVERSE D'APPLE L'une des clés du succès d'Apple, dans un domaine où Microsoft et tant d'autres se sont cassé les dents, est à chercher du côté du système d'exploitation utilisé. Plutôt que d'essayer d'adapter à une tablette un système destiné au départ à des ordinateurs, Apple a choisi de se baser sur le système simplifié de l'iPhone. Autrement dit, pas question d'adapter un système destiné à être manié à la souris et au clavier : iOS, le nom de ce système d'exploitation a été pensé dès le début pour être manié au doigt. Et ça change tout !

DES ANNÉES D'ÉTUDE En réalité, ce qui s'appelle maintenant iOS était dès le départ destiné à une tablette. Pendant des années, Apple a poursuivi cette idée de produire un ordinateur aussi simple à utiliser qu'une feuille de papier qu'on pourrait emporter partout. Mais, même il y a dix ans, les technologies n'étaient pas prêtes pour permettre à Apple d'atteindre son but. Et la firme s'est alors aperçue que ce système simplifié pouvait parfaitement s'adapter à un téléphone : l'iPhone était né. Il fut annoncé en 2007. Ce n'est que 3 ans plus tard qu'était dévoilé l'iPad, répondant enfin aux critères techniques définis par Steve Jobs, le patron d'Apple, lui-même. Il fallait que la machine soit légère, rapide, dispose d'un écran de belle taille et que le tout soit très autonome. L'iPad de première génération répondait déjà à tous ces critères, que l'iPad 2 ne fait que confirmer. L'autonomie notamment, d'environ 10 heures d'utilisation ininterrompue, est l'un des points les plus importants. Même en usage intensif, vous êtes sûr que l'iPad vous suivra toute la journée sans problème.

USAGES MULTIPLES Une autonomie d'autant plus appréciée que l'iPad rend tellement de services qu'on se surprend vite à l'utiliser à tout bout de champ : consulter sa messagerie, lire livres et magazines, se repérer sur une carte, jouer... Cela dit, la réussite technologique n'explique pas tout, d'autant plus que les concurrents se

Quelle génération ?

Dans le dur monde des technologies, toute nouvelle génération d'appareil chasse la précédente. L'iPad n'échappe pas à la règle, et la tablette de première génération s'est vue remplacée par l'iPad 2. Cela dit, vous trouverez des modèles de première génération d'occasion à des prix raisonnables. Une bonne façon de vous essayer à l'informatique de l'avenir... d'autant plus que l'iPad 1 n'a pas à rougir devant son successeur. Vous le verrez p. 18, les deux modèles ne sont pas si différents !

sont réveillés et ont commencé à proposer des tablettes dont certaines rassemblent un design et des capacités techniques qui n'ont rien à envier à l'iPad (voir p. 10).

UN ÉCOSYSTÈME COMPLET Seulement, aucune de ces tablettes concurrentes n'est en mesure de proposer un écosystème aussi complet que celui d'Apple. Un iPad, comme un iPhone d'ailleurs, ne se conçoit pas sans l'iTunes Store, le magasin en ligne d'Apple. C'est lui qui donne toute leur ampleur aux appareils iOS d'Apple en général et à l'iPad en particulier. Vous y téléchargerez des applications, des films, des séries télé, de la musique, des podcasts,etc. Sans ce magasin, l'iPad ne serait qu'un ordinateur au design réussi. Grâce à l'iTunes Store, l'iPad devient un compagnon au quotidien, aussi bien dans vos loisirs qu'au travail. Et c'est bien cette profonde interaction entre l'appareil et son environnement de services qui change la donne totalement et qui montre la voie de l'informatique de demain.

UNE CATÉGORIE À PART Apple a donc réussi là ou tant d'autres ont échoué : créer une nouvelle catégorie d'appareil qui ne soit ni un ordinateur, ni un téléphone. Un outil hybride, situé entre les deux et capable de rendre des services inédits, bien plus confortablement que n'importe quelle autre machine des deux autres catégories. Si vous n'êtes pas encore convaincu, prenez donc un iPad dans les mains : au bout de quelques minutes, vous ne voudrez plus le lâcher !

L'iPad n'est-il qu'un gros iPod ? Il suffit de l'utiliser pendant quelques minutes pour se rendre compte qu'il s'agit en réalité d'une nouvelle révolution informatique.

LES DEUX GÉNÉRATIONS D'IPAD COMPARÉES

	iPad 1	iPad 2
CARACTÉRISTIQUES		
Poids (Wi-Fi/3G)	680/730 g	601/613 g
Processeur	Apple A4	Apple A5
Vitesse processeur	1 GHz	1 GHz double cœur
Mémoire système	256 Mo	512 Mo
Mémoire de stockage	16/32/64 Go	16/32/64 Go
Résolution d'écran	1024 x 768	1024 x 768
Accéléromètre	●	●
Gyroscope	○	●
Wi-Fi (b/g/n)	●	●
Capteur de luminosité	●	●
Bluetooth 2.1 EDR	●	●
ÉQUIPEMENT		
Microphone	●	●
Haut-parleur	Mono	Mono
Interrupteur rotation/muet	●	●
Caméra face	○	● (640 x 480)
Caméra arrière	○	● (960 x 720)
Capture vidéo (HD)	○	● (1280 x 720)
Connectivité réseau mobile 3G (1)	● HSDPA 1,8 Mbits/s	● HSDPA 7,2 Mbits/s
GPS	●	●
LOGICIEL		
Navigateur Safari Mobile	●	●
E-mail	●	●
Contacts	●	●
Contrôle parental	●	●
YouTube	●	●
App Store	●	●
Game Center	●	●
Plans (2)	●	●
iTunes App	●	●
Notes	●	●
Photobooth	○	●
FaceTime	○	●
iPod	●	●
Calculatrice	●	●
Horloge	●	●

(1) Modèles Wi-Fi+3G uniquement.

(2) Avec orientation automatique grâce à la boussole-magnétomètre intégrée.

L'IMPRESSIONNANT SUCCÈS COMMERCIAL DE L'IPAD NE DOIT PAS FAIRE OUBLIER QUE SES CONCURRENTS ONT AUSSI DE BONNES IDÉES.

Que manque-t-il à l'iPad face à ses concurrents ?

Un an après sa sortie, différents cabinets d'analyse donnaient à l'iPad plus de 90 % de parts de marché dans le secteur des tablettes. Un chiffre un peu fantaisiste, le marché des tablettes n'existant quasiment pas avant l'arrivée de la tablette d'Apple, mais qui a tout de même le mérite de démontrer un point essentiel : Apple a pris de cours tout le petit monde des technologies en parvenant à imposer une nouvelle catégorie d'appareils (voir p. 8).

LA CONCURRENCE SE RÉVEILLE Cela dit, depuis le début de 2011, Apple n'est plus seul dans le domaine. Les concurrents, un temps sonnés, ont repris leurs esprits et des nuées de tablettes tentent de prendre d'assaut la nouvelle citadelle. Une grande majorité d'entre elles sont basées sur Android, le système d'exploitation de Google, déjà utilisé par un grand nombre de smartphones concurrents de l'iPhone. Pour l'occasion, Google a même développé une version spécialement destinée aux tablettes, Android 3.0, baptisée Honeycomb. Motorola, Samsung et même Sony l'ont adoptée pour proposer des tablettes à leur sauce. Et les bonnes idées ne manquent pas.

ANDROID SE FAIT FLASHER La première d'entre elles concerne le format Flash. Alors qu'Apple refuse toujours de rendre ses appareils iOS compatibles avec la technologie d'animation et de diffusion de séquences vidéo d'Adobe utilisée partout sur le Web, les tablettes Android les affichent sans broncher… ou presque. Il semble en effet que les arguments d'Apple en défaveur du Flash sur les tablettes aient quelques raisons d'être : Flash n'est pas toujours stable et fait parfois « planter » le navigateur de la tablette. Il n'empêche : il est toujours très irritant de voir s'afficher sur le navigateur de son iPad le message indiquant que l'on ne peut pas visiter tel site Web parce qu'il est développé en Flash.

MESQUINERIE TECHNOLOGIQUE ? On pourrait aussi reprocher à l'iPad de ne pas proposer les toutes dernières technologies, comme le démontre la faible qualité des caméras de l'iPad 2 (voir p. 21). Ou encore d'imposer un design unique. Voici quelques exemples dont le prochain iPad pourrait peut-être s'inspirer pour conserver son statut de champion des tablettes toutes catégories.

UNE HISTOIRE DE STYLE

S'il est un spécialiste du design, c'est bien Apple dont les machines sont connues et reconnues pour leur style sobre, dépouillé et élégant. L'iPad ne trahit pas cette tradition, bien au contraire. L'iPad 2 est une véritable réussite en la matière : sa finesse et ses bords doucement arrondis en font un objet d'une incontestable beauté. Cela dit, l'iPad souffre d'un défaut majeur : il n'existe qu'en une seule saveur. Si jamais ce design ne vous plaît pas, passez votre chemin, Apple ne propose rien d'autre. Alors que du côté des tablettes basées sur Android, il y a pléthore. Normal, puisque le système est offert gratuitement par Google aux constructeurs qui le veulent et qui, du coup, rivalisent d'imagination pour se différencier de leurs multiples concurrents. Avec plus ou moins de bonheur il est vrai, tant la tablette Xoom de Motorola, par exemple, ressemble à une voiture de l'ancienne Europe de l'Est lorsqu'on la compare à l'iPad. Mais il y a aussi des designs réussis, comme ci-contre celui de cette tablette de Sony, la S1, qui donne tout de suite envie de la saisir.

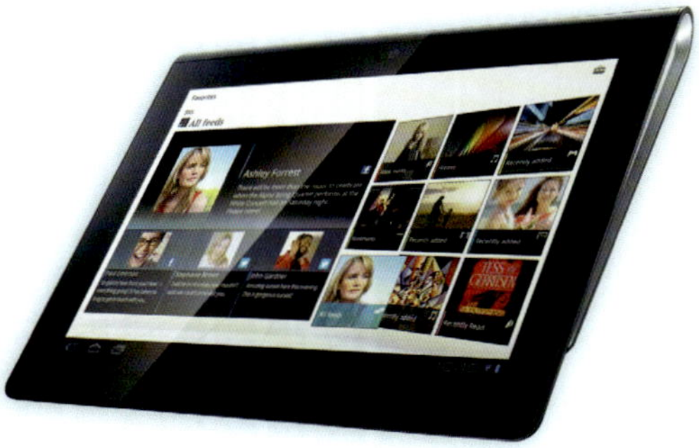

Pas un téléphone

Un iPad 3G (voir p. 12), c'est bien pratique : grâce à la connexion au réseau mobile, on peut se connecter à Internet de n'importe où, même donc lorsqu'aucune connexion Wi-Fi n'est disponible. Mais pourquoi ne peut-on pas téléphoner avec, alors ? Rien ne l'empêcherait techniquement. Il s'agit d'un choix d'Apple, probablement pour ne pas mélanger les genres avec l'iPhone. Sans compter que, l'iPad étant bien trop grand pour le mettre à l'oreille, il faudrait forcément l'utiliser avec un casque-micro ou une oreillette Bluetooth. Ce qui n'est pas forcément très pratique. Et c'est aussi ce qui permet d'utiliser des abonnements 3G sans engagement, que l'on peut donc arrêter et reprendre à loisir.

DE MEILLEURS CAPTEURS PHOTO ET VIDÉO, VOIRE MÊME EN 3D ?

Semblant céder à la pression de ses utilisateurs, Apple a intégré à l'iPad 2 les caméras qui manquaient à l'iPad de première génération. Mais on pourrait penser qu'Apple l'a fait à contre-cœur tellement la qualité des capteurs déçoit. S'ils sont parfaitement adaptés à la visioconférence (voir p. 54), ils ne permettent pas de prendre des photos de qualité (voir p. 21). De leur côté, les tablettes concurrentes intègrent le plus souvent des capteurs de plusieurs mégapixels, aussi bons que ceux d'appareils photonumériques compacts… ou que celui de l'iPhone ! Sans compter le flash bien utile en intérieur. Bien sûr, une tablette ne remplacera pas votre appareil numérique ou votre smartphone pour prendre des photos au quotidien, mais elle pourrait rendre service lorsque vous remarquez une situation intéressante et que vous avez la tablette entre les mains. Avec l'iPad 2, on préfère ne pas prendre la photo… Certains constructeurs, tel LG avec sa tablette GSlate, vont même plus loin et proposent de prendre des photos en trois dimensions avec leur tablette. Et vont jusqu'à fournir les lunettes qui permettent ensuite de s'immerger dans la photo lorsqu'on la regarde à l'écran. Alors, bientôt un capteur et un écran 3D sur l'iPad ?

D'AUTRES TAILLES D'ÉCRAN ?

Alors que la gamme des ordinateurs d'Apple propose plusieurs tailles d'écran, l'iPad, lui, n'en propose qu'une : 9,7 pouces, soit environ 25 cm de diagonale. Les concurrents ont tôt fait de s'engouffrer dans cette brèche en proposant des modèles de tailles différentes. C'est le cas de Samsung avec sa Galaxy Tab ou de RIM, le créateur des Blackberry, avec son Playbook, qui proposent des appareils munis d'un écran de 7 pouces (soit environ 18 cm de diagonale). Le but est de rendre l'appareil plus portable, sans pour autant qu'il soit aussi petit qu'un smartphone. On peut épiloguer longtemps sur la capacité d'un écran 7 pouces à afficher aussi confortablement une page Web ou un magazine que l'iPad dont la surface est quasiment deux fois supérieure : ce n'est qu'une histoire de goût et de choix finalement. Et c'est bien ce qu'on peut reprocher à Apple, de ne pas donner le choix. Peut-être qu'un léger virage stratégique permettra l'apparition d'iPad en plusieurs tailles.

1

Comment bien choisir votre iPad

SELON VOS BESOINS DE CONNEXION À INTERNET, IL VOUS FAUT CHOISIR LE BON MODÈLE D'IPAD : WI-FI SEULEMENT OU WI-FI + 3G ?

Wi-Fi ou 3G ? Comment choisir son niveau de connectivité

Comme un ordinateur portable, l'iPad se connecte à Internet via une connexion Wi-Fi, celle de la box de votre fournisseur d'accès lorsque vous êtes à la maison par exemple. Mais comme un téléphone mobile, un iPad 3G peut aussi se connecter à Internet via le réseau des opérateurs mobiles Orange, SFR ou Bouygues Télécom. Au moment de l'achat, avant même de choisir la capacité de stockage mémoire de votre iPad (16, 32 ou 64 Go), il vous faudra donc déterminer le type d'iPad qui convient le mieux à votre besoin de connexion : Wi-Fi seulement ou Wi-Fi + 3G ?

LE CHOIX DES RÉSEAUX Pour bien choisir, il faut d'abord comprendre ce que cela signifie. Un iPad Wi-Fi ne pourra donc se connecter qu'au travers d'une « box » ou d'un hotspot, c'est-à-dire un accès public, gratuit ou payant, que l'on trouve dans les cafés, les hôtels ou les aéroports par exemple. Si aucun signal Wi-Fi n'est disponible, point de salut : vous ne pourrez vous connecter à Internet. Avec un iPad Wi-Fi + 3G, vous pourrez non seulement vous connecter aux mêmes réseaux Wi-Fi, mais vous aurez aussi le choix de vous relier aux réseaux de l'opérateur mobile auprès duquel vous aurez souscrit un abonnement 3G. Les iPad 3G sont donc munis d'un petit tiroir permettant d'insérer une carte SIM dans l'appareil, comme celle de votre téléphone mobile.

POSITIONNEMENT GPS Petit bonus, les iPad 3G intègrent également une puce GPS qui fait défaut aux iPad Wi-Fi. La raison en est tout simplement technique : pour accélérer la détermination de la position géographique de l'appareil, le système se repère d'abord aux antennes du réseau mobile, avant de passer le relais à la puce GPS pour obtenir des coordonnées précises au mètre près. Les iPad Wi-Fi en sont donc incapables.

LES CRITÈRES DU CHOIX Sachant cela, le choix entre les deux types d'iPad repose sur deux critères principaux : l'usage et le prix. Pour le premier, il vous faut déterminer si vous pensez utiliser l'iPad souvent en dehors de chez vous et dans des endroits dépourvus de connexion Wi-Fi accessible. Si c'est le cas, un iPad 3G pourra se révéler pratique. Il vous restera alors à évaluer le budget nécessaire. Il faut d'abord savoir que l'iPad 3G coûte 120 euros de plus que son équivalent Wi-Fi, doté de la même capacité mémoire. Ensuite, il faudra prévoir le surcoût lié à la connexion 3G (voir tableau ci-contre). Notez enfin que l'iPad Wi-Fi+3G est légèrement plus lourd. Mais le surpoids est négligeable puisqu'il n'est que de 12 grammes sur l'iPad 2.

Les points à vérifier pour choisir le bon accès 3G

☑ **QUELLE LIMITE À L'ILLIMITÉ ?** Comme avec l'iPhone, les forfaits 3G illimités pour l'iPad n'ont d'illimité que le nom. Au moment de souscrire à votre accès 3G, faites-vous bien spécifier ce qui se passera si vous atteignez la limite : votre connexion sera-t-elle purement et simplement coupée, ou bien seulement ralentie jusqu'au mois suivant ou jusqu'à la prochaine recharge. Ou payez-vous un supplément hors forfait ?

☑ **TÉLÉ COMPRISE ?** En général, les forfaits mensuels vous donnent accès à la télévision illimitée (voir p. 78), mais pas les cartes prépayées.

☑ **ET SI VOUS ÊTES DÉJÀ ABONNÉ CHEZ L'OPÉRATEUR ?** Que ce soit pour l'Internet à la maison ou pour votre téléphone mobile, vous bénéficiez peut-être d'une petite réduction sur le prix mensuel d'un forfait 3G pour votre iPad si vous restez chez le même opérateur.

☑ **AUTORISE LA VOIX SUR IP ?** Si vous êtes utilisateur de Skype ou d'une autre application de voix sur IP comme Tango, assurez-vous que l'accès 3G pour votre iPad accepte ce type de connexion.

☑ **PRIX DE LA CARTE SIM ?** Selon que vous choisissez un forfait mensuel ou bien une carte prépayée, le prix du kit carte SIM n'est pas le même. Il est plus élevé pour les cartes prépayées. Il n'y a pas de petits profits chez les opérateurs mobiles.

Payer l'iPad moins cher ?

Opter pour un forfait 3G pour iPad avec engagement de 12 ou 24 mois, comme le propose Orange ou SFR, est un bon moyen de payer son iPad moins cher… au début. Car si l'on additionne le prix du forfait que l'on devra obligatoirement payer pendant la période choisie, l'économie peut rapidement devenir une dépense supplémentaire. Par exemple, un iPad Wi-Fi + 3G modèle 16 Go vendu seul coûte 609 euros. Avec un forfait Orange sur 24 mois, il revient à 783 euros. Autrement dit, la connexion à Internet en 3G vous revient à 7,25 euros par mois. À réserver aux usagers très réguliers.

LES LIMITES DE LA 3G Il faut aussi savoir que la connexion permanente que vous offre la 3G ne permet pourtant pas tout. Outre les limites globales d'échanges de données (voir tableau ci-dessous), certains usages sur l'iTunes Store seront réduits. Impossible en effet de télécharger des fichiers de plus de 20 Mo lorsque vous êtes connecté en 3G. Ce qui vous interdit donc évidemment les films ou les séries télé dont chaque épisode « pèse » entre 500 et 800 Mo, mais aussi certains longs podcasts dont le fichier audio peut rapidement dépasser cette limite.

L'IPHONE COMME RELAIS 3G Si vous avez opté pour un iPad Wi-Fi uniquement mais que vous vous apercevez finalement que vous avez besoin d'une connexion 3G de temps en temps, ne changez pas tout de suite de modèle, surtout si vous possédez aussi un iPhone 4. Celui-ci peut servir de relais 3G grâce à la fonction de Partage de connexion, disponible dans les Réglages. Cette option est payante auprès de votre opérateur, mais forcément moins chère qu'un abonnement 3G supplémentaire pour un iPad 3G. Renseignez-vous auprès de votre opérateur.

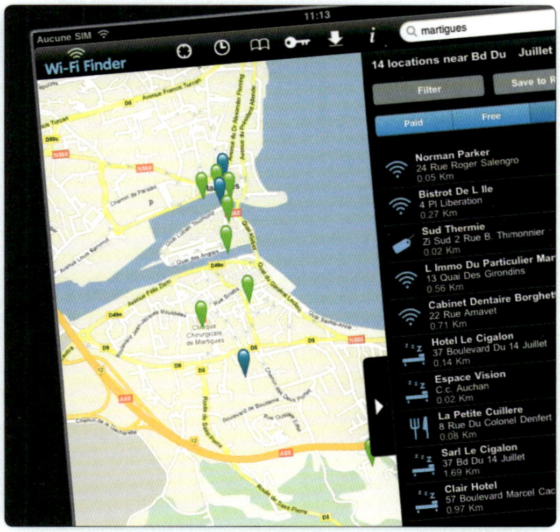

Plusieurs applications telles que Wi-Fi Finder vous aideront à repérer les hotspots Wi-Fi gratuits ou payants partout dans le monde.

Choisir librement son accès 3G pour iPad

Si vous avez choisi un iPad 3G, sachez qu'au contraire des téléphones mobiles, il n'est pas lié à un opérateur mobile. On dit parfois qu'il est « désimlocké », ce qui signifie que vous pouvez lui insérer n'importe quelle carte SIM, au format micro-SIM (voir p. 19). Vous pouvez donc choisir librement le réseau et le type de forfait qui vous conviennent. Mieux, les forfaits à paiement mensuel sont sans engagement. Ce qui signifie que vous pouvez vous abonner pour un mois ou deux, pour les vacances par exemple, et résilier sans frais pour les périodes pendant lesquelles vous n'en avez pas besoin. Attention, il existe chez Orange et SFR des offres avec engagement sur 12 et 24 mois vous permettant de bénéficier de tarifs mensuels légèrement réduits. À vous de voir si vous avez régulièrement besoin de l'accès 3G. Pour des besoins ponctuels, rien ne vous empêche d'utiliser des cartes prépayées. Attention, vous devrez changer de carte SIM pour passer d'un type d'accès à un autre, car elles sont spécifiques. Voici une vue d'ensemble des offres iPad des trois opérateurs.

Orange			SFR			Bouygues Télécom		
Offre	**Volume**	**Prix**	**Offre**	**Volume**	**Prix**	**Offre**	**Volume**	**Prix**
Forfait Initial	200 Mo/mois	8 €	**Prêt à surfer**	Illimité 24 h	6 €	**Recharge 1 jour**	300 Mo	6 €
Forfait quotidien	1 Go/mois	25 €	**Prêt à surfer**	Illimité 48 h	9 €	**Recharge 1 mois**	1,5 Go	29,90 €
Forfait Intense	2 Go/mois	39 €	**Prêt à surfer**	50 Mo sur 7 jours	3 €			
Pass iPad	1 Go/7 jours	18 €	**Prêt à surfer**	100 Mo sur 30 jours	9 €			
Pass iPad	Illimité 1 jour	6 €	**Prêt à surfer**	200 Mo sur 30 jours	15 €			
Pass iPad	Illimité 2 jours	10 €	**Prêt à surfer**	500 Mo sur 60 jours	25 €			
			Prêt à surfer	1 Go sur 60 jours	35 €			
			Découverte iPad	250 Mo/mois	8,90 €			
			Sérénité iPad	1 Go/mois	19,90 €			
			Absolu iPad	Illimité (débit réduit au delà de 3 Go)	31,90 €			

L'IPAD VOUS FAIT ENVIE MAIS VOUS NE PENSEZ PAS EN AVOIR L'UTILITÉ ? VOICI UNE LISTE DE TOUS SES USAGES POSSIBLES. CONVAINCANT, NON ?

Mais au fait, à quoi ça peut bien servir un iPad ?

Lorsqu'il a présenté l'iPad de première génération au début 2010, Steve Jobs, le si médiatique patron d'Apple, a beaucoup insisté sur le positionnement de l'appareil, créant une troisième catégorie à mi-chemin entre l'ordinateur et le téléphone portable. C'est que le pari était risqué. Avions-nous vraiment besoin d'un troisième « ordinateur » dont les fonctions pouvaient déjà être réalisées par les deux autres ? Le pari semblait risqué à ce moment-là, mais apparaît totalement naturel aujourd'hui, car l'iPad a véritablement créé une nouvelle façon d'utiliser l'outil numérique. Naturel est le mot d'ailleurs : dès que l'on se saisit d'un iPad on comprend le nouveau rapport « intime » que l'on peut partager avec une machine. On la tient près de soi, il n'y a plus de clavier pour faire barrière : exit l'ordinateur portable. Et le grand écran permet une bien plus grande immersion : exit le téléphone portable ! Non, l'iPad ne remplace pas totalement l'ordinateur ou le téléphone, mais vous vous surprendrez à préférer la tablette dans de nombreux usages, c'est garanti !

LE WEB AU BOUT DES DOIGTS

Confortablement assis dans un bon fauteuil, vous saisissez la tablette et touchez l'icône bleue en forme de boussole. C'est Safari, le navigateur Internet de l'iPad (voir p. 48). Entrez une adresse via le clavier virtuel (voir p. 24)… et votre doigt devient le maître du monde. Cela vous semble exagéré ? Et pourtant surfer sur Internet est tellement naturel sur un iPad qu'on dirait presque que le Web a été inventé pour la tablette. D'ailleurs, la flèche de la souris de votre ordinateur ne se transforme-t-elle pas en doigt pointé lorsque vous survolez un lien ? C'est comme si les inventeurs du Web et des liens hypertexte avaient déjà eu envie d'utiliser leurs mains pour surfer. Outre le confort, l'iPad est également disponible à tout moment. Pas besoin d'attendre qu'il démarre : on l'allume et une seconde plus tard on peut chercher la réponse à la question qui trotte dans la tête.

LIRE DES MAGAZINES

Vous aimez lire des magazines ? Alors vous adorerez l'iPad ! Que ce soit à l'aide d'applications dédiées (voir Paris Match p. 92) ou via une application Kiosque (voir Zinio p. 94), vous démultiplierez le plaisir de feuilleter un magazine grâce à des fonctions que le plus beau des papiers ne peut offrir. Vous visualiserez par exemple des photos en plein écran, pourrez même parfois zoomer sur un détail, profiterez des séquences vidéo ajoutées ou, à l'inverse, pourrez vous concentrer sur le texte en faisant totalement disparaître les autres éléments. Sans compter que l'iPad vous permet d'emporter tous vos magazines avec vous, sans alourdir votre sac ou votre valise.

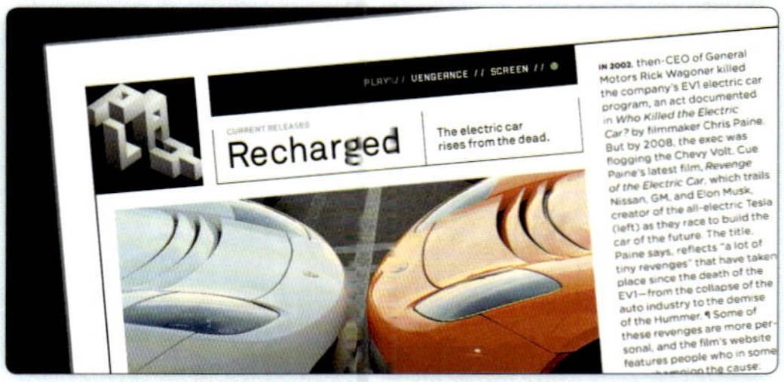

TRAVAILLER AVEC L'IPAD

Vous entendrez souvent les détracteurs de l'iPad soutenir mordicus que l'iPad ne permet pas de travailler. « Du coup, tu es quand même obligé de prendre aussi un ordinateur portable, ce n'est pas intéressant », disent-ils. Disons-le tout de suite, un iPad ne remplace pas totalement un ordinateur, c'est vrai. Il est plus à l'aise en situation de « consommation » de média qu'en situation de « production ». Cela dit, il est aussi capable de travailler. Besoin d'écrire ? De nombreux traitement de texte sont disponibles, du plus simple (voir p. 138) aux plus complets (voir p. 122 et 130). Pour les textes les plus courts, le clavier virtuel fait merveille. Et si vous avez besoin de taper plus longtemps, offrez donc à votre iPad un clavier Bluetooth d'Apple. Vous pourrez facilement l'emporter partout et vous vous retrouverez alors devant un véritable ordinateur portable… mais seulement quand vous en avez besoin. C'est bien plus pratique !

L'ordinateur confort

S'il fallait choisir un seul mot-clé pour définir l'iPad, ce serait certainement « confort ». Tout d'abord parce qu'il s'utilise naturellement en étant assis dans un fauteuil ou même allongé pourquoi pas. Ensuite parce qu'il est léger et qu'il s'emmène facilement partout. Et aussi parce qu'il offre suffisamment de puissance pour réaliser toutes vos tâches sans vous faire attendre. Et il ne faut pas oublier l'autonomie de plus de 10 heures d'usage continu qui vous permet souvent d'utiliser votre iPad plusieurs jours sans vous soucier de le brancher à son chargeur.

SUIVRE L'ACTUALITÉ

Tous les quotidiens proposent soit une version adaptée de leur site Web, soit une application iPad rendant la lecture encore plus confortable (voir l'exemple du Monde.fr en p. 90). Bien sûr, vous avez peut-être l'habitude de feuilleter les grande pages de votre journal papier. Mais, là encore, l'iPad fait merveille pour vous donner accès à de multiples sources, souvent gratuites qui plus est, pour vous tenir informé rapidement et efficacement. Sans compter, une fois de plus, sur les compléments multimédias (audio, photo, vidéo) qu'un journal papier aussi évolué soit-il ne saura jamais vous apporter. Le meilleur des deux mondes finalement : des articles de fond complétés par la diffusion de média. Et si vous êtes adepte des flux RSS, une application comme Reeder ou Zite (voir p. 136) devrait vous convertir définitivement à l'iPad.

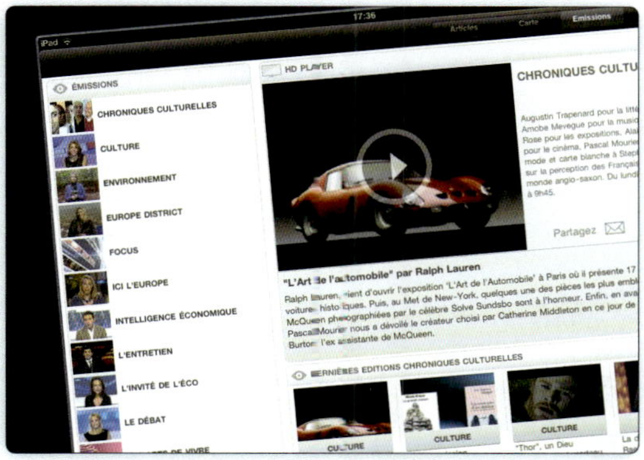

COMMUNIQUER TOUS AZIMUTS

Vous recevez des dizaines d'e-mails par jour ? Et si vous les triiez confortablement installé plutôt qu'assis devant votre ordinateur ? L'application Mail de l'iPad rend la lecture de ses messages simple et agréable (voir p. 50). On prend même un malin plaisir à effacer les messages qu'on ne veut pas conserver d'un glissement de doigt latéral sur son titre pour faire apparaître le bouton rouge Supprimer. Mais la communication ne se résume pas à la messagerie électronique. L'App Store regorge d'applications pour publier sur son mur Facebook (voir p. 56) ou envoyer des tweets sur son compte Twitter. Plus fort encore, grâce à ses caméras, l'iPad 2 devient le compagnon idéal de vos appels en visio : plus besoin de rester planté devant la webcam de l'ordi, vous vous baladez dans la maison tout en conversant. Et son grand écran fait merveille pour avoir véritablement l'impression de converser en tête à tête (voir p. 54). Si vous possédez un iPad de première génération, ne soyez pas trop jaloux : vous pouvez aussi utiliser Skype, mais en audio uniquement.

LIRE DES LIVRES

Pour les fans de littérature, l'iPad est l'outil rêvé, puisqu'il donne tout simplement accès à toutes les librairies du monde ! L'édition de livres électroniques est en plein boum, et l'iPad est le plus polyvalent des lecteurs. En effet, grâce à ses différentes applications de lecture telles que iBooks (voir p. 84) ou FnacBook (voir p. 86) ou même que l'application Kindle pour les livres en anglais, l'iPad vous permet de lire tous les livres disponibles, au contraire des liseuses à encre électronique, le plus souvent liées à un seul libraire électronique. Quant au confort de lecture, tout est affaire de goût évidemment. Les « traditionnalistes » du livre papier vous feront les gros yeux en vous voyant lire sur un écran. Laissez-les dire, c'est qu'ils n'ont encore jamais vraiment essayé !

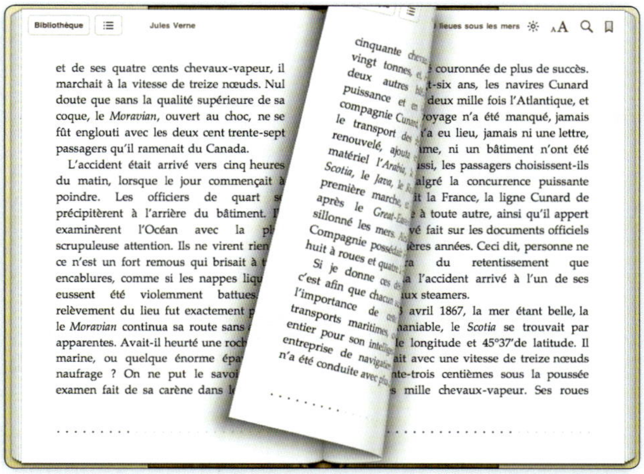

JOUER C'est peut-être l'usage le plus étonnant, mais l'iPad est une formidable machine à jouer. L'écran tactile capacitif a totalement changé l'univers du jeu vidéo. Et avec l'iPad, l'imagination des créateurs de jeu s'est débridée, pour proposer des jeux originaux, différents des jeux sur console ou sur ordinateur (voir p. 112). Les deux sont en réalité très complémentaires. Avec un avantage pour l'iPad : la portabilité évidemment !

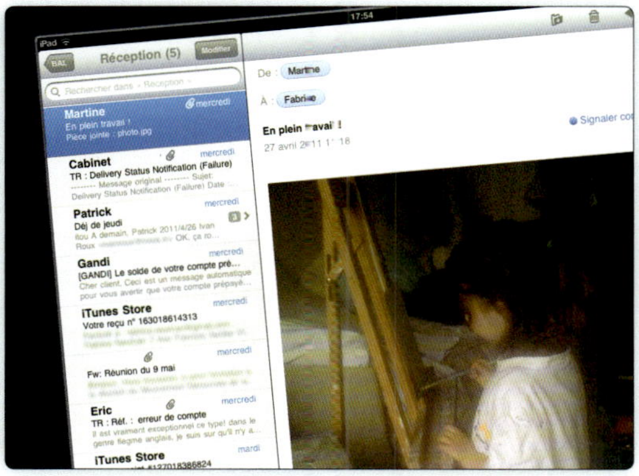

2

Bien démarrer avec l'iPad

À DÉCOUVRIR DANS CES PAGES

Débuter sur de bonnes bases avec l'iPad

Faites le tour du propriétaire en découvrant toutes les facettes de l'iPad. De ses capteurs intégrés à son superbe écran tactile, de son clavier virtuel étonnamment efficace à ses capacités multitâches, découvrez ce qui rend l'iPad unique en son genre : une conception simple et en même temps extraordinairement soignée. Apple a, une fois de plus, réussi à allier l'élégance, la simplicité et l'efficacité.

FIDÈLE À SES PRINCIPES DE DESIGN, APPLE A CONÇU L'IPAD COMME UN OBJET D'OÙ PRESQUE RIEN NE DÉPASSE. PRÉSENTATION.

Faire connaissance avec tous les modèles d'iPad

Dès que l'on saisit un iPad, on comprend qu'il s'agit d'un appareil à part. Immédiatement on le prend à deux mains – il vaut mieux, cela dit, car l'appareil est un peu lourd pour être manié d'une seule main – et on place naturellement ses pouces de part et d'autre de l'écran. Ce qui fait comprendre la logique du large bord qui entoure celui-ci. Le touché de la face arrière en aluminium est agréable, froid au début, mais il se réchauffe sous vos doigts en quelques secondes. Et les bords biseautés de l'iPad 2 le rendent encore plus agréable. Il ne manque plus… qu'un bon fauteuil !

UNE UTILISATION « RELAX » Car s'il fallait choisir un mot pour définir l'utilisation de l'iPad, ce serait incontestablement « confort ». Le fait qu'il n'y ait pas de clavier entre vous et l'écran rend l'usage beaucoup plus intime, comme avec un livre ou un magazine… tout en offrant bien plus de possibilités !

UN ÉCRAN GRAND LARGE Allumez l'iPad et vous voila devant un environnement qui vous est déjà familier si vous possédez un iPod Touch ou un iPhone. Mais la différence, bien sûr, c'est que l'écran fait près de 25 cm de diagonale et cela change tout. Autre différence essentielle, l'iPad est vraiment conçu pour s'utiliser dans tous les sens : même l'écran principal montrant les icônes de vos applications pivote en fonction de l'orientation de l'appareil. Le bouton sur la tranche droite de l'iPad vous permet de verrouiller ou non l'orientation en fonction de vos besoins.

AVANTAGE IPAD 2 ? Par rapport à l'iPad de première génération datant de mars 2010, l'iPad 2 annoncé en mars 2011 a progressé sur quelques points. Suffisamment pour vous faire craquer si vous possédez déjà un iPad 1 ? Pas sûr (voir ci-contre). L'iPad 2 prend l'avantage en termes de puissance, mais vous ne verrez vraiment la différence que sur les jeux ou toute autre application utilisant un affichage en 3D.

DÉTECTEURS Outre le capteur de luminosité (voir p. suivante), l'iPad embarque également un accéléromètre et un gyroscope. En revanche, seul le modèle 3G embarque une puce GPS.

Extérieurement, un iPad 3G (à gauche) ne se différencie d'un iPad Wi-Fi (à droite) que par la présence du tiroir pour la carte SIM et par une bande de plastique noir en haut de l'appareil. Elle est indispensable pour laisser passer les ondes de l'antenne nécessaire pour se connecter au réseau de téléphonie mobile. L'iPad 2 3G est également plus lourd de 12 grammes.

À cause du bord biseauté de l'iPad 2, le connecteur du casque semble ne pas rentrer jusqu'au bout. N'ayez crainte, cela fonctionne parfaitement.

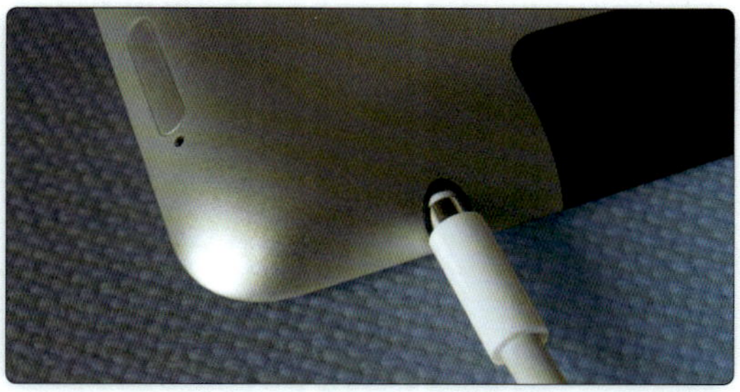

La deuxième caméra de l'iPad 2 est située à l'arrière, juste sous le bouton « marche / arrêt ». Elle est de meilleure qualité que la caméra frontale et permet de filmer en HD (voir p. 104)

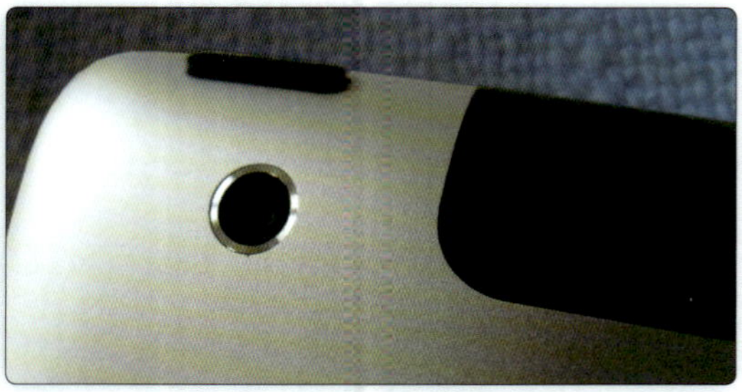

Passer de l'iPad 1 au 2 ?

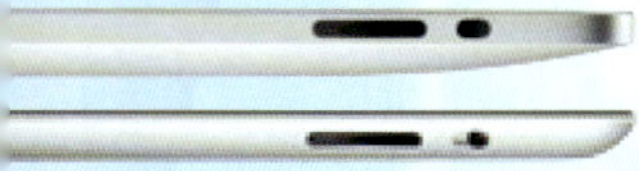

Faut-il passer à l'iPad 2 si l'on possède déjà un iPad de première génération ? Probablement pas, à une exception près : votre besoin ou envie de faire de la visioconférence grâce aux caméras de l'iPad 2. Pour le reste, l'iPad 2 est légèrement plus fin et un peu plus léger, mais ne vous apportera pas d'autres fonctions supplémentaires. En d'autres termes, il n'y a rien que vous puissiez faire avec l'iPad 2 que vous ne pourrez pas réaliser avec l'iPad 1. Et si vous n'avez pas encore d'iPad, regardez du côté des appareils d'occasion, vous trouverez sûrement un iPad 1 pour bien moins cher qu'un iPad 2 tout neuf !

La **prise jack** en haut à gauche permet de brancher n'importe quel casque-micro. Le modèle d'Apple que vous connaissez peut-être déjà fonctionne bien sûr parfaitement, mais n'est pas livré avec l'iPad.

L'une des grandes nouveautés de l'iPad 2, c'est l'apparition de **deux caméras**. Celle positionnée en face avant est parfaite pour la visioconférence (voir p. 54).

Le **micro** de l'iPad est situé tout en haut, au milieu, juste au dessus de la caméra frontale.

Juste au dessus de la caméra frontale, un **capteur** est chargé d'évaluer la lumière ambiante pour adapter la **luminosité** de l'écran.

Placez votre doigt dans le coin en haut à droite pour sentir le bouton **marche-arrêt**.

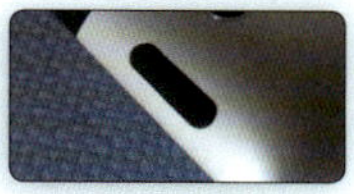

Sur un iPad 3G, un petit tiroir sur le côté gauche permet d'insérer la carte micro-SIM, qui vous donnera accès à une connexion Internet via le réseau de téléphonie mobile. À condition d'acheter un abonnement ou une carte prépayée (voir p. 12).

L'**écran tactile** de l'iPad est probablement l'élément le plus important. Sa grande taille (9,7 pouces de diagonale, soit 24,6 cm) est très confortable. Il est aussi multipoint, comme celui de l'iPhone, c'est-à-dire que l'on peut le manipuler avec plusieurs doigts (voir p. 22).

En haut à droite se trouvent deux boutons. À vous de choisir la fonction allouée à l'interrupteur à deux positions : **couper le son ou verrouiller l'orientation de l'écran**. Rendez-vous dans les Réglages de l'iPad pour définir votre préférence. Quant au bouton allongé en dessous, il permet tout simplement de **régler le volume**.

Le **connecteur** est identique à celui de l'iPhone ou des iPod. Il vous permet de relier l'iPad à votre ordinateur via le câble USB fourni ou bien tout simplement de recharger l'appareil.

Le **bouton principal**, aussi appelé bouton d'accueil, vous permet de revenir à vos pages d'icônes d'applications. Une double-pression lance la barre de permutation rapide entre applications (voir p. 26 pour tout savoir sur le multitâche).

Le coin biseauté en bas à droite cache le **haut-parleur monophonique** de l'iPad. Ne vous attendez pas à un son de concert, mais il sera suffisamment puissant pour vous permettre de profiter d'une vidéo sans problème. Et vous avez toujours la possibilité d'utiliser un casque.

NE VOUS LAISSEZ PAS ABUSER PAR L'ASPECT EXTÉRIEUR DÉPOUILLÉ, VOIRE SIMPLISTE, DE L'IPAD : IL EN A AUSSI SOUS LE CAPOT !

Faire le tour des capteurs et des boutons de l'iPad

BOUSSOLE ET GPS Tous les iPad, à l'instar des iPhone, intègrent une boussole qui vous permet, comme dirait Polichinelle, de toujours savoir où se trouve le nord. Contrairement à l'iPhone, l'iPad n'est pas équipé en standard d'une application boussole affichant à l'écran un bel objet en bois virtuel, tournant en même temps que vous changez l'orientation de l'appareil. Cela dit, il en existe des gratuites à télécharger sur l'App Store (voir p. 64), comme Compass HD. Mais repérer les points cardinaux s'avère surtout intéressant lorsque vous regardez une carte. Et pour cela, il vous suffit de lancer l'application Plans, installée en standard sur votre iPad (voir p. 30). Notez alors l'icône en forme de flèche dans la barre d'outils supérieure (1). Tapez dessus une fois pour demander à l'iPad de vous localiser (voir plus loin). Une seconde tape du doigt enclenche la boussole : la carte suit désormais l'orientation de l'appareil, pour afficher une carte orientée dans le sens de votre regard. Une petite boussole en haut à droite de l'écran s'affiche, afin de vous indiquer le nord. Pour ce qui est de la localisation, les iPad 3G et Wi-Fi ne sont pas logés à la même enseigne. Seul l'iPad 3G – qui est aussi capable de se connecter à un réseau Wi-Fi, rappelons-le – est muni d'une puce GPS pour vous donner un positionnement précis. La raison ? C'est que le positionnement se fait d'abord à l'aide des antennes du réseau mobile, avant de se faire plus précisément grâce au GPS. Les iPad Wi-Fi essaient de se positionner à partir du réseau Wi-Fi auquel ils sont connectés. Ce qui est bien sûr moins précis.

GYROSCOPE Un gyroscope est capable de détecter les mouvements angulaires par rapport à la gravité terrestre. Du coup, comme les instruments dans un avion qui permettent au pilote de savoir si son appareil tangue ou pas, l'iPad 2 est capable de déterminer sa position et son orientation dans l'espace. L'iPad de première génération n'est effectivement pas équipé d'un gyroscope. Pour se rendre compte de l'effet produit, rien ne vaut le jeu Jenga (2). Le but de celui-ci est d'enlever le maximum de morceaux de bois de la tour sans que celle-ci ne s'écroule. Et si vous enclenchez l'usage du gyroscope, via l'icône en bas à droite, il vous suffit de tourner sur vous-même en tenant l'iPad pour que la tour pivote en suivant le mouvement. Impressionnant !

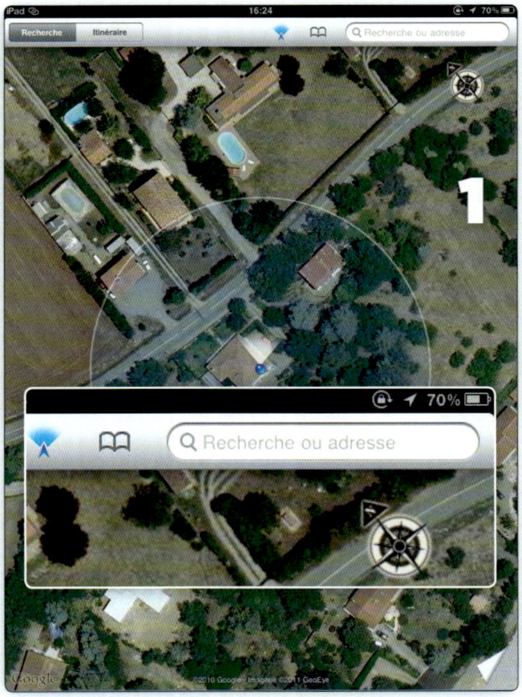

1

2

GPS via le téléphone

Si jamais vous avez un iPad Wi-Fi, donc sans puce GPS, vous pouvez tout de même obtenir une localisation géographique précise en utilisant les capacités de votre iPhone. Il suffit pour cela d'utiliser les capacités de partage de connexion de l'iPhone 4 (voir p. 52). Une fois que les deux appareils sont reliés l'un à l'autre et que, donc, l'iPad profite de la connexion 3G de l'iPhone pour se connecter à Internet, l'iPhone fait également passer ses informations de positionnement GPS. Vous voilà donc avec une carte en grand écran, très pratique à lire par les passagers de votre voiture par exemple !

LA (MAUVAISE) QUALITÉ DES CAMÉRAS Contrairement à l'iPad de première génération, l'iPad 2 est muni de deux caméras. Idéales pour la visioconférence (voir p. 54), ne comptez pas sur elles pour faire de bonnes photos. La preuve en images (3) : en haut, une photo prise avec le capteur en face avant, en bas à gauche avec le capteur arrière, et en bas à droite avec un iPhone 4. La différence est flagrante. La caméra avant ne propose qu'une résolution de 640 x 480 pixels. La caméra arrière monte à 960 x 720. Tandis que le capteur arrière de l'iPhone 4 atteint lui 2 592 x 1936. Les images montrées ici n'ont été retouchées d'aucune manière : seul le niveau de zoom a été adapté afin que le cadrage soit le même. Y'a pas photo non ?

SILENCE OU ROTATION ? L'interrupteur situé sur le côté, en haut à droite de l'iPad (lorsqu'on le regarde de face), au dessus des deux boutons de volume, peut servir à deux choses. En standard, il vous permet de couper le son de l'iPad. Le problème, c'est que ce comportement est relativement imprévisible : certains sons sont coupés alors que d'autres restent actifs. En mode muet, par exemple, les sonneries du calendrier sont désactivées, mais la musique de la partie iPod passera quand même. Mieux vaut vous rendre dans la section Général des Réglages de l'iPad et choisir « Verrouiller la rotation » dans la section « Le bouton latéral sert à ». Tout à coup le bouton prend tout son sens. Lorsque vous le placez en position basse, lorsque le point rouge apparaît, l'écran ne pivote plus même lorsque vous changer l'orientation de l'appareil : une fonction indispensable lorsque l'on veut lire dans son lit. Et si vous voulez que votre iPad soit silencieux, laissez le doigt appuyé sur le bouton de volume « - » jusqu'à ce que le haut-parleur soit totalement coupé.

ÉTEINDRE ET REDÉMARRER Le bouton situé tout en haut de l'appareil a plusieurs fonctions. Un appui court permet d'éteindre l'écran : le reste de l'iPad reste sous tension. Un nouvel appui rallume l'écran et vous n'avez plus qu'à faire glisser la flèche en bas de l'écran pour accéder à vos applications. Vous pouvez également réveiller votre iPad d'une pression sur le bouton principal en dessous de l'écran, au milieu. Pour éteindre totalement l'iPad, maintenez enfoncé le bouton du haut jusqu'à ce qu'apparaisse à l'écran le bouton rouge à flèche blanche à glisser vers la droite pour éteindre (voir p. 44). Appuyez de nouveau sur le bouton du haut pour rallumer l'iPad.

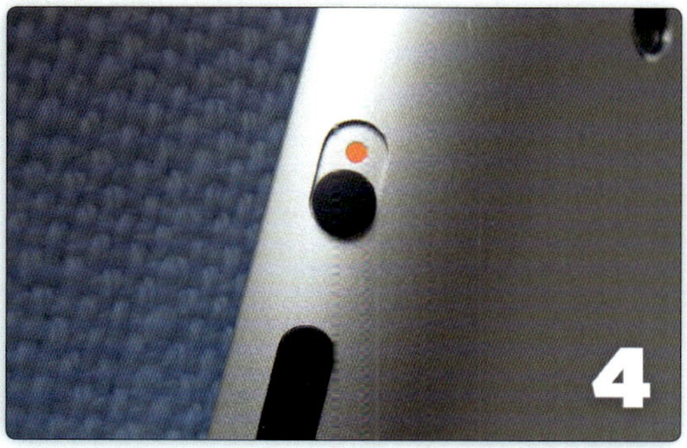

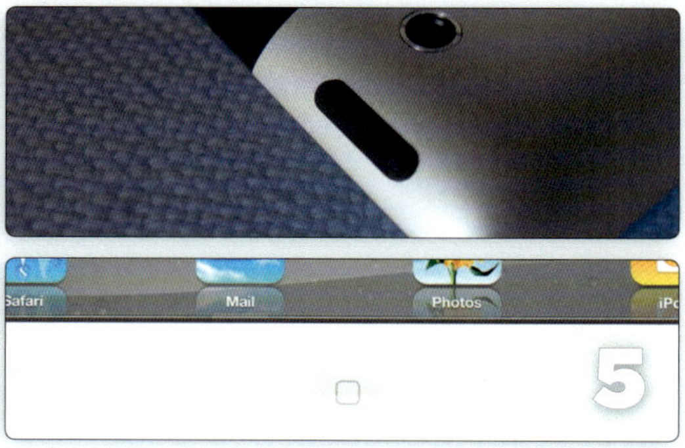

À chargeur, chargeur et demi

Si le connecteur de l'iPad est le même que celui de l'iPhone ou de l'iPod, ce n'est pas le cas du chargeur. Les grosses batteries de l'iPad ont en effet besoin d'un chargeur plus puissant pour être rechargées suffisamment vite. Le chargeur de l'iPad a donc une puissance de 10W, contre 6W pour celui de l'iPhone/iPod. Heureusement, vous pouvez tout de même interchanger vos chargeurs. L'iPhone/iPod se chargera sans problème avec le chargeur de l'iPad. Et ce dernier peut être chargé avec le chargeur de l'iPhone/iPod, mais plus lentement. Sachez également que l'iPad pourra probablement être chargé via le port USB de votre ordinateur, s'il a moins de deux ans. Ne soyez pas étonné si vous voyez le message « Aucune recharge en cours » s'afficher sur l'iPad, lorsqu'il est branché au port USB : c'est tout simplement que la charge ne s'effectue que lorsque l'écran est éteint...

AVEC UN OU PLUSIEURS DOIGTS, D'UN EFFLEUREMENT OU D'UNE DOUBLE TAPE, L'ÉCRAN DE L'IPAD RÉPOND À TOUTES VOS COMMANDES.

Maîtriser toutes les subtilités de l'écran tactile de l'iPad

Comme sur l'iPhone ou l'iPod Touch, la technologie de l'écran tactile de l'iPad est dite capacitive. Cela signifie qu'un courant électrique extrêmement faible parcourt la surface de l'écran. Dès qu'un doigt touche la surface, ce courant est perturbé et une série de capteurs détermine la position du doigt sur l'écran. C'est la raison pour laquelle ce type d'écran ne fonctionne pas avec les stylets en plastique à pointe fine : ils ne sont pas conducteurs électriques. Il existe toutefois des stylets et même des pinceaux conducteurs qui peuvent être utilisés avec l'iPad (voir p. 153).

TAPER POUR CLIQUER C'est le premier mouvement à maîtriser. La tape du bout du doigt sur l'écran, remplace le clic de souris sur votre ordinateur. Pas besoin de taper fort, ni d'être très rapide : faites simplement comme si vous tapiez sur une touche d'un clavier sur la partie de l'écran concernée, par exemple une icône pour lancer une application.

LA DOUBLE-TAPE POUR ZOOMER Que vous soyez dans l'application Photos pour visualiser vos images ou dans l'application Plans (voir p. 30)

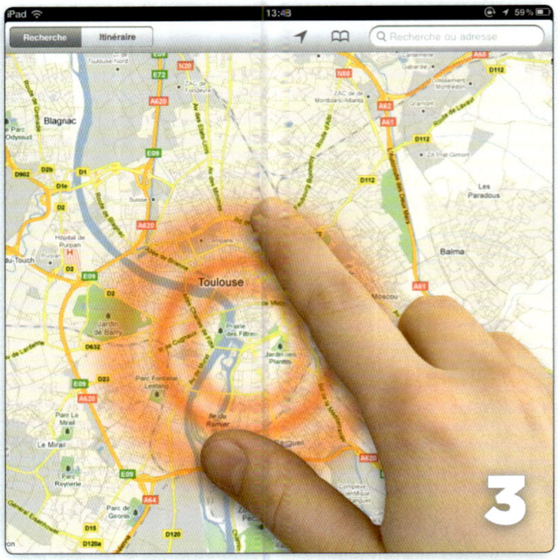

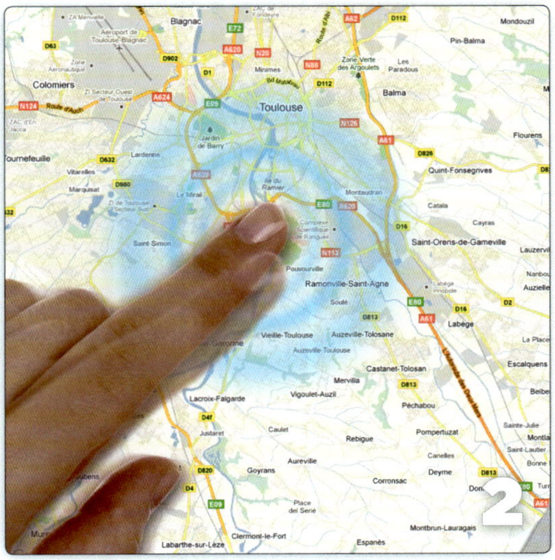

La chasse aux traces de doigts

C'est l'inconvénient majeur des écrans tactiles : même si on se lavait les mains toutes les cinq minutes on laisserait tout de même des traces. À vrai dire, celles-ci se voient surtout quand l'écran est éteint et ne gênent pas du tout l'utilisation. Mais ce n'est pas très esthétique. Apple l'a bien compris puisque l'étui dédié à l'iPad 1 est livré avec un tissu doux pour essuyer l'écran. La « smart cover », la couverture magnétique qu'Apple a montré en même temps que l'iPad 2 résout un des problèmes : elle n'empêche pas les traces de doigts sur l'écran, mais il suffit de la plier en triangle pour s'en servir d'essuie-tout et rendre à l'écran le brillant du neuf.

pour consulter une carte, une double-tape sur l'écran augmente le niveau de zoom. Dans Photos, une seconde double-tape vous fait revenir à la taille précédente. Dans Plans, une deuxième double-tape augmente encore le niveau de zoom et ainsi de suite jusqu'à arriver au niveau de grossissement maximum. Pour diminuer le niveau de zoom dans Plans, il vous faut double-taper avec deux doigts. C'est la seule application à utiliser ce raccourci gestuel. La double tape fonctionne aussi dans le navigateur Internet Safari pour zoomer rapidement sur une colonne de texte par exemple, et en faciliter la lecture.

LE ZOOM À DEUX DOIGTS Dans les applications Photos, Plans ou encore Safari (navigateur Web), vous pouvez également zoomer avec deux doigts. Placez-les l'un près de l'autre et écartez-les doucement : vous verrez que l'affichage suit en augmentant le niveau de zoom. Faites le mouvement inverse, c'est-à-dire en rapprochant les doigts pour diminuer le grossissement. Dans certaines applications, vous pouvez également faire pivoter une partie de l'écran ou bien un objet - dans un jeu par exemple -, en faisant pivoter votre main tout en laissant deux doigts posés sur l'écran.

PETITS ET GRANDS GLISSEMENTS Lorsque vous pouvez changer une option à l'aide d'un bouton interrupteur à deux positions (« 0 » ou « 1 ») vous pouvez faire glisser l'interrupteur vers la position désirée ou tout simplement tapez dessus. Pour régler un paramètre à l'aide d'une barre de défilement, tel le volume de la sonnerie (4), posez le doigt sur le point blanc et faites glisser le doigt en maintenant la pression sur l'écran. Cette méthode de glissement vous sera également utile pour tourner les pages d'un livre électronique (5), avec l'application iBooks, par exemple (voir p. 84). Elle vous permettra ausi de faire défiler à l'horizontale et à la verticale une page Web ou une photo zoomée. Ce faisant, vous remarquerez les mini-barres de défilement apparaissant sur le bord droit et en bas de l'écran, tant que votre doigt touche l'écran : elles vous indiquent la position relative de ce que vous voyez à l'écran par rapport au document complet.

PICHENETTE Lorsque vous lisez une page Web particulièrement longue ou que vous parcourez une liste très fournie, le glissement au doigt peut devenir fastidieux. Pour la faire défiler plus vite, utilisez donc la technique de la pichenette. Commencez à faire défiler normalement, puis lancez le doigt dans la direction voulue en relâchant la pression en fin de mouvement : la liste ou la page continuent le mouvement, plus ou moins vite en fonction de la rapidité de votre pichenette. Cette technique fonctionne aussi avec les rouleaux qui vous servent à régler le jour et l'heure d'un rendez-vous dans l'application Calendrier par exemple (voir p. 30). Vous pouvez lancer un rouleau d'une pichenette pour arriver plus vite à une heure dite, même si le déplacement est forcément un peu moins précis.

Bords non tactiles

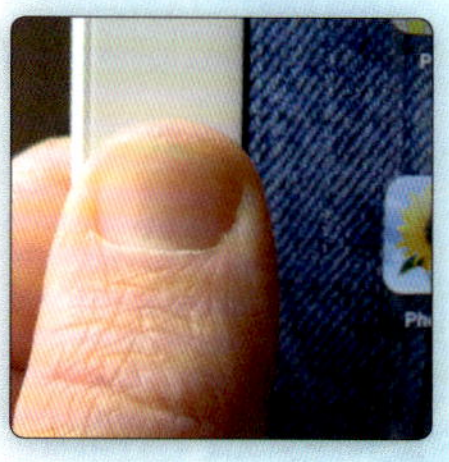

Vous ne vous étonnerez plus du bord épais qui entoure l'écran de l'iPad une fois que vous l'aurez tenu dans les mains : c'est le seul moyen de pouvoir tenir l'appareil sans toucher l'écran qui répond au touché du doigt sur toute sa surface !

Au bout du rouleau

Lorsque vous faites défiler des heures ou des dates à l'aide des rouleaux (voir ci-contre), notez que vous n'avez pas forcément besoin de rester dans la surface de ceux-ci pour continuer à les faire rouler. Placez le doigt sur l'un d'eux et faites-le défiler vers le haut, vous verrez qu'il continue à défiler même lorsque votre doigt est sorti de la zone des rouleaux.

PROFITER DE TOUTES LES ASTUCES DU CLAVIER VIRTUEL

Dès que vous avez besoin de taper du texte, le clavier virtuel de l'iPad surgit depuis le bas de l'écran. Ne regrettez pas votre clavier physique, le fait qu'il soit dessiné à l'écran lui permet de s'adapter à toutes les situations.

Caractères accentués

Le clavier virtuel de l'iPad offre un petit raffinement supplémentaire par rapport à celui de l'iPhone/iPod : plutôt que de laisser le doigt appuyé et d'attendre l'apparition de la fenêtre flottante (voir point 1), tapez sur la touche concernée et faites glisser le doigt vers le haut. Une fenêtre flottante simplifiée apparaît, ne présentant que les accents les plus fréquemment utilisés.

1 CARACTÈRES ACCENTUÉS Mais où sont donc les caractères accentués ? Tout simplement sur la même touche que la lettre à laquelle vous voulez ajouter un accent. Tapez sur la lettre et laissez le doigt appuyé jusqu'à ce qu'apparaisse une petite fenêtre flottante au dessus de la touche. Conservez le doigt sur l'écran et faites-le glisser sur le caractère accentué voulu. Cette méthode fonctionne avec toutes les voyelles, bien sûr, mais aussi avec d'autres lettres pour accéder à certains caractères spéciaux comme le « ñ » (tilde espagnole) ou le « ç ». Notez également que le « a » et le « o » vous donneront accès aux « æ » et « œ ». Certaines touches de ponctuation (voir point 6) affichent aussi une fenêtre flottante lorsqu'on laisse le doigt posé dessus. Le « . » propose ainsi les « ... ». Le sigle « € » propose lui d'autres sigles monétaires comme le « $ » ou la « £ ». Vous pourrez de la même façon taper des guillemets typographiques à la française plutôt que les guillemets droits à l'anglaise.

2 CORRECTION ORTHOGRAPHIQUE Lorsque vous tapez un mot qui ne fait pas partie du dictionnaire intégré de l'iPad, celui-ci est souligné d'une ligne pointillée rouge, à l'instar du traitement de texte Word. Il vous suffit de taper dessus du bout du doigt pour afficher une bulle noire proposant trois suggestions. Tapez sur celle qui convient ou en dehors de la bulle pour modifier le mot vous-même grâce à la loupe de sélection (voir encadré page suivante).

3 LES SUGGESTIONS Le dictionnaire permet aussi à l'iPad de vous suggérer des mots en cours de frappe. Cela vous rendra service dans deux cas. Tout d'abord, il devinera peut-être un mot avant même que vous ayez fini de le taper. Ou alors, il corrigera une faute de frappe et vous proposera la bonne orthographe. Dans les deux cas la manipulation est la même : la suggestion apparaît dans une petite bulle au dessus du mot. Pour l'accepter, tapez tout simplement sur la barre d'espace pour passer au mot suivant. Si le mot proposé ne vous convient pas, tapez directement sur la bulle de suggestion pour la faire disparaître. Si vous tapez ensuite sur la barre d'espace, vous validez le mot que vous venez de taper et l'iPad l'ajoute à votre dictionnaire personnel. Ce mot nouveau pourra ensuite vous être suggéré. Pour éviter d'enregistrer un mot erroné, corrigez-le donc avant de taper sur la barre d'espace (voir encadré p. suivante). Cela dit, le mot erroné enregistré dans le dictionnaire personnel sera effacé automatiquement si vous ne l'avez pas utilisé pendant un certain temps. Faites confiance à la machine et tapez votre mot jusqu'au bout, même avec des fautes, avant de rejeter une suggestion : celle-ci s'adapte au fur et à mesure. Vous pouvez donc garder vos yeux sur le clavier !

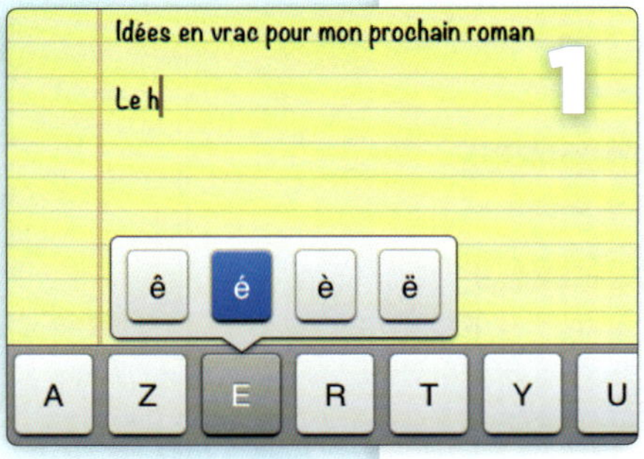

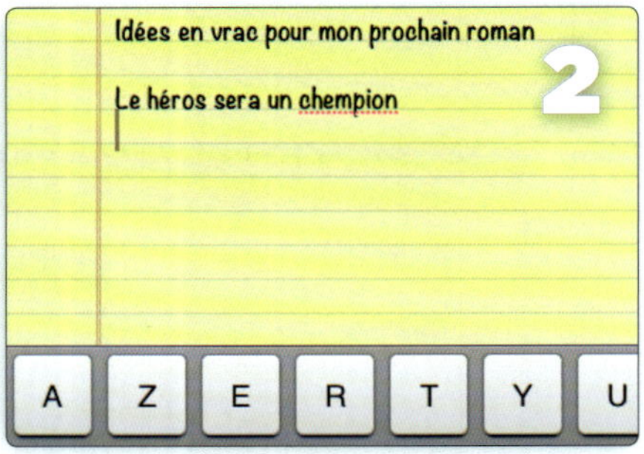

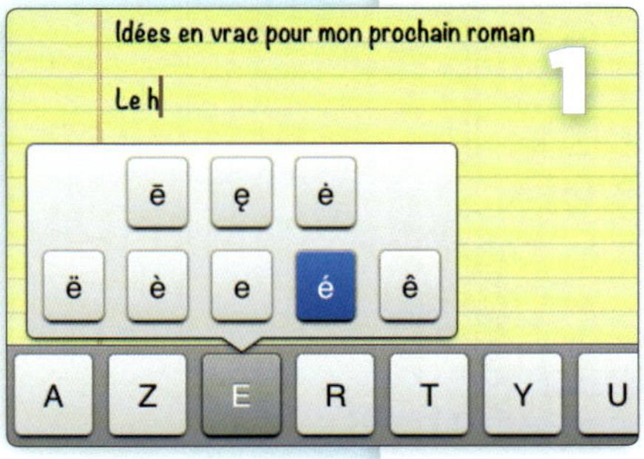

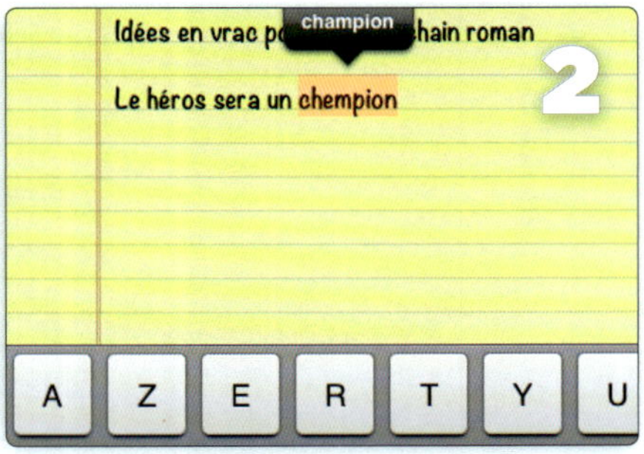

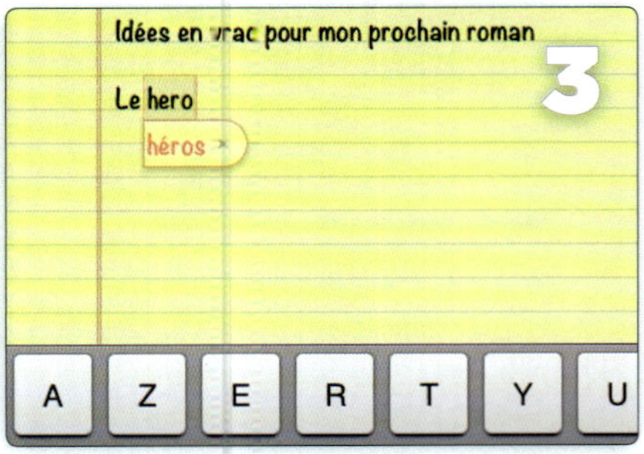

4 PLUSIEURS LANGUES Un clavier virtuel présente l'avantage de pouvoir être redessiné en fonction de la langue utilisée. Pour activer plusieurs claviers internationaux, rendez-vous dans Réglages, puis Général et enfin Clavier, en faisant légèrement défiler la partie droite de l'écran. Sélectionnez « Claviers internationaux » et activez ceux qui vous intéressent. De retour sur votre clavier, tapez sur la touche Mappemonde apparue à gauche de la barre d'espace pour passer d'un clavier à l'autre. Notez la présence de « claviers » chinois et japonais qui vous permettent de dessiner des idéogrammes.

5 TOUCHES SPÉCIALES Plus fort encore, le clavier présente certaines touches utiles uniquement lorsque vous en avez besoin. Ainsi, lorsque vous êtes dans Safari et que vous tapez l'adresse d'un site Web, une touche « .com » apparaît en bas à droite du clavier. Maintenez la pression sur cette touche pour faire apparaître d'autres types d'adresse comme « .net » ou « .fr ». Vous êtes dans Mail en train de taper l'adresse e-mail de votre correspondant ? C'est maintenant la touche « @ » qui devient accessible d'une simple tape. Notez également la touche en forme de clavier, tout en bas à droite : elle vous permet de faire disparaître le clavier afin de dégager une zone de l'écran qui pourrait être masquée par les touches.

6 PONCTUATIONS ET AUTRES CARACTÈRES Tapez sur la touche « .?123 » pour afficher les chiffres sur la rangée du haut et une plus grande collection de ponctuations que celles accessibles depuis le clavier de base, telles que les parenthèses ou les guillemets. Sur ce clavier, tapez la touche « #+= » pour afficher un clavier complémentaire comprenant notamment les crochets, les accolades ou encore le signe degré (°). Une fois que vous avez tapé le caractère voulu, une tape sur la barre d'espace vous ramène au clavier alphabétique.

7 LE GLISSER DE CLAVIER Tout comme l'iPhone, l'iPad n'enregistre la touche tapée qu'au moment où le doigt quitte l'écran. Ce qui vous permet de taper rapidement une parenthèse par exemple. Tapez sur la touche « .?123 » et faites glisser le doigt toujours en contact vers la touche « (». Dès que vous lâchez le doigt, la parenthèse est ajoutée à votre texte et le clavier alphabétique réapparaît. Cette méthode fonctionne aussi avec les chiffres et toutes les autres touches du clavier « .?123 ». Vous pouvez faire de même avec les majuscules en glissant vers la lettre concernée depuis la touche Majuscule.

8 LES ASTUCES DANS LES OPTIONS Les réglages de clavier présentent plusieurs options dont celle des Majuscules auto. Lorsqu'elle est activée, ce qui est le cas en standard, l'iPad se charge de changer en majuscule la première lettre d'un mot tapé juste après un point. D'ailleurs, l'option Raccourci « . » vous permet de taper deux fois sur la barre d'espace à la fin d'une phrase pour ajouter un point automatiquement. L'option « Majuscules verrouillées » vous permet de double-taper sur la touche Majuscule pour entrer ensuite une série de lettres en majuscules. Une simple tape sur la touche Majuscule fait revenir le clavier en mode minuscule. Notez que c'est également à cet endroit que vous pouvez désactiver la Correction automatique (les suggestions) et les corrections orthographiques (les pointillés rouges). À vous de choisir les options qui vous conviennent et celles qui vous gênent plus qu'autre chose.

Corriger à la loupe

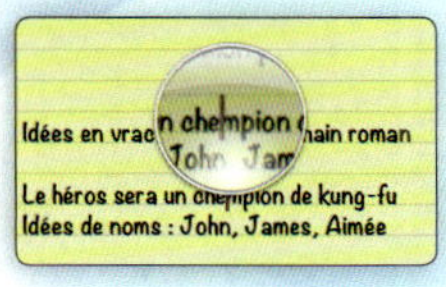

Vous l'avez sûrement remarqué, le clavier virtuel ne propose aucune touche fléchée pour déplacer le curseur clignotant indiquant l'endroit où vous allez taper la prochaine lettre. C'est parce que tout se passe de manière tactile bien sûr ! Autrement dit, pour corriger une lettre dans un mot, il vous suffit de toucher à l'endroit voulu et de laisser le doigt appuyé. Au bout d'une seconde, une loupe apparaît pour vous aider à placer le curseur à l'endroit voulu. Il ne vous reste plus qu'à effacer le caractère pour le remplacer par le bon. La loupe est également très utile pour effectuer un copier/coller d'une portion de texte (voir p. 27).

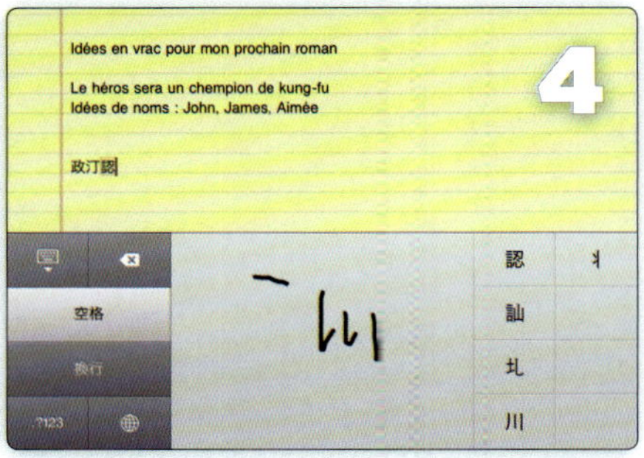

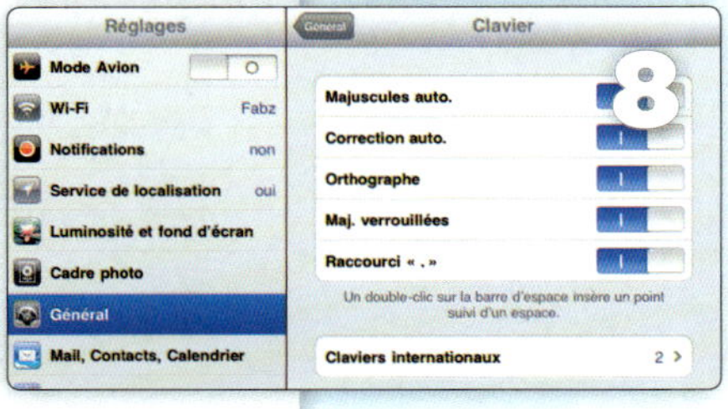

DIFFICULTÉ

PASSER RAPIDEMENT D'UNE APPLICATION À UNE AUTRE

Tapez une fois sur le bouton principal, sous l'écran, pour revenir à la page d'accueil. Tapez deux fois rapidement pour accéder aux fonctions multitâches.

1 AFFICHER LES APPLICATIONS EN COURS Dès que vous tapez deux fois sur le bouton principal de votre iPad, la barre de permutation rapide apparaît en bas de l'écran, en faisant glisser le reste de l'affichage vers le haut. Celui-ci devient légèrement transparent afin que vous puissiez vous concentrer sur les applications en cours. Celles-ci sont rangées dans leur ordre d'utilisation, la plus récente à gauche. Si vous en avez lancé plus de six, accédez aux autres en faisant glisser les icônes de la barre de permutation d'un mouvement du doigt de droite à gauche.

2 PASSER D'UNE APPLI À L'AUTRE Tapez sur l'icône de l'appli que vous souhaitez retrouver au premier plan. L'écran en cours s'efface vers la gauche pour laisser place à la nouvelle application qui arrive par dessus, par la droite. Notez donc que la double-pression du bouton principal fonctionne aussi à partir d'une application en cours (ici iPod) pour afficher une autre application (ici Plans) : plus besoin de repasser par la page d'accueil. Si vous étiez en train d'écouter de la musique, celle-ci continue à jouer en arrière-plan, c'est-à-dire même si vous commencez à utiliser une autre application.

3 ACCÉDER AUX COMMANDES La barre de permutation ne contient pas que des icônes. Faites-la glisser vers la droite pour faire apparaître les commandes audio. Notez également sur la partie gauche, un bouton à glisser pour régler la luminosité de l'écran. Enfin, la dernière icône sur la gauche dépend de la fonction que vous avez choisie d'allouer à l'interrupteur situé en haut de la tranche droite de l'iPad (voir p. 21). Ainsi, si vous avez choisi de laisser l'interrupteur couper le son, alors l'icône de la barre de permutation vous permettra de bloquer l'orientation de l'écran… et inversement.

4 FORCER LA FERMETURE Laissez le doigt appuyé sur une des icônes pour faire apparaître le « sens interdit ». Tapez dessus pour fermer l'application (voir p. 44).

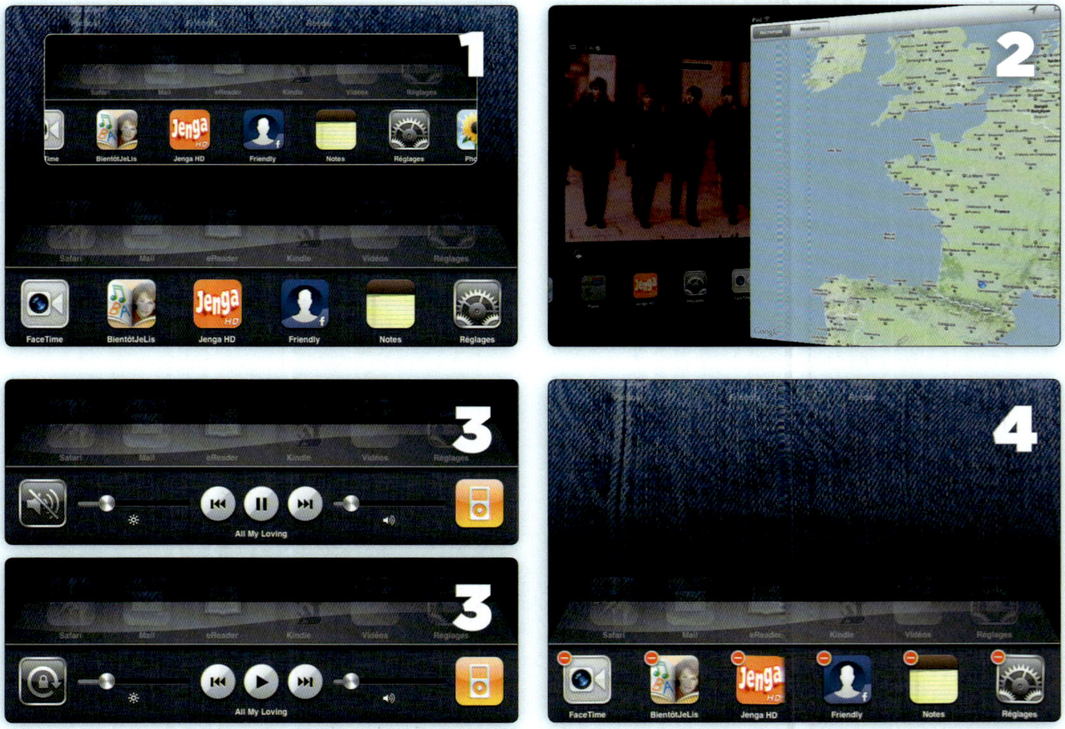

Multitâche contrôlé

Pouvoir passer d'une application à l'autre ne signifie pas que l'iPad est réellement multitâche, comme peut l'être un ordinateur par exemple. En réalité, lorsqu'une application passe en arrière-plan, elle est placée en pause par le système et attend de revenir en avant-plan pour reprendre les fonctions en cours. Seuls quelques types bien particuliers de fonctions peuvent continuer à tourner en arrière-plan. L'audio, tout d'abord : la musique continue à jouer en arrière-plan. Les services de voix sur IP comme FaceTime (voir p. 54) ou Skype (voir p. 55) en tire parti aussi : dès que vous les passez en arrière-plan, la vidéo s'arrête mais vous pouvez continuer votre conversation audio.

MAITRISER… LES FONCTIONS DE COPIER-COLLER

1 COPIER DU TEXTE Commencez par sélectionner le texte désiré. Pour cela, maintenez le doigt appuyé sur la zone où il se trouve pour faire apparaître la loupe de sélection (voir p. 25), et placez le point d'insertion. Levez le doigt : la loupe se transforme en fenêtre d'options flottante. Le bouton Sélectionner permet de choisir un mot. Pour en sélectionner plusieurs, utilisez les poignées de sélection bleues. Lorsque vous glissez la poignée, une loupe rectangulaire facilite votre sélection. Le bouton « Tout sélectionner » englobe la totalité du texte. Une fois l'opération réalisée de nouveaux boutons apparaissent. Utilisez Copier pour dupliquer le texte sélectionné et Couper si vous n'avez plus besoin du texte d'origine.

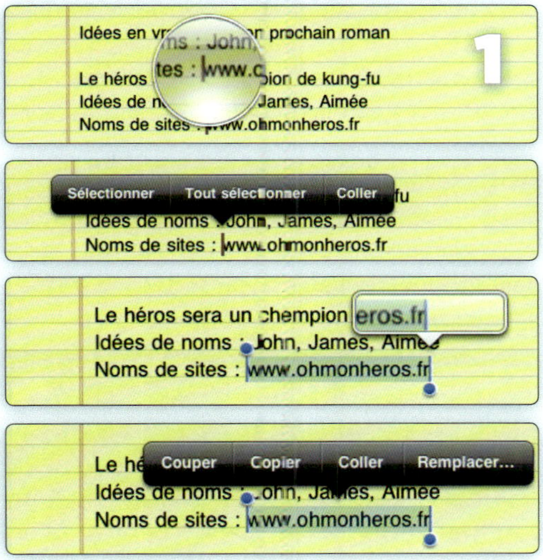

2 COLLER LA SÉLECTION Pressez le bouton principal pour retourner à l'écran d'accueil et lancez l'application dans laquelle vous souhaitez coller le texte précédemment copié. Utilisez la même méthode pour un texte ou un champ de recherche : placez le point d'insertion à l'endroit voulu, guidez-vous à l'aide de la loupe si besoin, levez le doigt et tapez sur le bouton Coller qui est apparu. En cas d'erreur, vous pouvez, comme avec l'iPhone, secouer

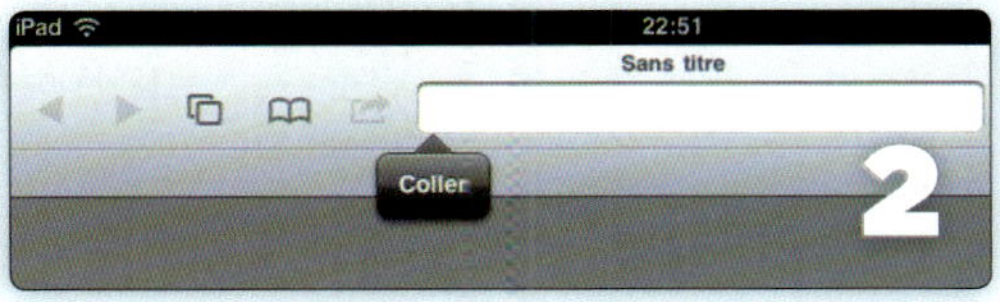

l'iPad pour annuler l'opération. Attention de ne pas lâcher l'iPad !

3 EXTRAIT D'UNE PAGE WEB Pour sélectionner tout ou partie d'un texte sur une page Web, laissez votre doigt appuyé pour sélectionner automatiquement le paragraphe sous votre doigt, la sélection suivant le déplacement de celui-ci. Glissez le doigt vers un des bords de l'écran pour sélectionner l'ensemble de la page. Levez le doigt pour faire apparaître la bulle flottante vous proposant de copier le cadre sélectionné.

4 ET POUR LES IMAGES La fonction copier-coller s'y applique aussi. Dans une page Web, la fonction Copier apparaît dans un menu proposant aussi d'enregistrer l'image. Dans l'application Photos, sélectionnez l'un de vos albums et maintenez la pression sur la photo voulue. Tapez ensuite sur le bouton Copier. Si vous désirez utiliser plusieurs clichés, cliquez sur le bouton Envoyer en forme de flèche. Tapez sur chacune des photos désirées : un symbole de sélection bouton y apparaît. Tapez ensuite sur Copier.

Impossible de tout copier

Vous vous rendrez vite compte que toutes les applications ne vous permettent pas de copier le texte qu'elles affichent. Impossible par exemple de récupérer par ce biais un extrait de livre dans iBooks (voir p. 84) ou dans FnacBook (voir p. 86), ni dans un magazine comme Paris Match (voir p. 92) ou dans un quotidien comme Le Monde (voir p. 90).

2 Bien démarrer avec l'iPad

DIFFICULTÉ

COMMENT… TOUT TROUVER RAPIDEMENT SUR SON IPAD

La fonction Spotlight, accessible depuis la page d'accueil, permet de lancer une recherche par mots-clés sur presque tous les éléments stockés sur l'iPad.

1 LA RECHERCHE GLOBALE Une pression sur le bouton principal, quand vous êtes sur votre première page d'icônes, fait apparaître la zone de recherche « Rechercher sur l'iPad ». À partir de cette page, située juste à gauche de votre première pages d'icônes (voir encadré ci-contre), vous pouvez retrouver contacts, notes, e-mails, SMS, rendez-vous ou encore votre musique. Tapez un mot-clé : la liste en dessous affiche aussitôt les fichiers et les applications qui le contiennent. Vous pouvez aussi lancer une recherche directe sur le Web ou dans Wikipédia.

2 RECHERCHER DANS UNE APPLICATION Le moteur de recherche est capable de fouiner dans les données stockées dans les applications, si les développeurs de celles-ci l'autorisent. Le champ de recherche est toujours situé au sommet de l'écran, au sein de l'application. S'il n'est pas apparent, il suffit le plus souvent de glisser votre doigt de haut en bas pour le faire apparaître. Vous le remarquerez, il est souvent inutile de taper la totalité du mot-clé : la liste se met à jour au fur et à mesure. Vous pouvez ainsi chercher, par exemple, dans vos e-mails. Dans Mail, d'ailleurs, la recherche peut se poursuivre sur le serveur si le résultat escompté n'est pas présent dans les messages stockés sur l'iPad.

3 RECHERCHER SUR LE WEB Le champ de recherche de Safari vous permet en standard de lancer une recherche sur Google. Tapez dessus pour faire apparaître le clavier et une liste des recherches récentes. Au fur et à mesure que vous tapez, Google met à jour une liste de suggestions correspondantes.

4 CHERCHER DANS LA PAGE WEB En bas de la liste de suggestions du champ de recherche de Safari, une ligne de séparation annonce le nombre de résultats comptés pour la page Internet déjà ouverte dans le navigateur. Tapez dessus pour les visualiser dans la page, surlignés en jaune.

Repérer les pages d'icônes

Remarquez les petits points en bas, au milieu de la page d'accueil : ils représentent le nombre de pages d'icônes sur votre iPad. Le point blanc indique la page sur laquelle vous vous trouvez, par rapport aux autres points gris, figurant toutes les autres pages. Tout à gauche, la loupe vous rappelle que la page de recherche globale Spotlight (voir ci-contre), se situe tout à gauche de vos pages d'icônes. Vous pouvez donc aussi y accéder en faisant glisser votre première page d'icônes vers la droite.

DIFFICULTÉ

COMMENT... BIEN RANGER SES ICÔNES ET SES DOSSIERS

Vous avez installé des dizaines d'applications qui remplissent plusieurs écrans d'icônes et vous avez du mal à les retrouver ? Rangez-les donc dans des dossiers thématiques de votre choix, pour toujours les avoir sous le doigt.

1 RANGER APPLICATIONS ET DOSSIERS Placez votre doigt sur l'icône à déplacer jusqu'à ce que sa taille grandisse un peu et que toutes les autres se mettent à gigoter. Faites alors glisser le doigt vers la position désirée, sans lâcher l'écran. Les autres icônes se déplacent automatiquement pour laisser la place.
Pour placer une icône sur une autre page, faites-la glisser jusqu'au bord de l'écran, pour faire glisser la page et laisser apparaître la suivante. Si cette dernière comporte déjà 20 icônes, le maximum possible par écran, l'icône supplémentaire que vous emmenez du doigt poussera l'application ou le dossier situé dans le coin inférieur droit vers la page suivante.

2 CRÉER UN DOSSIER D'APPLICATIONS Maintenez votre doigt sur une icône jusqu'à ce qu'elles se mettent toutes à gigoter. Faites glisser l'icône choisie vers celle avec laquelle vous voulez la regrouper. Un cadre blanc entoure alors cette dernière, indicateur visuel de la création du dossier. Les deux applications se distinguent par transparence l'espace d'un instant. Un dossier s'ouvre et regroupe les deux icônes. Dans la zone blanche en haut, l'iPad choisit automatiquement un nom pour le dossier, que vous pouvez modifier à loisir en tapant dans la zone pour faire apparaître le clavier virtuel. Pressez le bouton principal pour valider la création du dossier : les icônes s'immobilisent.

3 DÉSINSTALLER UNE APPLICATION Remarquez la croix blanche dans un rond noir qui s'affiche dans le coin en haut à gauche des icônes lorsqu'elles sont en train de gigoter. Tapez dessus et confirmez pour retirer l'application de votre iPad. Vous pourrez la réinstaller plus tard à loisir, via l'App Store ou via une synchro (voir p. 42), car l'application ne disparaît pas de l'ordinateur.

4 MODIFIER LES ICÔNES DU DOCK Vous pouvez également changer les icônes du Dock, cette zone en bas de l'écran qui reste fixe lorsque vous passez d'une page à l'autre. Faites de la place en sortant l'une des icônes. Et remplacez-la par une autre ou un dossier.

Lanceur d'applications

Plutôt que de passer d'une page à l'autre pour trouver l'icône de l'application dont vous avez besoin, utlisez donc Spotlight (voir p. précédente). Tapez les premières lettres de son nom pour la faire apparaître dans la liste. Il suffit ensuite de taper sur son nom pour la lancer.

2

Bien démarrer avec l'iPad

DÉCOUVRIR… LES APPLIS STANDARD DE L'IPAD

Les nombreuses applications livrées avec l'iPad vous permettront d'utiliser longuement votre appareil avant même de vous rendre sur l'App Store pour habiller votre iPad d'applications variées (voir p. 64).

APPAREIL PHOTO Cette application n'est disponible que sur l'iPad 2, caméras obligent. Comme avec l'iPhone, mais avec la qualité des clichés en moins (voir p. 20), vous pouvez ainsi prendre des photos et filmer avec votre iPad (voir p. 104).

CALENDRIER Pour son gestionnaire de rendez-vous, l'iPad a choisi l'aspect « papier ». Indéniablement esthétique, ce choix n'est cependant pas des plus pratiques. On regrette notamment qu'Apple ne soit pas allé jusqu'au bout de sa logique et ne permette pas de feuilleter les pages de l'agenda d'un glisser du doigt comme avec iBooks (voir p. 84). Cela dit, l'application est très complète et vous rendra tous les services attendus. Synchronisée avec votre ordinateur, vous y retrouverez tous les rendez-vous que vous gérez peut-être déjà avec Outlook sur PC ou avec iCal sur Mac. Vous pouvez également opter pour la synchronisation sans fil via un compte Google ou Mobile Me (voir p. 120).

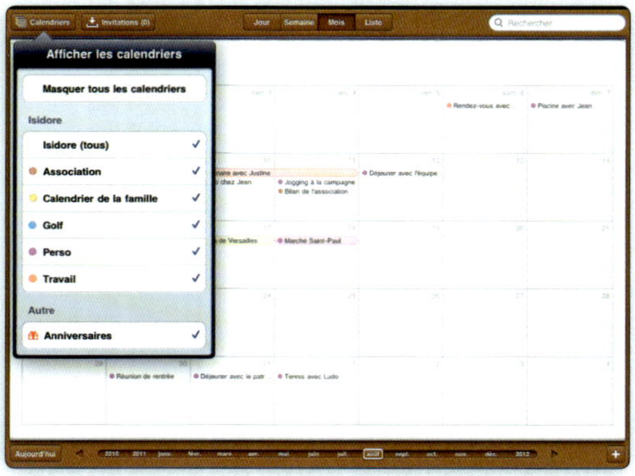

CONTACTS Stockez toutes vos connaissances dans ce carnet qui, lui aussi, veut ressembler à son homologue « papier ». En plus pratique, tout de même, puisqu'il est capable d'afficher la liste complète à faire défiler à gauche, et le détail de la fiche sélectionnée à droite. Le carnet

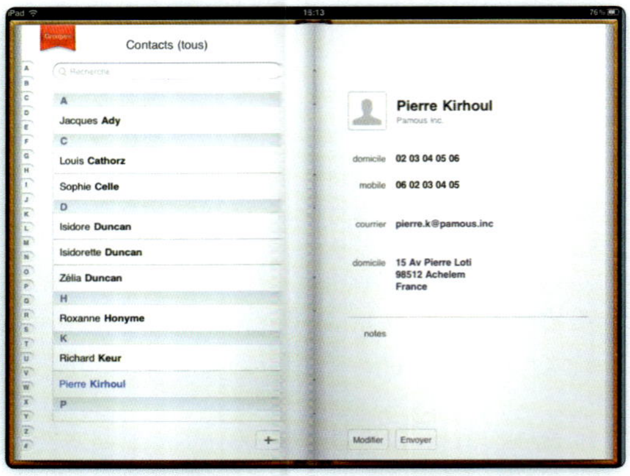

d'adresses est central : il sera utilisé par Mail pour remplir automatiquement les adresses ou par Facetime pour appeler vos correspondants en visioconférence (voir p. 54).

FACETIME C'est une autre des nouveautés de l'iPad 2, par rapport à l'iPad de première génération. Grâce aux caméras, il devient très simple et très agréable de converser en visiophonie. Attention, vos correspondants doivent aussi être des adeptes des produits Apple : FaceTime existe uniquement sur iPad, iPhone, iPod Touch et Mac (voir p. 54).

GAME CENTER Cette application est un véritable réseau social dédié aux jeux disponibles sur l'iPad, l'iPhone et l'iPod Touch. Lorsqu'un jeu est compatible avec ce système, il vous permet de créer un groupe d'amis jouant aux mêmes jeux, afin de vous mesurer à eux. Les jeux compatibles Game Center sont repérés par le logo de l'application

L'application à applications

Tapez sur cette icône pour accéder depuis l'iPad au magasin d'applications d'Apple. Des dizaines de milliers d'applications vous permettront de démultiplier les usages de votre tablette. Rendez-vous p. 64 pour découvrir comment.

au sein de l'App Store. Suivez ainsi les résultats de vos amis et essayez de battre leurs records. Vous pouvez également consulter les records des joueurs du monde entier. Un regret toutefois : vos propres records ne sont pas totalement conservés par le Game Center. Si jamais vous réinstallez un jeu sur un nouvel iPad par exemple, vous devrez recommencer du début. Dommage. Pour fonctionner, Game Center vous demande de créer un compte, ou bien d'utiliser celui de l'iTunes / App Store.

IPOD Un iPad… c'est aussi un iPod. Synchronisez tout ou partie de votre bibliothèque musicale pour l'emporter avec vous sur l'iPad. Celui-ci est peut-être moins pratique qu'un iPhone ou iPod pour écouter de la musique (vous n'emporterez pas votre iPad pour faire un footing…), mais il est imbattable pour les vidéos. Bien qu'il y ait une application dédiée pour ça (voir plus loin), la partie iPod vous permet d'accéder aussi à vos podcasts vidéos, mais aussi aux éventuels clips vidéos que vous avez pu acheter sur l'iTunes Store. Et c'est bien dans ce cas-là que le grand écran de l'iPad fait véritablement merveille.

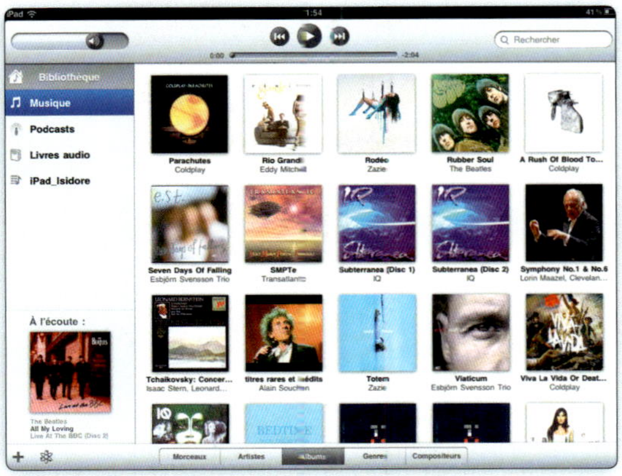

ITUNES Cette application vous donne accès à la totalité des contenus multimédias vendus sur le magasin en ligne d'Apple : musique, films, séries télé, livres audio. Pour les films et séries télé, vous pouvez, dans la plupart des cas, choisir de les acheter ou de les louer (voir p. 70). Vous pouvez également vous abonner (gratuitement) à des podcasts ou à des cours universitaires via la section iTunes U.

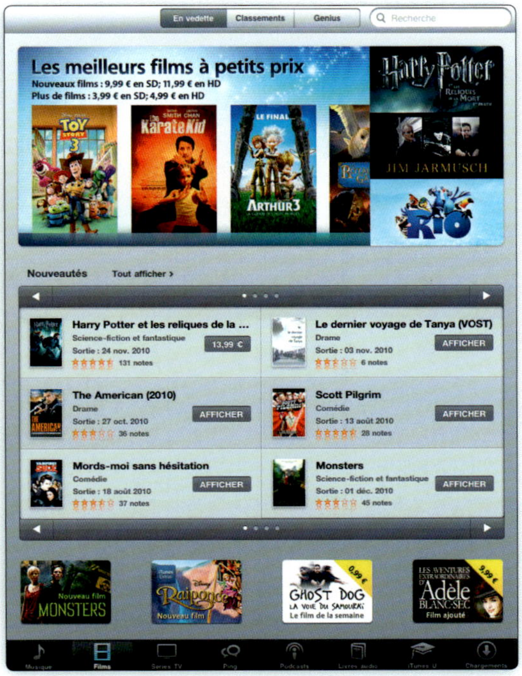

MAIL Vous verrez, une fois que vous aurez commencé à consulter votre messagerie électronique sur l'iPad, il y a de fortes chances que vous le fassiez beaucoup moins sur votre ordinateur. On se surprend en effet à saisir la tablette à tout moment pour lire ses derniers messages, confortablement installé dans son salon, plutôt qu'assis en position de travail devant l'ordinateur. *(suite page 32)*

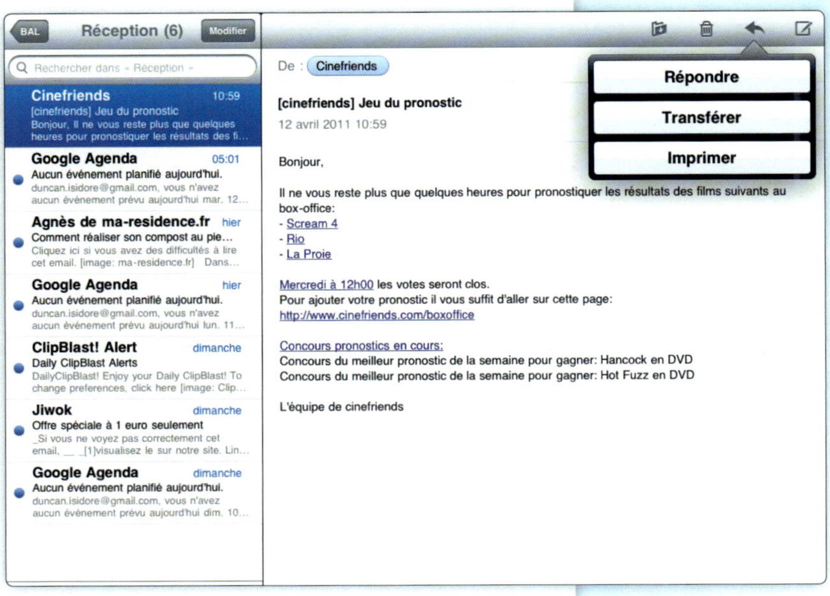

Le cas iBooks

L'appli d'Apple dédiée aux livres électroniques n'est pas livrée en standard avec l'iPad. En revanche, elle vous sera proposée dès la première fois que vous afficherez l'App Store. Installez-la donc sans tarder pour vous essayer à la lecture électronique sur votre tablette (voir p. 84). On en connaît qui ont très vite abandonné la lecture de livres papiers…

Mail est l'une des applications qui tirent le mieux parti des deux orientations d'écran. En mode paysage, la liste de vos messages s'affiche à gauche et le contenu du message sélectionné à droite. En mode portrait, le message s'affiche en plein écran, et il vous suffit d'appuyer sur le bouton en haut à gauche pour faire apparaître la liste.

NOTES Plus besoin de papier pour prendre quelques notes, l'iPad peut être aussi pratique et, surtout, vous évitera les ratures ! La première ligne de chaque note devient son titre, qui vous permet ainsi de la repérer facilement dans la colonne de gauche.

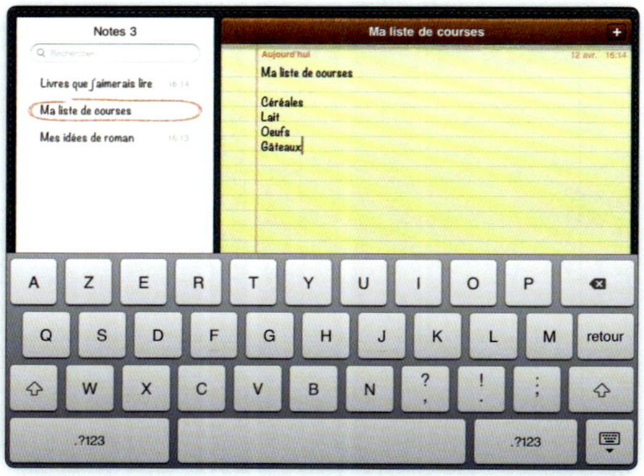

PHOTOBOOTH Encore une application qui utilise les caméras et qui n'est donc fournie en standard qu'avec l'iPad 2. Directement issue du Mac, son intérêt n'est que ludique : prenez des portraits de vous ou de votre entourage et appliquez des déformations… tordantes. Rires et succès garantis, surtout auprès des enfants. En réalité, cette application est également une vraie démonstration de la puissance graphique de l'iPad 2 car les neuf filtres de déformations s'affichent en temps réel. Sélectionnez-en un en tapant dessus et utilisez ensuite votre doigt pour modifier l'emplacement du point de déformation principal. Utilisez aussi le zoom à deux doigts pour changer l'aspect final.

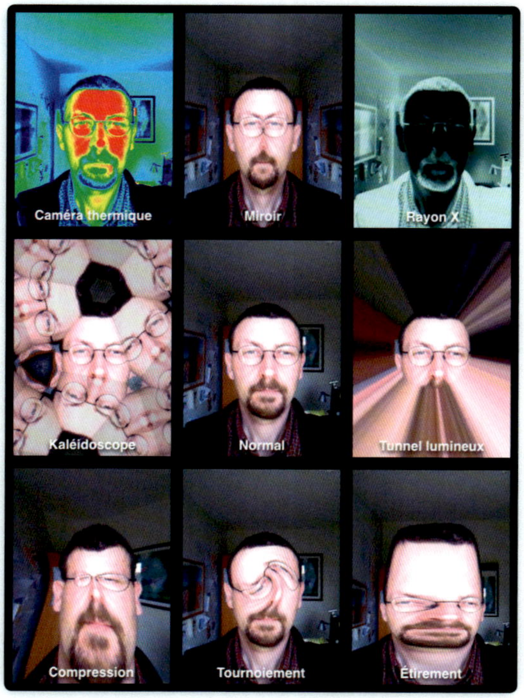

PHOTOS L'iPad est le meilleur des albums photo. Vos collections s'affichent sous forme de piles de vignettes et il vous suffit, par exemple, de zoomer à deux doigts dessus pour les afficher en liste. Tapez ensuite sur une photo pour la voir en plein écran. Il ne vous reste plus qu'à faire défiler vos images d'une pichenette à gauche ou à droite. Et quel plaisir de montrer ainsi vos photos à vos proches ! Tapez sur

le bouton Lieux en haut, pour afficher une carte du monde indiquant à l'aide d'épingles à tête rouge les lieux des prises de vue.

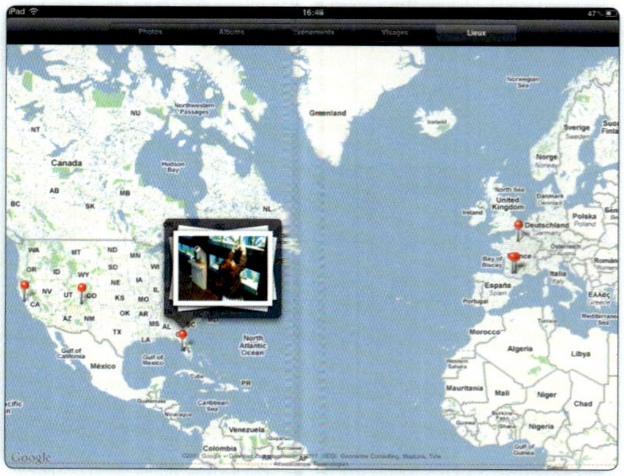

PLANS Accédez en grand écran aux cartes et aux vues satellites de Google Maps. Tapez sur le coin en bas à droite pour afficher les options.

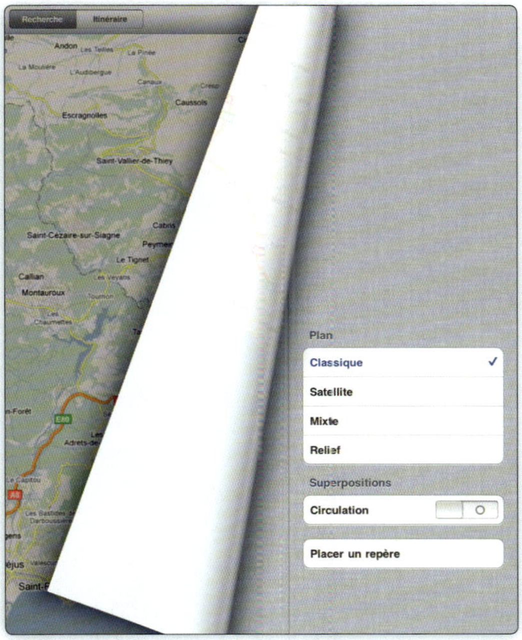

RÉGLAGES Tapez sur cette icône pour accéder à tous les paramètres de votre iPad. Vous vous y rendrez souvent pour, par exemple, vous connecter à un réseau Wi-Fi ou activer la connexion 3G, changer le fond d'écran, ajouter un compte e-mail, etc. Rendez-vous p. 142 pour faire le tour des réglages les plus pratiques et les plus souvent oubliés.

SAFARI Le navigateur Internet de l'iPad est un vrai plaisir à utiliser. Tapez sur le bouton en forme de double-carré pour passer d'une page Web à l'autre, comme avec les onglets sur votre ordinateur (voir p. 48).

VIDÉOS Grâce à cette application, accédez directement à toutes les vidéos stockées sur votre iPad : films, séries télé, podcasts. Passez en mode paysage pour profiter au maximum de votre film en grand écran.

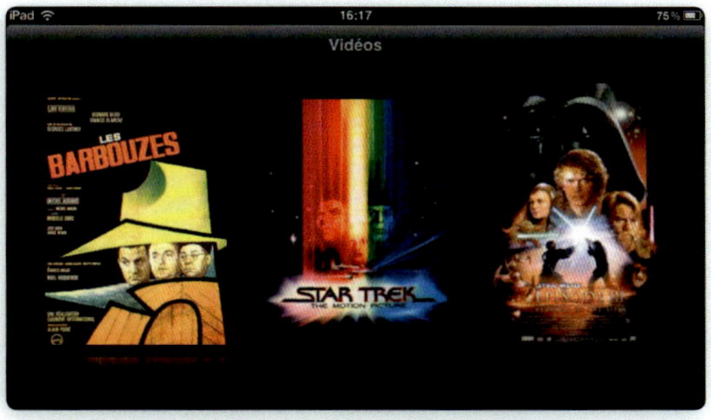

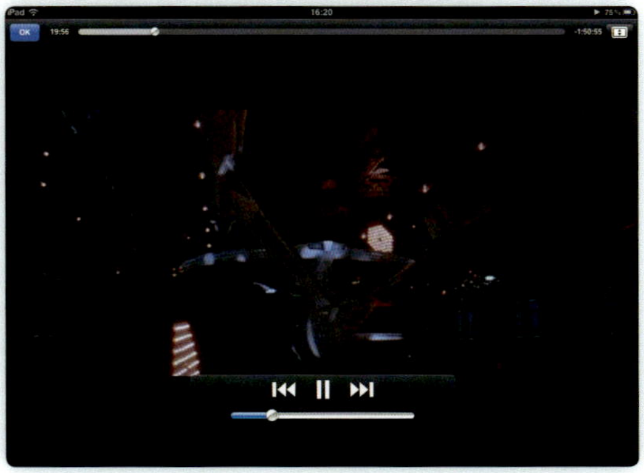

YOUTUBE L'iPad propose une application dédiée à la visualisation des séquences hébergées par le plus grand site de partage vidéo. Effectuez une recherche via le champ en haut à droite et visualisez les résultats en quelques tapes du doigt. Là encore, passez en mode paysage pour voir la séquence en plein écran.

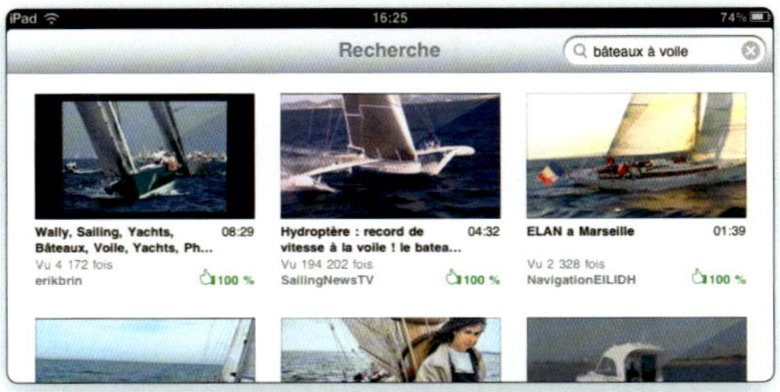

3

Mariez votre iPad à iTunes

À DÉCOUVRIR DANS CES PAGES

L'indissociable couple iPad et iTunes

Vous ne pourrez pas utiliser à fond votre iPad si vous ne le branchez pas de temps en temps à votre ordinateur, via le logiciel iTunes. Grâce à ce dernier, vous pourrez transférer sur l'iPad tous les éléments que vous voudrez : musique, vidéos, livres, etc. Et vous assurerez de plus une sauvegarde de l'iPad sur votre ordinateur, ce qui vous permet de tout récupérer facilement en cas de problème.

Achats directs depuis l'iPad

Que se passe-t-il si vous achetez directement des applications ou de la musique en passant par l'iPad plutôt que par iTunes sur votre ordinateur ? Elles sont automatiquement transférées depuis l'iPad vers iTunes lorsque vous branchez l'iPad à l'ordinateur (voir p. 64). Vous pourrez donc ensuite les récupérer sans problème si vous avez besoin de restaurer votre iPad (voir p. 44).

À la découverte d'iTunes, la tour de contrôle de votre iPad

Le logiciel iTunes est le complément indispensable de votre iPad sur votre ordinateur. Il vous permettra de gérer vos bibliothèques multimédias et vous servira aussi à vous rendre dans les différents « rayons » du magasin d'Apple.

Certains le regrettent, mais il est impossible d'utiliser un iPad sans ordinateur. Dès que vous sortez l'appareil de sa boîte, vous devez le brancher pour l'activer (voir p. 38). Ensuite, le branchement à l'ordinateur via le câble USB fourni est également indispensable pour transférer vos musiques ou vos vidéos de l'ordinateur à l'iPad, et inversement. C'est également le cas pour la synchronisation des contacts et de votre agenda (voir p. 118), même si, dans ces deux cas, il existe des solutions pour effectuer des synchronisations sans fil (voir p. 120). iTunes joue donc un rôle de tour de contrôle indispensable, aussi bien pour les iPad que pour tous les autres appareils mobiles d'Apple : iPod et iPhone. Cela signifie aussi que le logiciel iTunes destiné aux PC ou aux Mac évolue, et qu'il vous faudra de temps en temps le mettre à jour, comme tous les autres logiciels de votre ordinateur. Ces mises à jour sont notamment indispensables si vous adoptez un nouveau modèle, en passant de l'iPad 1 à l'iPad 2 par exemple. iTunes est capable de faire office de boutique en ligne pour acheter des albums ou des morceaux de musique à l'unité, des clips vidéo, des films à l'achat ou à la location, des livres et des applications bien sûr. Et c'est bien pour cela qu'il est au final bien pratique d'avoir une application centralisant toutes ces manipulations.

1 ITUNES STORE L'accès au magasin en ligne d'Apple se fait depuis la fenêtre du logiciel iTunes sur l'ordinateur. Effectivement, Apple ne facilite pas forcément les choses en donnant le même nom à plusieurs choses différentes... Cliquez sur le libellé iTunes Store dans la colonne de gauche. La zone principale de la fenêtre change et affiche la page d'accueil du « Store ». Vous pouvez la faire défiler vers le bas pour afficher les différentes sections (Musique, Films, Séries TV, etc.) et farfouiller dans les recommandations du magasin. Pour consulter l'ensemble d'une catégorie en particulier, cliquez sur son nom dans la liste des rubriques en haut. L'icône Maison vous ramène à la page d'accueil.

Acheter des applications

Rendez-vous p. 52 pour apprendre comment télécharger toutes les applications payantes ou gratuites qui feront de votre iPad un outil très personnel et utile au quotidien.

2 BOUTONS AUDIO Morceau précédent, Lecture et Stop, Morceau suivant, voici les trois boutons permettant de piloter le passage des musiques et des vidéos. On peut aussi double-cliquer directement sur les noms des éléments dans la fenêtre centrale pour en lancer la lecture.

3 RÉGLAGE DU VOLUME Avec ce simple bouton à glisser, modulez le niveau sonore, indépendamment du volume général de l'ordinateur.

4 TYPES DE PRÉSENTATION Ces quatre boutons permettent de choisir la manière de présenter les éléments : liste de morceaux, albums par morceaux, icônes des albums et « Cover Flow » qui montre les albums ou tout autre élément de la bibliothèque sous forme de carrousel.

5 MODULE DE RECHERCHE Très pratique, donc à ne pas négliger, cette zone de saisie permet d'accéder directement à un ou plusieurs éléments correspondant à votre requête. La liste des éléments s'affiche dans la zone principale et se met à jour au fur et à mesure que vous tapez dans la zone. La recherche s'applique à la bibliothèque sélectionnée (voir étape 6) ou à l'iTunes Store s'il est sélectionné.

6 BIBLIOTHÈQUE Cette section, présentée sous forme d'une liste, donne accès à tous les éléments présents sur votre disque dur. Les deux derniers sont un peu particuliers : Apps recense les applications téléchargées pour votre iPad, tandis que Radio donne accès à des « stations » en tout genre. Mais ne comptez pas y trouver vos radios françaises favorites, que ce soit France Inter, NRJ ou Europe 1. En revanche vous y trouverez de nombreuses stations diffusant de la musique à longueur de journée.

7 ACCÈS AU STORE Cette partie vous ouvre les portes de la boutique avec possibilité de contrôler les achats effectués.

8 APPAREILS C'est d'ici que vous pouvez piloter l'iPad, pour le synchroniser, ajouter et supprimer des éléments qu'il contient.

9 LISTES DE LECTURE Incontournables dans tout lecteur multimédia, les listes permettent de rassembler vos morceaux selon différents critères, sans pour autant créer des copies. Un morceau peut donc faire partie de plusieurs listes.

10 COVER FLOW Une façon élégante d'afficher vos disques, vidéos, livres et même applications. Mais pas forcément la plus pratique.

11 LISTE DES ÉLÉMENTS Elle présente les différents éléments sous forme de listes. Modifiez les colonnes en cliquant sur leur entête avec le bouton droit. Un clic gauche change l'ordre de tri.

3

Mariez votre iPad à iTunes

COMMENT... INSTALLER ET PARAMÉTRER ITUNES

L'iPad est très autonome, mais il a besoin d'être relié à un « véritable » ordinateur de temps en temps, via iTunes, le lecteur multimédia d'Apple. Celui-ci sert à tout : mettre à jour le système de l'iPad, synchroniser les données à emporter, acheter de la musique ou des applications, etc.

1 TÉLÉCHARGER ITUNES Le logiciel iTunes n'est livré en standard qu'avec les Mac. Si vous êtes un utilisateur de PC Windows, il vous faut donc d'abord le télécharger et l'installer. Lancez votre navigateur et connectez-vous sur www.itunes.fr. Dans la fenêtre qui s'ouvre, cliquez sur le bouton Télécharger. Dans la nouvelle page, vérifiez dans la colonne de gauche que la version d'iTunes proposée correspond bien à votre version de Windows (XP, Vista ou 7, et 32 ou 64 bits pour cette dernière). Décochez les propositions pour recevoir les offres spéciales iTunes et l'actualité d'Apple: vous auriez à donner votre adresse e-mail et vous recevez probablement déjà assez de « spams » comme ça. Cliquez de nouveau sur le bouton Télécharger. Dans la boîte de dialogue qui s'ouvre, cliquez sur Exécuter pour lancer l'installation d'iTunes sur votre ordinateur dès la fin du transfert.

2 INSTALLER ITUNES La procédure d'installation commence donc au bout de quelques dizaines de secondes. Ne vous étonnez pas, le module que vous venez de télécharger installe à la fois le gestionnaire multimédia iTunes et QuickTime, la technologie d'Apple pour lire les fichiers multimédias. Suivez les étapes d'installation en gardant les options par défaut, et faites d'iTunes votre lecteur de fichiers audio par défaut lorsque l'option vous sera proposée. L'installation proprement dite commence et dure quelques minutes. Vous aurez peut-être à redémarrer votre ordinateur.

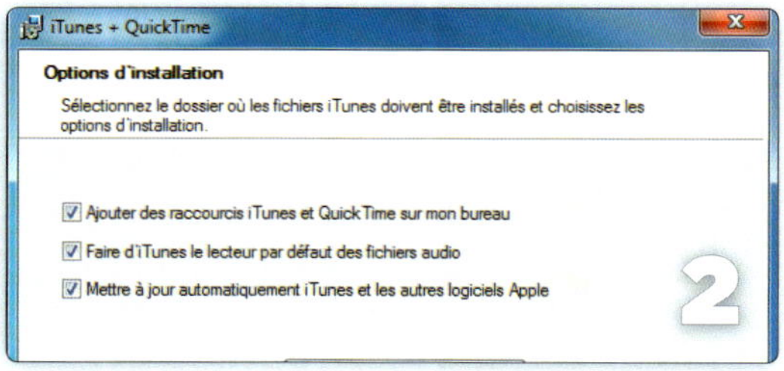

3 CRÉER LES BIBLIOTHÈQUES Au premier lancement, l'assistant Réglages d'iTunes s'exécute. Vous devrez choisir si vous désirez rechercher les fichiers multimédias (musique, livres audio et vidéos compatibles iTunes) pour les ajouter aux bibliothèques. Vous devrez également indiquer si vous souhaitez ajouter les éventuels fichiers au format WMA (non protégés) que vous possédez déjà : ils seront alors convertis au format AAC (celui d'Apple), sans que les originaux ne soient modifiés. Et vous devrez encore choisir qui se chargera de l'organisation du dossier iTunes (noms des fichiers et dossiers) : iTunes ou vous. Si vous laissez le programme faire, il se chargera de centraliser tous vos fichiers multimédias en un seul endroit, ce qui s'avérera plus pratique pour faire des sauvegardes plus tard. Pensez-y.

4 ORGANISEZ LES BIBLIOTHÈQUES D'ITUNES Si jamais vous n'avez pas choisi l'option de laisser iTunes se charger de l'organisation des fichiers, le programme laisse les fichiers importés dans leur emplacement d'origine et ne classe pas le contenu du dossier iTunes sur votre disque dur : les fichiers sont alors laissés « en vrac » et iTunes

Réinitialiser les autorisations

Si vous avez oublié de retirer les autorisations à des ordinateurs et que vous atteignez la limite de 5 (voir p. suivante), vous pouvez récupérer l'ensemble des autorisations. Pour cela, connectez-vous à votre compte sur l'iTunes Store, via le lien « Ouvrir une session », et cliquez sur « Gérer votre compte », tout en bas de la page d'accueil. Cliquez alors sur « Retirer l'autorisation d'accès pour tous ». Cette option ne s'affiche que si 5 ordinateurs ont déjà été autorisés. Elle n'est également disponible qu'une fois par an.

les affiche dans les différentes bibliothèques en fonction de leur contenu. Si vous changez d'avis et que vous décidez de laisser iTunes se charger d'une meilleure organisation, déroulez le menu Fichier et sélectionnez Bibliothèque, puis Organiser la bibliothèque. L'option « Consolider les fichiers » assure la copie des fichiers au sein du répertoire iTunes de votre disque dur. L'option « Mettre à niveau l'organisation... » réorganise le contenu du répertoire en y créant différents sous-dossiers par catégories de média : musique, films, séries TV, Podcasts, etc.

5 **CRÉER UN COMPTE ITUNES** Pour pouvoir acheter de la musique, des vidéos ou des applications (voir chapitre 5), vous devez disposer d'un compte auprès de l'iTunes Store, le magasin en ligne d'Apple. Dans la colonne de gauche du logiciel iTunes, cliquez sur iTunes Store, puis cliquez sur « Ouvrir une session » en haut à droite de la fenêtre principale du logiciel. Dans la fenêtre qui s'affiche, cliquez sur « Créer un nouveau compte ». Acceptez les conditions d'utilisation. Renseignez le formulaire (adresse électronique, mot de passe – 8 caractères minimum, contenant un chiffre, une majuscule et une minuscule –, question secrète et date de naissance) et choisissez si vous désirez recevoir des messages « d'information » de la part d'Apple. Vous devrez ensuite choisir un mode de paiement (carte bleue, Visa, MasterCard, etc.) et saisir les informations habituelles : numéro de carte, date d'expiration, etc. Indiquez également une adresse de facturation. Ces informations seront enregistrées, mais aucun débit ne sera effectué tant que vous n'aurez pas fait un achat. À l'issue de la procédure, un e-mail vous est envoyé à l'adresse que vous avez indiquée. Cliquez sur le lien qu'il contient pour valider la création du compte : vous devrez encore entrer vos identifiant et mot de passe pour finaliser la création du compte.

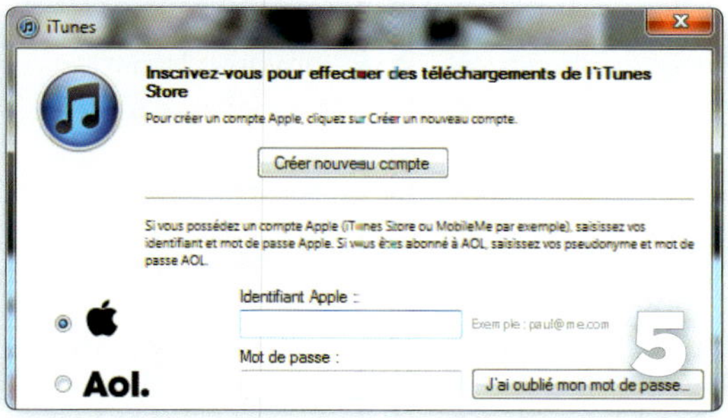

6 **AUTORISER L'ORDINATEUR** Si Apple a abandonné les mesures de protection techniques, aussi appelées DRM, pour la musique, ce n'est pas le cas pour les contenus vidéos. Cela signifie que ceux-ci sont protégés contre la copie et ne peuvent être lus que par un ordinateur autorisé. Ils peuvent être au nombre de 5 maximum (PC ou Mac) pour un compte donné. Pour autoriser une fois pour toutes votre ordinateur, cliquez sur le menu Store et choisissez l'option ad hoc. Cela signifie aussi, donc, que les autres ordinateurs de la maison peuvent lire les séries télé, par exemple, achetées sur l'iTunes Store. Détail important, un ordinateur peut-être autorisé sur plusieurs comptes à la fois. Sachez également que les iPod, iPhone, iPad et autres Apple TV ne sont pas comptés dans cette limitation. Ainsi, si l'ordinateur auquel vous branchez votre iPad pour y transférer des données (voir p. 40) est autorisé, l'iPad sera aussi automatiquement autorisé à lire les contenus que vous lui confierez.

7 **RETIRER L'AUTORISATION** Il est important de retirer cette autorisation à un ordinateur avant de le vendre ou de le formater, c'est-à-dire de le vider complètement pour le réinstaller par exemple. Ouvrez de nouveau le menu Store et sélectionnez « Retirer l'autorisation d'accès de cet ordinateur ». Si vous avez plusieurs comptes iTunes, pensez à retirer l'autorisation d'accès pour chacun d'eux, en vous y connectant (via le lien « Ouvrir une session »), puis en répétant l'opération de retrait.

Plusieurs comptes

Lorsque plusieurs membres de la famille utilisent le même ordinateur, il peut être utile de créer un compte différent pour chacun d'eux. Tout se passe alors comme si vous aviez plusieurs ordinateur réunis au sein d'un seul, sachant qu'un seul peut bien sûr être utilisé en même temps. Rendez-vous dans le Panneau de configuration de Windows, ou les Préférences système du Mac, pour créer différents comptes. L'intérêt pour iTunes, c'est que chacun peut alors gérer sa propre bibliothèque multimédia, sans mélanger sa musique ou ses films. Heureusement, les autorisations (voir ci-contre) concernent une machine entière et pas chaque compte.

3

Mariez votre iPad à iTunes

COMMENT... RÉALISER LA PREMIÈRE SYNCHRONISATION

Impossible d'utiliser votre iPad avant de le brancher une première fois à votre ordinateur, via iTunes, pour l'activer et faire un premier choix des fichiers multimédia à y transférer.

Sécuriser sa synchro

Chaque fois que vous branchez l'iPad, iTunes procède d'abord à une sauvegarde de la mémoire de l'iPad, afin de vous permettre de le restaurer à l'identique si jamais vous avez un problème (voir p. 44). Pour éviter qu'une autre personne puisse récupérer vos données en branchant son propre iPad sur votre ordinateur, choisissez donc de crypter la sauvegarde en la protégeant par un mot de passe. Cette option est disponible dans l'onglet Résumé (voir étape 6).

1 **BRANCHER SON IPAD** Non seulement la gestion de votre iPad passe forcément par votre ordinateur, mais vous devez de plus l'y connecter au moins une fois avant de pouvoir même commencer à vous en servir. En effet, lorsque vous sortez votre iPad de sa boîte et que vous l'allumez, l'écran affiche un câble USB vous indiquant très clairement que vous devez d'abord brancher l'iPad à iTunes. Lors de la première connexion à un PC, Windows installe les pilotes requis (en les cherchant éventuellement sur Internet via le service automatique Windows Update, ce qui peut prendre quelques minutes). À l'issue de cette installation, iTunes s'ouvre automatiquement (à condition bien sûr que vous l'ayez installé au préalable, voir p. 38) et l'iPad apparaît dans la liste des appareils, dans la colonne de gauche.

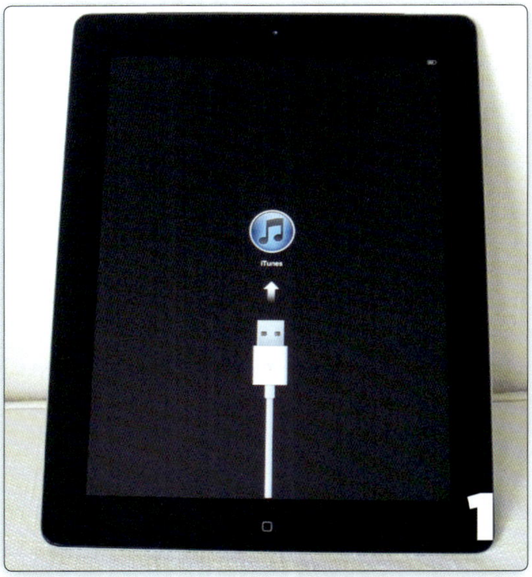

1

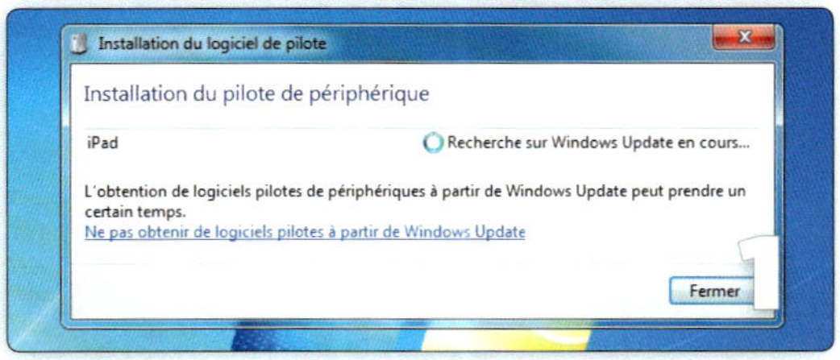

2 **ACTIVER SON IPAD** Au bout des quelques secondes nécessaires à l'activation de votre nouvel appareil, qui demande entre autres que votre ordinateur soit connecté à Internet afin qu'iTunes puisse vérifier auprès d'Apple que votre iPad n'est pas un appareil volé par exemple, l'écran de l'iPad affiche les icônes des applications standard (voir p. 30). Une petite boîte de dialogue vous indique également comment changer la disposition des icônes à l'écran (voir p. 28). Votre iPad est prêt, mais ne le débranchez pas encore, la première phase n'est pas terminée.

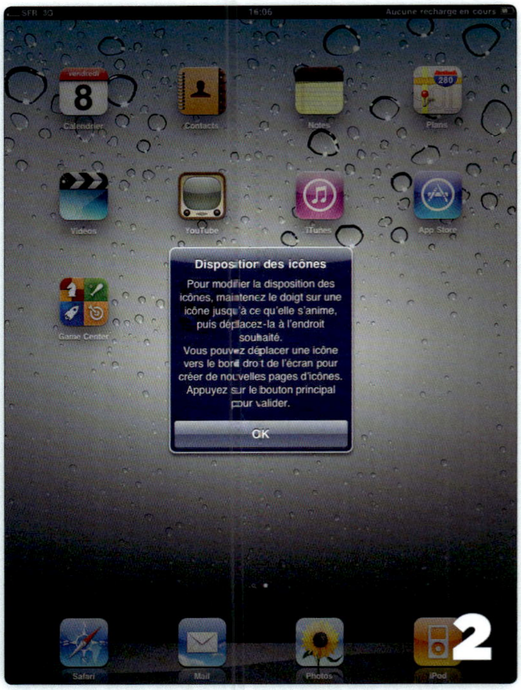

2

3 **PREMIÈRE CONFIGURATION** Dans iTunes sur l'ordinateur, il est temps maintenant de donner un nom à votre iPad. Si jamais vous êtes en réalité en possession de votre deuxième iPad, vous pouvez récupérer la totalité des données du premier en choisissant l'option « Restaurer à partir de la sauvegarde ». À ce moment-là, après quelques minutes de patience, vous retrouverez sur votre iPad 2 toutes les applications et tous les réglages que vous aviez déjà effectué sur votre iPad 1. Sinon, donnez tout simplement un nom à votre nouvel appareil, ici « iPad de Richard ». Vous pourrez ensuite ajuster la synchronisation automatique

pour les fichiers audio, les listes de lecture et les vidéos, les photos (s'il reste de la place, la priorité étant donnée à la musique) et les applications. Si vous choisissez d'ajouter automatiquement les photos, vous devrez choisir depuis quel dossier cet ajout sera fait : Mes images (par défaut), une autre banque d'images d'un programme installé et reconnu par iTunes (par exemple Photoshop Elements, mais étonnamment pas Picasa) ou un dossier de votre choix.

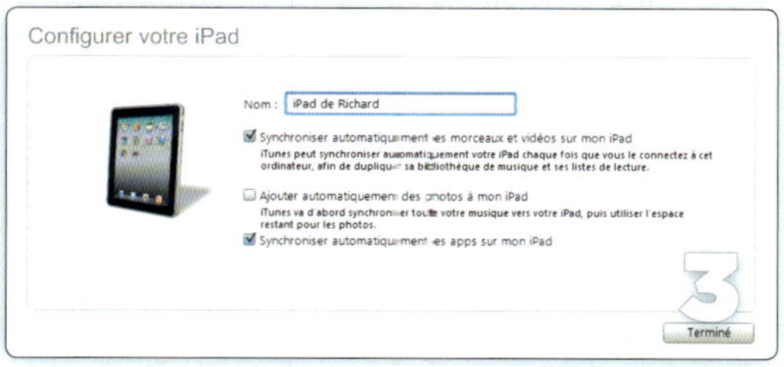

4 REMARQUER LE BESOIN DE MISE À JOUR

iTunes va vérifier si le système de l'iPad est à jour. Si ce n'est pas le cas, il vous proposera de le mettre à jour. Ces mises à jour sont importantes pour profiter des dernières fonctions ajoutées par Apple, des corrections de bogues ou de sécurité et des dernières optimisations. Si vous acceptez la mise à jour maintenant, vous devrez patienter entre 10 minutes et un quart d'heure avant de pouvoir utiliser votre iPad. Reportez donc cette opération pour pouvoir commencer à vous familiariser avec votre appareil sans tarder. Vous pourrez y revenir plus tard (voir p. 44). iTunes vous le proposera de toutes façons chaque fois que vous brancherez l'iPad à votre ordinateur.

5 SYNCHRONISER L'IPAD

Si vous avez choisi la synchronisation automatique, vous n'avez rien à faire : iTunes se charge de synchroniser les différentes bibliothèques de l'ordinateur avec l'iPad, à concurrence de la mémoire disponible, en commençant donc par la musique. Si la bibliothèque multimédia de votre ordinateur dépasse la capacité mémoire de l'iPad, iTunes crée une liste de lecture aléatoire pour remplir l'iPad. Tout est bien sûr modifiable à volonté et vous pourrez choisir précisément les données à placer dans la mémoire de l'iPad, via les différents onglets qui s'affichent dans iTunes lorsque votre appareil est sélectionné (voir p. 42).

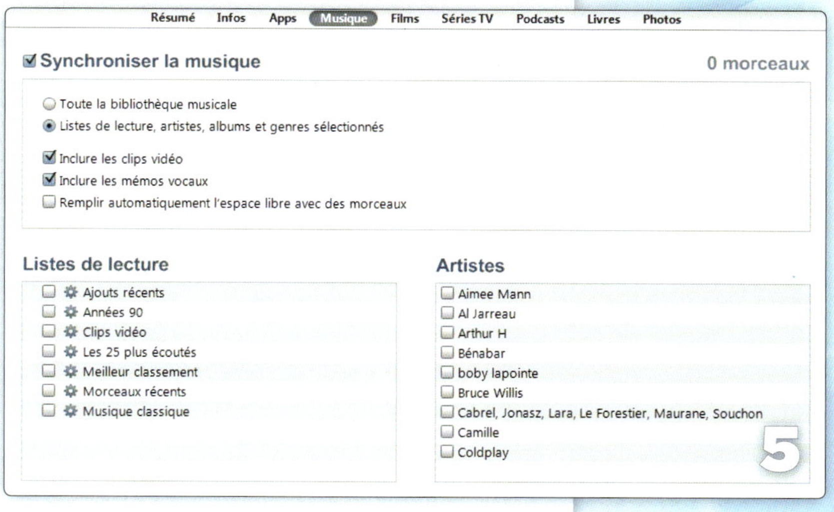

6 PARAMÉTRER L'IPAD

Cela dit, vous pouvez dès à présent, alors qu'il est encore connecté à l'ordinateur, paramétrer certaines fonctions de l'iPad en rapport avec le transfert de fichiers. Prenez soin de le sélectionner dans la section Appareils du volet de gauche et choisissez ensuite l'onglet Résumé dans la zone principale d'iTunes. Les différentes possibilités s'affichent dans la section Options. Vous pouvez ainsi choisir de lancer automatiquement iTunes lorsque vous branchez l'iPad, de gérer manuellement la musique et les vidéos (voir p. 44), de limiter la qualité des fichiers musicaux transférés vers l'iPad pour pouvoir en synchroniser un plus grand nombre, et faire de même avec les vidéos en définition standard, etc. Lorsque vous avez terminé cette première synchronisation, vous pouvez tout simplement débrancher l'iPad pour commencer à l'utiliser en regardant un film par exemple. Notez alors que l'iPad disparaît de la liste des appareils dans le volet gauche d'iTunes. Vous ne pourrez modifier les paramètres de l'iPad qu'en le rebranchant à l'ordinateur. Cela peut paraître contraignant, mais cela permet d'éviter de modifier des paramètres par erreur alors que vous utilisez iTunes pour autre chose, écouter de la musique pendant que vous travaillez, par exemple.

COMMENT... SYNCHRONISER VOTRE IPAD AVEC ITUNES

Lorsque vous sélectionnez le nom de votre iPad dans la colonne de gauche d'iTunes, la fenêtre principale montre toute une série d'onglets. Le premier, baptisé Infos, est consacré aux données de contacts, calendriers et e-mail.

1 CHOISIR LES CONTACTS À SYNCHRONISER L'onglet Infos contient de nombreuses options. La première vous permet de synchroniser votre carnet d'adresses si vous le gérez depuis Outlook. Sinon, vous pouvez le synchroniser sans fil, en mode dit OTA (*Over The Air*), via un compte Google par exemple (voir p. 120). Si vous gérez des groupes d'adresses, remarquez que vous pouvez choisir de n'en synchroniser que certains de ceux-là en cochant la case « Groupes sélectionnés ». Vous les retrouverez à l'identique, dans l'application Contacts (voir p. 30).

2 SÉLECTIONNER LES CALENDRIERS Faites défiler la page pour cocher la case « Synchroniser les calendriers ». Vous pouvez choisir de tous les synchroniser sans discrimination ou bien seulement certains d'entre eux. Seuls ceux qui seront synchronisés seront affichés sur l'iPad dans l'application Calendrier et vous permettront donc d'y ajouter des informations... reportées vers ceux stockés sur votre ordinateur à chaque branchement.

3 PARAMÉTRER LES COMPTE E-MAIL Procédez de même avec les comptes e-mail. Cette fois il s'agit de simplifier le paramétrage de vos comptes de messagerie sur l'iPad en dupliquant ceux que vous utilisez déjà sur votre ordinateur. Vous pouvez aussi en ajouter « à la main » sur votre iPad (voir p. 50).

4 VISITER TOUS LES AUTRES ONGLETS Les autres onglets vous serviront à synchroniser vos applications et tous vos contenus multimédias. Visitez-les un à un pour choisir tout ce que vous voulez transférer vers votre iPad (voir p. suivante). Notez que l'onglet Applications vous permet aussi de réorganiser les icônes des applications déjà installées sur votre iPad.

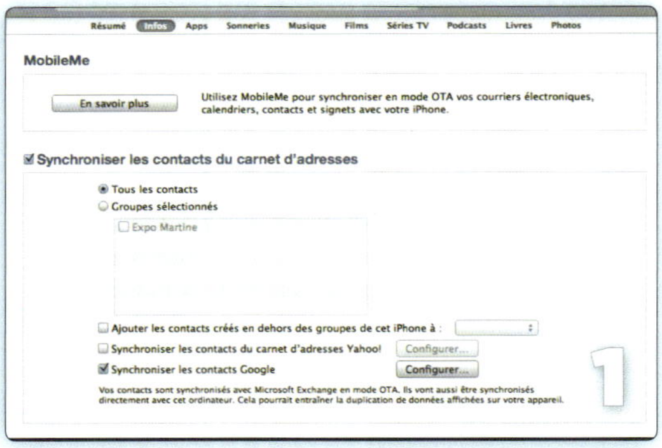

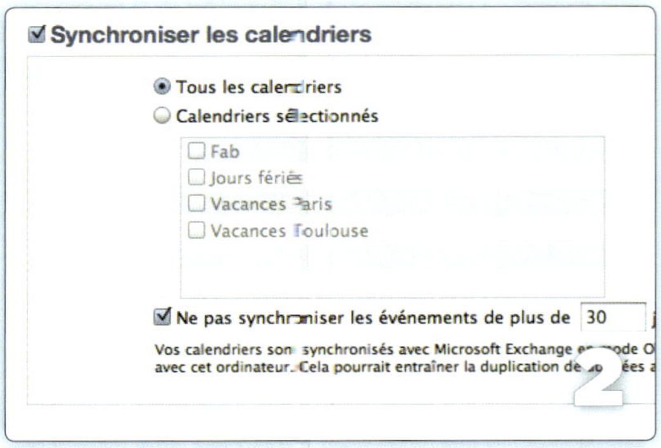

L'onglet Résumé

L'onglet Résumé de la fenêtre iTunes liée à votre iPad propose lui-aussi de nombreuses options. Vous pouvez par exemple choisir de ne pas synchroniser automatiquement l'iPad lorsque vous le branchez. De même, vous pouvez faire en sorte de gérer manuellement le contenu à faire passer vers la mémoire de l'iPad. Deux options bien pratiques lorsque vous souhaitez synchroniser votre iPad avec plusieurs ordinateurs, celui de la maison et celui du bureau par exemple.

DIFFICULTÉ

SYNCHRONISER... TOUS VOS CONTENUS MULTIMÉDIAS

Après les onglets Infos et Apps, tous les autres sont consacrés aux contenus multimédia que vous pouvez transférer sur votre iPad pour en profiter où que vous soyez. En voici quatre présentés en détail.

1 MUSIQUE C'est ici que vous choisissez les morceaux de votre bibliothèque musicale iTunes que vous voulez emporter avec vous dans l'iPad. Si vous disposez de suffisamment de mémoire, cochez « Toute la bibliothèque musicale ». Vous aurez ainsi accès à toute votre musique, sans exception. Notez qu'avec cette option, toute musique que vous ajoutez à la bibliothèque, soit en l'achetant sur l'iTunes Store ou en numérisant vos CD, sera automatiquement ajoutée à l'iPad à la synchronisation suivante. À l'aide des différentes zones en dessous, vous pouvez aussi choisir de ne synchroniser que certains artistes ou certains morceaux.

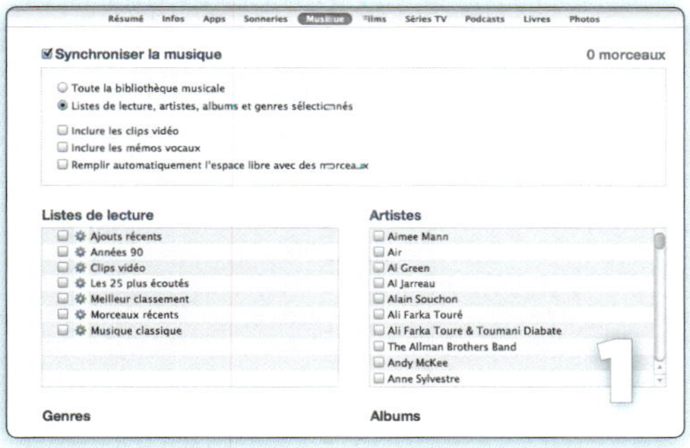

2 SÉRIES TV Si vous achetez ou louez des séries TV sur l'iTunes Store (voir p. 70), c'est dans cet onglet que vous pourrez choisir les épisodes à transférer sur l'iPad. Pour automatiser le processus, utilisez les menus déroulants pour, par exemple, faire en sorte de ne conserver sur l'iPad que les épisodes que vous n'avez pas encore visionnés. L'onglet Films fonctionne de manière similaire. Vous pouvez ajouter à votre bibliothèque des films achetés ou loués sur l'iTunes Store, ou bien en numérisant vos DVD (voir p. 72).

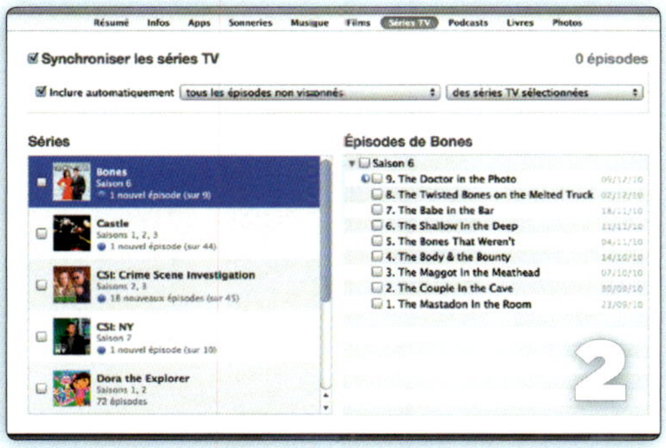

3 LIVRES Cet onglet est réservé aux livres électroniques achetés sur l'iBooks Store, une des sections de l'iTunes Store. L'onglet n'apparaît que si vous avez au préalable installé l'application iBooks sur votre iPad, via l'App Store (voir p. 84).

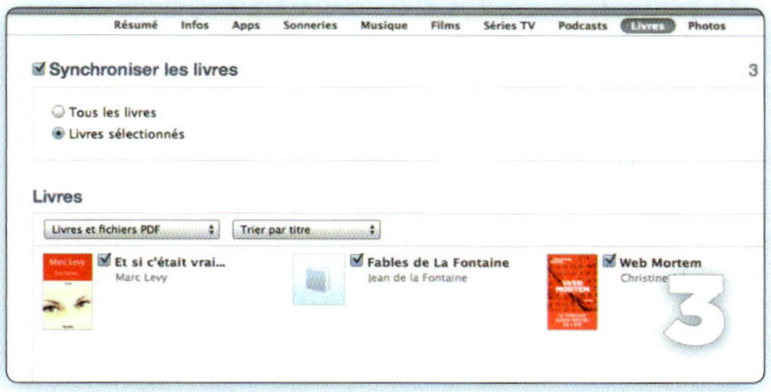

4 PHOTOS L'iPad est un bon moyen d'avoir toujours sur vous vos photos favorites et pour les partager à plusieurs grâce au grand écran. Si vous êtes sur PC, choisissez un dossier contenant des images à transférer sur l'iPad. Si vous êtes sur Mac et que vous utilisez le logiciel iPhoto pour gérer vos images, vous bénéficiez de nombreuses options supplémentaires. Afin de réduire l'usage de la mémoire de l'iPad, iTunes se charge de réduire la taille des images avant de les transférer. À noter qu'iTunes fait la même chose si vous synchronisez des photos avec un iPhone, mais il réduit alors les clichés encore un peu plus. Le premier transfert d'un grand nombre de photos peut donc demander un peu de patience. Les synchronisations suivantes seront plus rapides, puisque seules les nouvelles photos seront transférées, les versions réduites étant stockées sur l'ordinateur.

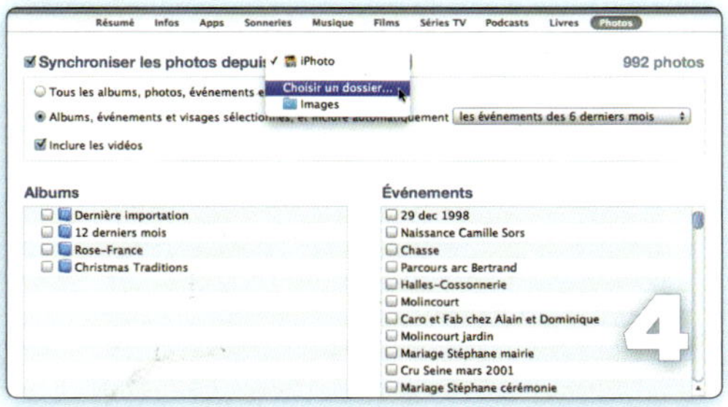

N'oubliez pas les podcasts

Au départ, les podcasts étaient un moyen pratique de rattraper des émissions de radio que vous aviez manquées au moment de leur diffusion en direct. Il suffit de s'abonner et iTunes se charge de télécharger chaque nouvel épisode dès qu'il est disponible. Ne vous laissez pas abuser par le verbe abonner, ce service est bel et bien gratuit. Aujourd'hui, on trouve des milliers « d'émissions » disponibles uniquement par ce canal de diffusion. Visitez la rubrique Podcasts de l'iTunes Store pour choisir les podcasts qui vous intéressent. Et ensuite dans l'onglet Podcasts du logiciel iTunes lorsque votre iPad est branché, pour choisir ceux que vous voulez y transférer.

DIFFICULTÉ

COMMENT… BIEN RÉAGIR EN CAS DE PROBLÈME

Désolé de vous décevoir, mais un iPad… ça plante aussi. Très rarement heureusement. Cela dit, mieux vaut savoir quoi faire lorsque cela se passe.

1 FERMER COMPLÈTEMENT UNE APPLICATION Si l'une de vos applis « plante », c'est-à-dire qu'elle ne réagit plus aux pressions de votre doigt, il faut la fermer complètement. Avec le système multitâche de l'iPad, les applications ne sont pas fermées lorsque vous revenez sur l'écran d'accueil. Elles ne sont que mises en attente (voir p. 26). Pour véritablement fermer une application, effectuez une double pression sur le bouton d'accueil, pour faire apparaître la barre d'icônes de permutation rapide. Effectuez une pression longue sur l'une de ces icônes jusqu'à ce qu'elles gigotent et qu'un « sens interdit » apparaisse sur chacune d'elle. Tapez ensuite sur le sens interdit correspondant à l'application plantée. Celle-ci est maintenant véritablement fermée. Vous pourrez la relancer et reprendre votre activité.

2 RÉINSTALLER UNE APPLICATION Si jamais l'opération précédente ne suffit pas et que l'application continue à faire des siennes, effectuez une pression prolongée sur son icône, jusqu'à faire apparaître une croix blanche dans un rond noir, dans son coin supérieur gauche. Tapez sur cette croix pour effacer l'application de votre iPad. Rendez-vous ensuite dans l'App Store (voir p. 64) pour la télécharger de nouveau. L'App Store vous permet de télécharger vos applications, même les payantes, autant de fois que vous le voulez.

3 ÉTEINDRE ET RALLUMER Lorsque l'on effectue une courte pression sur le bouton du haut, on ne fait que mettre l'iPad en veille. Pour l'éteindre complètement, effectuez une pression longue, jusqu'à pouvoir faire glisser le bouton rouge « éteindre » en haut de l'écran. Au bout de quelques secondes, l'iPad est complètement éteint. Pour le rallumer, pressez de nouveau le bouton du haut.

4 FORCER LE REDÉMARRAGE Si jamais c'est l'iPad qui est complètement bloqué et pas seulement une application, pressez simultanément le bouton du haut et le bouton d'accueil, et maintenez la pression jusqu'à ce qu'apparaisse le logo d'Apple. Vous pouvez lâchez les boutons, votre iPad est en train de redémarrer. Tout devrait rentrer dans l'ordre.

Où est la batterie ?

Sur votre téléphone mobile, vous aviez peut-être l'habitude de tout simplement retirer la batterie pour redémarrer l'appareil en cas de problème. Avec un iPad, comme avec un iPhone d'ailleurs, cette méthode est à oublier : il n'y a pas de trappe pour accéder à la batterie. Mais n'ayez crainte, les différentes méthodes relatées ci-contre vous dépanneront à coup sûr !

DIFFICULTÉ

COMMENT… RESTAURER L'IPAD ET REPARTIR DE ZÉRO

Si vous trouvez que votre iPad « plante » trop souvent, ou qu'il est plus lent que d'habitude, le premier réflexe est de l'éteindre complètement et de le rallumer (voir p. précédente). N'oubliez pas non plus qu'une mise à jour du système peut résoudre certains problèmes et Apple en propose régulièrement. Enfin, vous pouvez aussi réinstaller complètement votre iPad en rétablissant son état de « sortie d'usine » .

1 METTRE À JOUR LE SYSTÈME DE L'IPAD Lorsqu'une mise à jour du système de votre iPad est disponible, iTunes vous prévient au moment du branchement de l'iPad à l'ordinateur. Cliquez sur le bouton « Télécharger et mettre à jour ». Suivez les étapes en confirmant à chaque fois et laissez iTunes faire. Une fenêtre vous indiquera la liste des modifications et des nouveautés apportées par ce nouveau système. Ce dernier se charge d'abord de télécharger auprès d'Apple la dernière version et ensuite de l'installer sur l'iPad. Lorsque l'installation commence, vous noterez que l'écran de l'appareil n'affiche plus qu'une barre de progression blanche. La procédure ne prend pas plus de 10 minutes en général. Lorsqu'elle est terminée, vous retrouvez votre iPad comme il était auparavant, avec toutes vos applications et vos réglages. Ce n'est que sous le capot que le système a changé. Il ne vous reste plus qu'à tester les nouvelles fonctions.

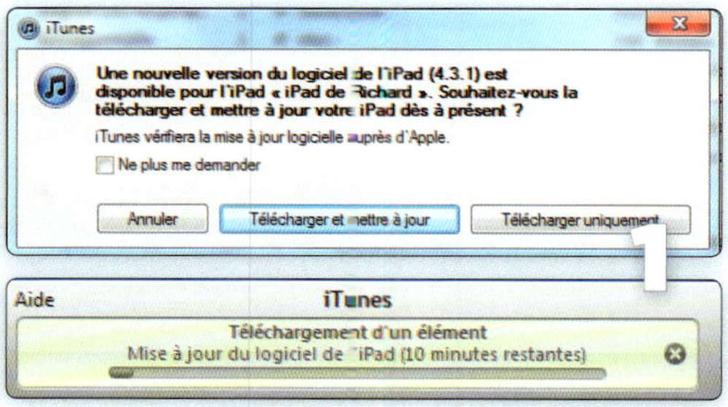

2 RESTAURER DEPUIS ITUNES Si vous trouvez que votre iPad réagit toujours de manière bizarre, branchez-le à votre ordinateur et, dans iTunes, cliquez sur le bouton Restaurer de l'onglet Résumé lié à votre appareil. Comme à l'étape précédente, cette opération lancera le téléchargement de la dernière version du système pour l'iPad, mais, attention, votre iPad sera entièrement effacé avant de recevoir le nouveau système. Pas de problème cela dit, car une fois l'installation du système effectuée, vous pourrez demander à iTunes de restaurer à partir de la dernière sauvegarde réalisée (voir ci-contre). Ce faisant, vous serez sûr que les fondations sont bonnes.

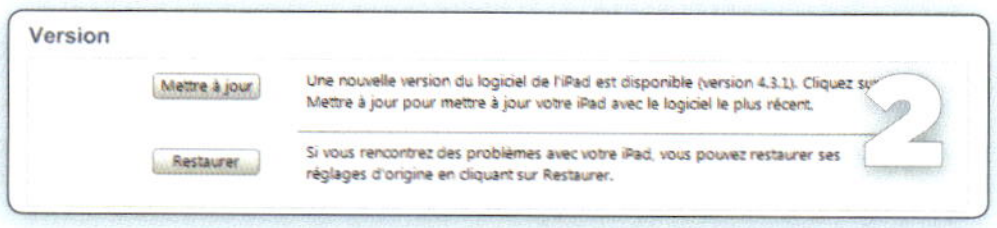

3 FAIRE COMME S'IL S'AGISSAIT D'UN NOUVEL IPAD Pour vraiment repartir de zéro, choisissez donc d'installer votre iPad comme si vous veniez de le recevoir. Cela vous prendra un peu plus de temps car vous devrez alors choisir de nouveau toutes vos données à synchroniser (voir p. 40 et suivantes). Attention, vous perdrez tout de même quelques données, comme les niveaux atteints dans les jeux par exemple.

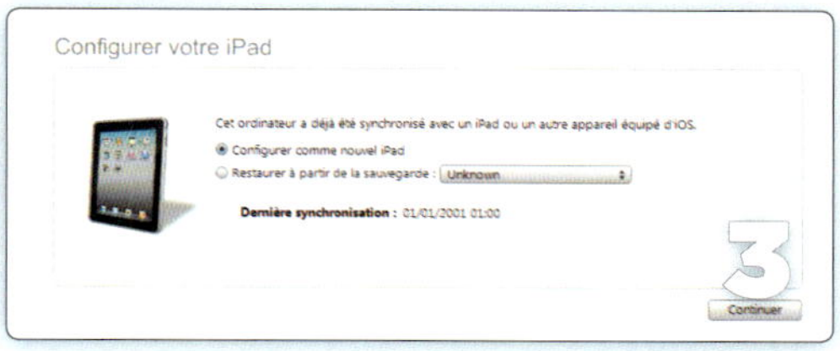

4 PASSER EN MODE RECOVERY Si jamais la restauration via le bouton iTunes ne fonctionne pas, éteignez complètement votre iPad (voir p. précédente), puis branchez-le à votre ordinateur tout en maintenant le bouton d'accueil enfoncé. Relâchez le bouton lorsque le logo iTunes apparaît sur l'écran de l'iPad. Lancez alors la restauration, comme vous le propose iTunes sur votre ordinateur.

Pensez à sauvegarder !

Avant d'installer une nouvelle version du système ou de lancer une récupération complète (voir ci-contre), pensez d'abord à sauvegarder le contenu de votre iPad, afin de pouvoir récupérer vos dernières modifications. Comment faire ? Rien de plus simple : branchez votre iPad à votre ordinateur, iTunes se charge d'effectuer une sauvegarde avant de lancer la synchronisation de vos données. Vous pouvez également cliquer avec le bouton droit sur le nom de votre iPad dans la colonne de gauche du logiciel iTunes sur votre ordinateur, et choisir Sauvegarder. Pensez également à effectuer la même opération en choisissant « Transférer les achats » pour récupérer tout ce que vous avez acheté sur l'iTunes Store.

4

Internet tout confort sur l'iPad

À DÉCOUVRIR DANS CES PAGES

Internet tout confort sur votre iPad

Que vous utilisiez un iPad de première ou de deuxième génération, vous vous rendrez vite compte qu'il s'agit d'un outil incomparable pour vous connecter au monde en ligne. Confortablement assis dans un fauteuil, vous tenez l'Internet entre vos mains… Naviguez sur vos sites favoris avec Safari, consultez vos messages électroniques avec Mail, communiquez en vidéo ou par Facebook, le tout en Wi-Fi ou en 3G, où et quand vous voulez.

POUR NAVIGUER SUR INTERNET AVEC VOTRE IPAD, APPLE FOURNIT SON PROPRE NAVIGATEUR, SAFARI. APPRENEZ À L'EXPLOITER AU MIEUX...

Safari, le navigateur Internet grand écran intégré à l'iPad

Et les contenus Flash alors ?

Comme celui de l'iPhone, le navigateur Safari de l'iPad n'est pas en mesure d'afficher les contenus Flash, Apple expliquant qu'il s'agit d'une technologie gourmande en ressources et inadaptée à l'autonomie des produits portables comme l'iPad ou l'iPhone. Vrai ou pas, Apple a suffisamment de poids pour que de nombreux sites se plient à ses désirs et développent des versions spéciales de leurs pages pour qu'elles s'affichent sans encombre sur votre iPad. Pour les autres sites qui ne disposent que d'une version Flash, vous pouvez installer Skyfire, disponible sur l'App Store pour 3,99 €. Sachez tout de même que cela ne fonctionne pas à tous coups et qu'il est tout de même bien rare de tomber sur des sites illisibles sur l'iPad.

Avec Safari, vous disposez d'un navigateur Internet de grande qualité, descendant direct du navigateur du même nom intégré au système des Mac. Si vous utilisez d'ordinaire un PC, vous le découvrez probablement pour la première fois, même si ce navigateur existe aussi pour Windows. Pas de panique, vous allez rapidement trouver vos repères.

L'INTERNET AU BOUT DES DOIGTS Pour lancer Safari, touchez l'icône qui le représente, une sorte de boussole carrée à fond bleue. Cette icône est présente, par défaut, dans le Dock qui figure au bas de l'écran (voir p. 22). Une pression suffit pour activer l'ouverture du programme et afficher une page blanche. Vous pouvez immédiatement lancer une recherche en tapant un ou plusieurs mots-clés dans la zone de saisie la plus à droite. Le moteur de recherche par défaut est Google, mais vous pouvez en changer (voir p. suivante). Sinon, touchez la barre d'adresses. Saisissez l'adresse du site à l'aide du clavier qui apparaît en bas et tapez sur la touche Accéder. Le navigateur charge alors la page désirée.

DES ONGLETS EN FORME DE VIGNETTES
Vous voulez consulter plusieurs pages à la fois ? Tapez sur l'icône en forme de « double carré » pour afficher une vue en vignette des sites déjà ouverts. Si c'est la première fois que vous utilisez Safari, il n'y aura donc qu'une page, avec un carré en pointillés à sa droite. Tapez sur celui-ci pour ouvrir une nouvelle page Internet vide et vous rendre sur le deuxième site de votre choix. Pour retourner sur la page précédente, tapez de nouveau sur le double carré, puis sur la vignette de votre page.

UN GESTE VERS VOS SITES PRÉFÉRÉS Vous avez peut-être vos adresses privilégiées, des sites de prédilection sur lesquels vous aimez vous connecter régulièrement. Vous pouvez rapidement les retrouver en cliquant sur le bouton Signets de la barre d'outils, en forme de livre ouvert, pour en afficher la liste. Pour ajouter un site à cette liste, tapez sur la dernière icône de la barre d'outils, figurant une flèche sortant d'un carré. Choisissez « Ajouter un signet » dans le menu qui apparaît, pour ajouter le site en cours dans la liste.

L'historique de navigation, accessible depuis le menu Signets, ainsi que la représentation en vignettes des sites ouverts, permettent de naviguer très rapidement d'un site Web à un autre

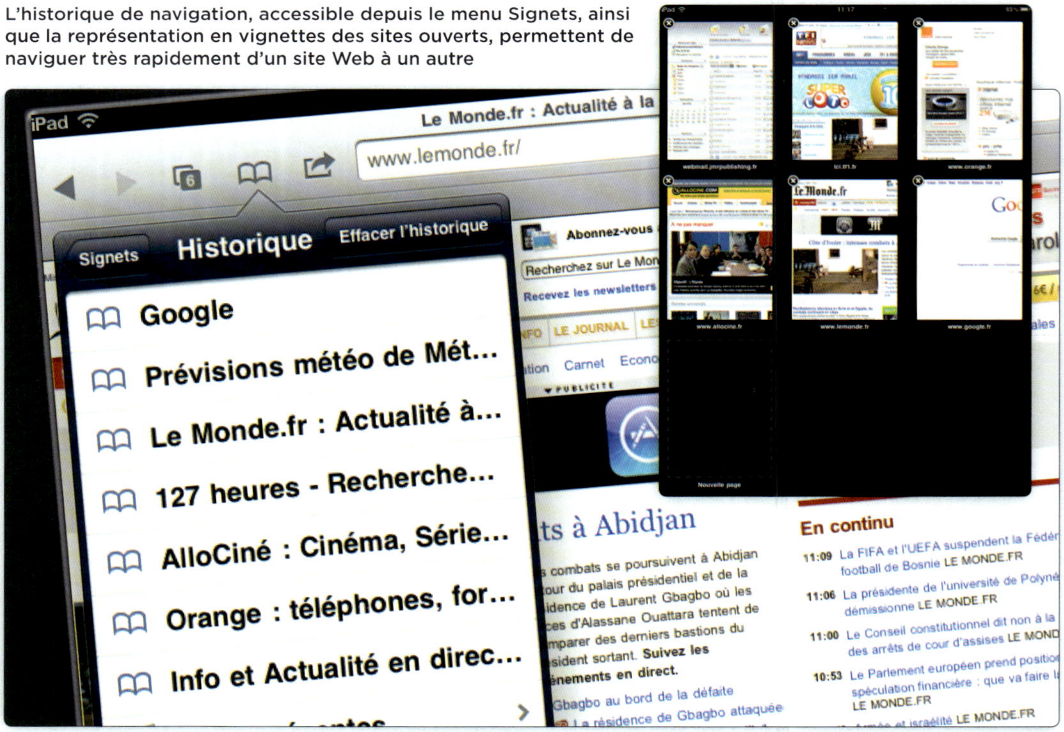

COMMENT… PERSONNALISER LE FONCTIONNEMENT DE SAFARI

1 **AFFICHER LE MENU RÉGLAGES** Tapez sur l'icône Réglages en forme de roues dentées, pour afficher la liste des paramètres de l'iPad. Dans le volet de gauche, sélectionnez l'intitulé Safari du bout du doigt. Dans la partie droite de l'écran s'affiche alors l'ensemble des options de configuration disponibles. Cette liste de paramètres vous permet de définir le comportement du navigateur en toutes circonstances, notamment sur le plan de la sécurité. Pensez par exemple pour naviguer en toute quiétude, à bloquer l'affichage des pop-up en plaçant l'interrupteur sur la position « 1 ».

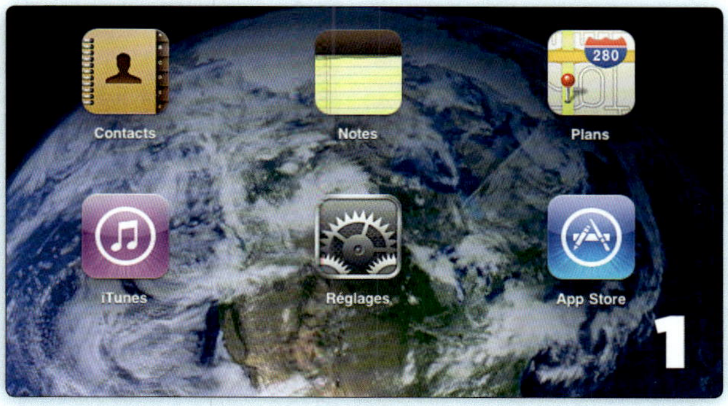

2 **DÉFINIR LE MOTEUR DE RECHERCHE** Par défaut, le moteur de recherche intégré à Safari n'est autre que l'incontournable Google. Cela signifie que lorsque vous utilisez le champ Rechercher près de la barre d'adresses en y saisissant un mot-clé, c'est la page de résultats de Google qui s'affiche. Un choix qui peut sembler judicieux puisque Google est sans conteste le moteur de recherche le plus performant, mais qui ne correspond pas forcément à votre goût personnel. Vous pouvez définir un autre moteur de recherche par défaut. Sous l'intitulé Général des Réglages de Safari, se trouve l'option « Moteur de recherche ». Touchez-la du doigt pour afficher la liste des autres moteurs disponibles. Choisissez Yahoo ou Bing pour vos prochaines recherches.

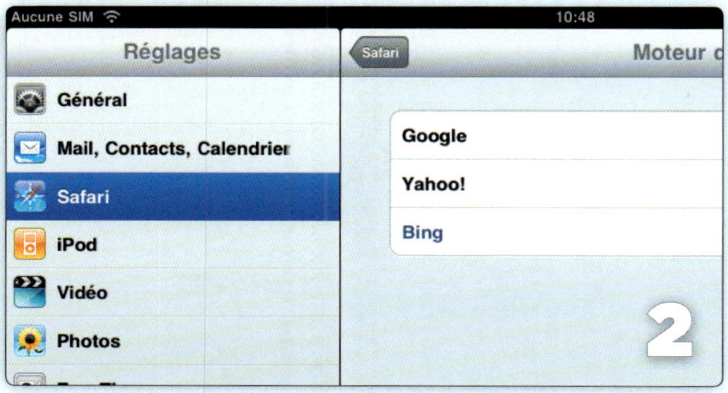

3 **CONFIGURER L'AUTO-REMPLISSAGE** Remplir les formulaires sur Internet avec un iPad, n'est pas toujours très aisé. Pour gagner du temps, Safari propose l'option Auto-remplissage. Touchez-la du bout du doigt. Dans l'écran qui suit, placez l'interrupteur Coordonnées sur « 1 ». Touchez ensuite la zone « Mes infos ». L'iPad affiche alors le dossier Contacts dans lequel vous pouvez sélectionner votre nom parmi votre liste de contacts. Ces données seront utilisées pour remplir les formulaires que vous rencontrerez en ligne. Vous pouvez également demander à l'iPad de se rappeler des noms et mots de passe que vous tapez au fur et à mesure de vos visites.

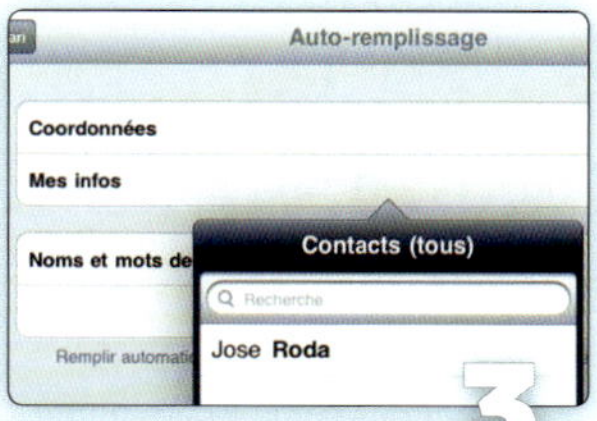

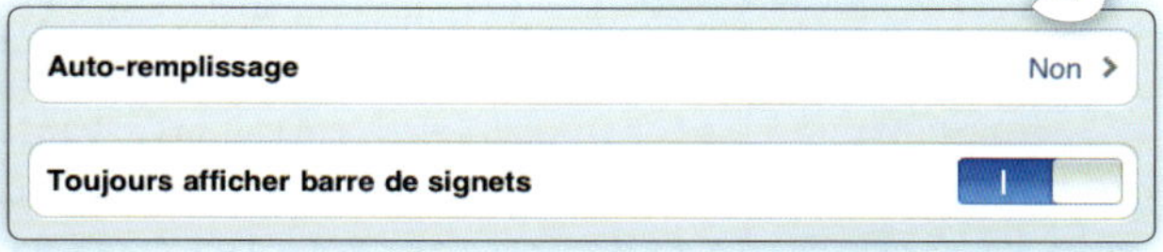

4 **AJOUTER UN SITE SUR L'ÉCRAN D'ACCUEIL** Sur votre PC, vous placez peut-être sur le bureau des raccourcis vers des programmes ou des sites. Sur un iPad, il est possible d'ajouter un site sur l'écran d'accueil sous la forme d'une icône. Si vous utilisez par exemple un Webmail, cela représente un gain de temps considérable. Sous Safari, connectez-vous sur le site et touchez le bouton Signets. Dans le volet, touchez l'option « Ajouter à l'écran d'accueil ». Donnez un nom à l'icône et validez.

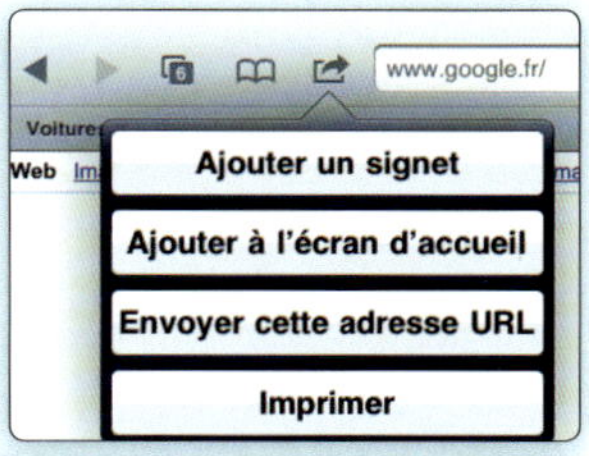

4

Internet tout confort sur l'iPad

Réception unifiée

Vous avez plusieurs adresses e-mail ? Pas de problème : vous pouvez en ajouter autant que vous voulez via les Réglages de l'iPad. Dans le volet de gauche, sélectionnez « Mail, Contacts, Calendriers » puis, dans la partie de droite, tapez sur « Ajouter un compte ». Ensuite, dans Mail, vous pouvez choisir de consulter vos comptes l'un après l'autre ou bien demander de réunir tous vos messages dans une boîte de réception unifiée. Ne craignez rien, vous pourrez choisir l'adresse d'envoi lorsque vous créerez un nouveau message. Pour passer de la vue unifiée à la vue « par compte », tapez sur le bouton tout en haut à gauche de la colonne listant vos messages. Vous reviendrez à la liste de vos comptes.

COMMENT... GÉRER SA CORRESPONDANCE AVEC MAIL

Avec l'iPad vous recevrez et enverrez facilement tous vos messages. L'application s'appelle tout simplement Mail. Voici comment configurer ses comptes de messagerie et découvrir les fonctions clés de l'application.

Mail est un client de messagerie électronique très complet. Pour l'utiliser, il vous faut bien sûr disposer d'au moins une adresse : celle de votre fournisseur d'accès par exemple, ou encore votre webmail Yahoo, Gmail ou Hotmail.

1 OUVRIR L'APPLICATION ET PRÉPARER LE COMPTE L'icône de Mail est présente dans le Dock par défaut et se situe en deuxième position en partant de la gauche. Touchez-la pour lancer l'application. Lorsqu'il s'agit de la première fois, un assistant vous propose de vous guider dans la création de votre compte de messagerie. En tapant sur « Autre », vous pourrez entrer toutes les informations que vous avez reçues avec le contrat de votre fournisseur d'accès. Si vous utilisez un compte Gmail ou Yahoo, c'est encore plus simple, il vous suffira d'entrer votre adresse et votre mot de passe. C'est l'exemple que nous allons utiliser, mais la messagerie fonctionne de manière identique avec tous les types de comptes.

2 DÉFINIR LES PROPRIÉTÉS DU COMPTE L'assistant affiche un formulaire qui vous demande d'indiquer successivement votre nom, votre adresse électronique fournie ici par Gmail, le mot de passe tel que vous l'avez défini lors de la création de l'adresse et enfin, une description. Par défaut, Mail prévoit la mention Mon compte Gmail, mais vous pouvez saisir une autre appellation si vous le désirez. Pour passer d'un champ à l'autre, appuyez sur la touche Retour du clavier virtuel ou tapez tout simplement du doigt sur la zone. Touchez ensuite le bouton Suivant.

3 PRÉCISER LE CHAMP D'ACTION En appuyant sur le bouton Suivant, vous déclenchez la procédure de vérification des informations que vous avez transmises. Mail se connecte alors aux serveurs de Gmail et s'assure que l'adresse et le mot de passe ne comportent pas d'erreur. Vous devez alors choisir les éléments qui seront gérés par Mail :

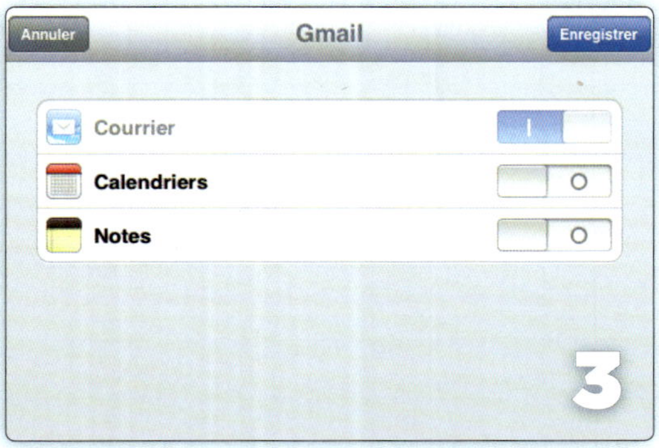

le courrier, les calendriers et les notes, sont les trois possibilités (voir p. 120). Pour vous limiter aux messages électroniques, placer les interrupteurs Calendriers et Notes sur la position « O ». Touchez le bouton Enregistrer.

4 **DÉCOUVRIR L'INTERFACE** Mail rapatrie alors le contenu de votre boîte à lettres électronique. Dans le volet de gauche de l'écran, vous trouvez les différents dossiers : Boîte de réception, Brouillons, Messages envoyés, etc., ainsi que les différents dossiers personnalisés que vous pouvez créer pour classer et ordonner les messages reçus et émis. Ces dossiers sont synchronisés entre l'iPad et votre ordinateur. En fait, votre messagerie est reproduite à l'identique. Lorsque vous lisez un message sur votre iPad, il sera également marqué comme lu lorsque vous retournerez sur votre ordinateur. C'est le principe de la norme d'e-mail IMAP et c'est celle que vous devez choisir si vous configurez votre compte « à la main » (voir étape 1).

5 **CONSULTER LA BOÎTE DE RÉCEPTION** Dans le volet de gauche, touchez l'intitulé Boîte de Réception. Les messages reçus sont affichés par défaut du plus récent au plus ancien. Pour faire défiler les messages, déplacez le contenu de la boîte de réception vers le haut ou vers le bas. Lorsque vous avez identifié le message que vous souhaitez lire, touchez-le. L'intitulé du message prend alors une couleur bleue. Son contenu s'affiche dans la partie centrale.

6 **RÉPONDRE À UN MESSAGE** Dans la barre d'outils de couleur grise qui se trouve au sommet de la fenêtre de lecture, touchez le bouton représentant une flèche pointant vers la gauche. Vous déployez alors un volet qui vous permet de répondre à l'envoyeur, de répondre à tous les destinataires, de transférer ou d'imprimer le message.

7 **ÉCRIRE UN MESSAGE** Pour composer un nouveau message, touchez le dernier bouton de la barre d'outils (représentant un crayon sur une feuille). Dans la fenêtre qui apparaît, saisissez l'adresse du destinataire dans le champ « À », puis tapez l'objet de votre message et enfin son contenu. Touchez ensuite le bouton Envoyer. Le tour est joué.

8 **CLASSER SES MESSAGES** À mesure que vous échangez avec des correspondants, la boîte de réception se trouve de plus en plus encombrée. Pour mettre de l'ordre, touchez le bouton Modifier qui se trouve à droite de l'intitulé Boîte de réception. Sélectionnez du doigt un ou plusieurs messages et touchez le bouton Déplacer pour les envoyer vers un dossier spécifique.

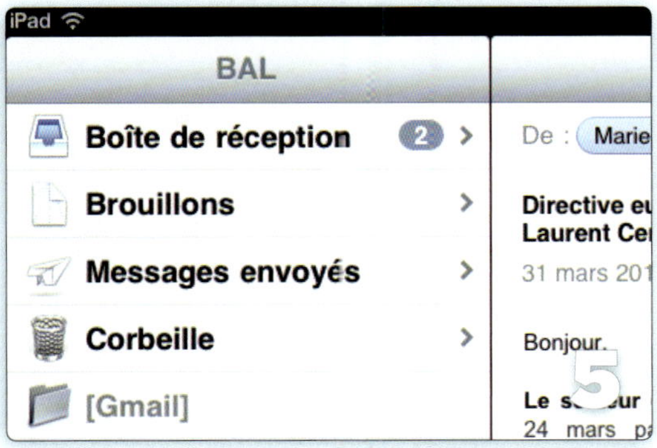

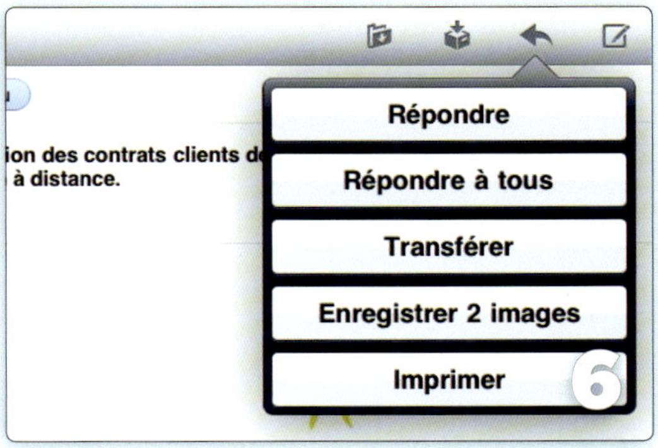

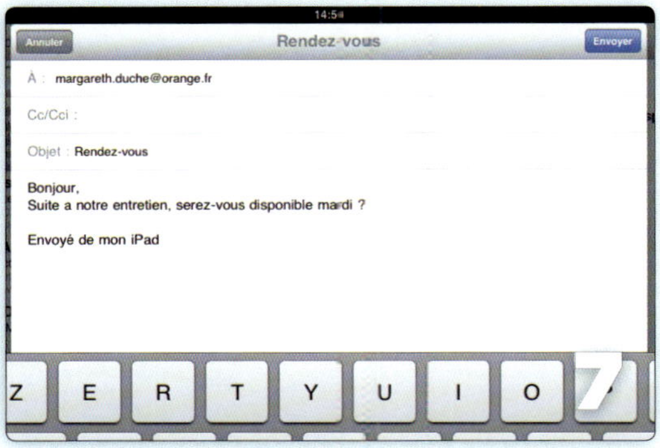

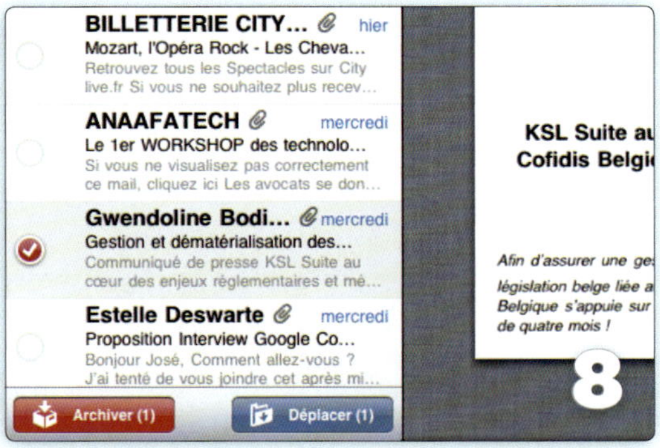

Affichage orienté

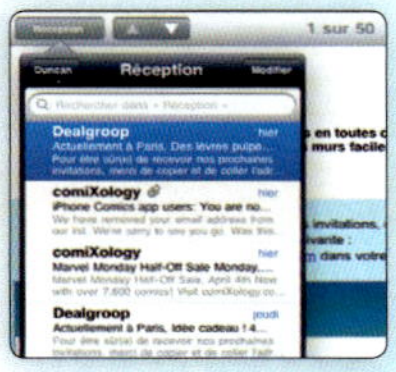

Selon l'orientation de l'iPad, la présentation de Mail diffère. En mode paysage, la liste des dossiers est toujours visible à gauche. En mode portrait, il faut taper sur le premier bouton en haut à gauche pour la faire apparaître.

Recherche de messages

Touchez du doigt le dossier dans lequel vous souhaitez lancer la recherche. Pour une recherche globale, sélectionnez Boîte de réception. Tapez ensuite dans le champ Rechercher qui s'affiche en haut de la colonne, le nom de l'émetteur du message ou un mot-clé présent dans l'objet ou dans le corps du message. Les résultats de votre requête s'affichent dans le volet central.

UN IPAD SANS INTERNET, C'EST COMME UNE VOITURE SANS ESSENCE, IL NE VA PAS LOIN... VOICI COMMENT RESTER TOUJOURS CONNECTÉ.

Rester connecté partout grâce au Wi-Fi et à la 3G

Plus encore qu'un ordinateur classique, un iPad ne prend toute sa dimension que lorsqu'il est connecté à Internet. Impossible en effet de récupérer les dernières actus, de visualiser des vidéos ou tout simplement de lire son courrier électronique si l'on n'est pas relié au réseau. Sur un iPad, tout se passe sans fil, puisque la tablette ne dispose pas d'un port Ethernet pour y brancher un câble réseau. Que ce soit en Wi-Fi ou en 3G, il existe différentes manières de rester connecté en toutes circonstances.

LE WI-FI À LA MAISON Il s'agit bien sûr de la voie la plus évidente et la plus simple. La « box » de votre fournisseur d'accès à Internet est probablement déjà réglée pour diffuser un réseau sans fil Wi-Fi. Vous vous en servez déjà peut-être pour connecter un ordinateur portable. Votre iPad peut facilement s'y connecter aussi. Il suffit de connaître le nom du réseau et sa clé d'accès. Ces informations sont dans la grande majorité des cas inscrites directement sur la « box » : cherchez les mots « SSID » et « clé WEP/WPA ». Le premier correspond au nom du réseau et le second au code qui protège l'accès au réseau, afin que vos voisins ne puissent s'y connecter. Sur l'iPad, rendez-vous dans les réglages et sélectionnez Wi-Fi dans la colonne de gauche. La liste de tous les réseaux à sa portée s'affiche à droite. Tapez du doigt sur celui de votre box. Une fenêtre glisse vers le haut pour vous demander d'entrer le code. Une fois cela fait, tapez sur la touche « Rejoindre » du clavier virtuel (1). Vous êtes connecté.

PROFITER DES HOTSPOT Lorsque vous n'êtes pas chez vous, il vous faut trouver d'autres moyens de vous connecter. Si vous êtes chez des amis, demandez-leur tout simplement leur clé Wi-Fi et vous pourrez profiter de leur connexion. En revanche, si vous êtes en vacances ou en balade, plusieurs hypothèses sont possibles. Dans certains cas, l'accès est tout simplement gratuit, comme dans les McDonald's par exemple. Activez le Wi-Fi de votre iPad et vous verrez le réseau du restaurant. Son nom n'est pas suivi d'un cadenas ? La connexion est libre. Attention, toutefois, un accès Wi-Fi « non cadenassé » ne signifie pas toujours que la connexion est libre. Il arrive ainsi que le lieu où vous vous trouvez ait confié à un opérateur le soin d'installer un Hotspot, c'est-à-dire un point d'accès Wi-Fi. Dans ce cas, la connexion entre votre iPad et le Hotspot est libre, comme ici le réseau « SFR WiFi Public », par exemple

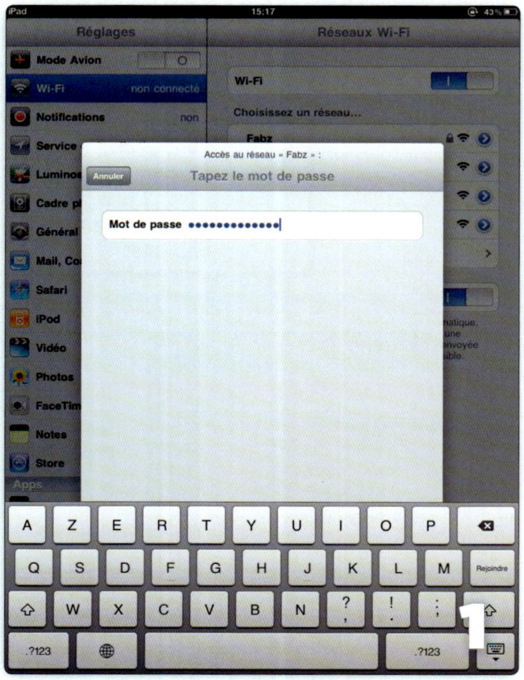

De la sécurité du Wi-Fi

La protection par un code, c'est-à-dire la clé WEP ou WPA, d'un réseau Wi-Fi a deux fonctions. Elle évite bien sûr que des voisins utilisent votre connexion à Internet à votre insu, mais elle protège également la confidentialité de vos échanges. Méfiez-vous donc des connexions non protégées de certains hotspots gratuits. Lorsque vous vous y connectez, certaines de vos informations y passent en clair et il est relativement simple pour un pirate en herbe de vous mettre alors « sur écoute ».

(voir illustration 2). C'est ensuite lorsque vous lancerez votre navigateur pour accéder à une page Web qu'il vous faudra montrer patte blanche. Car, en réalité, ces hotspots proposent un accès payant. Le plus souvent, il suffit d'être abonné au même opérateur pour pouvoir utiliser le hotspot. Il vous suffit d'indiquer vos identifiant et mot de passe, ceux de votre messagerie par exemple, pour autoriser la connexion et commencer à surfer. Si vous avez un smartphone, un iPhone par exemple, il y a aussi de fortes chances que votre abonnement inclut un accès aux hotspot Orange / SFR / Bouygues. Renseignez-vous auprès de votre opérateur. Enfin, il existe un dernier type de hotspot payant que l'on trouve souvent dans les aéroports ou les hôtels : au lieu d'entrer un identifiant, il vous sera demandé votre numéro de carte bancaire pour payer un accès à l'heure ou à la journée.

L'IPAD 3G, LE BAROUDEUR DE LA CONNEXION Si vous êtes l'heureux possesseur d'un iPad 3G, vous pouvez vous connecter de n'importe où, via le réseau mobile de l'opérateur auprès duquel vous avez souscrit un abonnement spécifique (voir p. 12). Rappelons-le, la connexion 3G est différente d'une connexion Wi-Fi. La première passe par les antennes du réseau mobile, le même que celui auquel se connecte votre téléphone. Le second n'est que la version sans fil de la connexion Internet à la maison. Mais, lorsqu'aucun réseau Wi-Fi n'est disponible, pouvoir utiliser la 3G est un vrai plus. Pour l'activer, rendez-vous dans les réglages de votre iPad 3G et sélectionnez l'option « Données cellulaires » (réseau cellulaire est l'autre nom du réseau de téléphonie mobile). Passez sur « 1 » l'interrupteur en face de « Données cellulaires » à droite (3). Pour peu que votre abonnement 3G soit actif (voir p. 12), vous êtes connecté.

PROFITER DE LA 3G DE SON TÉLÉPHONE

Vous n'avez pas d'iPad 3G ? Passez donc par la connexion 3G de votre téléphone ! De nombreux smartphones, dont l'iPhone 4 à condition que vous ayez effectué la mise à jour système vers la version 4.3.1 ou supérieure, vous proposent de transformer le téléphone en hotspot de poche. L'idée est la suivante : une fois la fonction activée, le téléphone crée un réseau Wi-Fi similaire à celui de votre « box ». Lorsque vous demandez l'affichage d'une page Web ou de vos nouveaux e-mails sur votre iPad, celui-ci fait passer la requête au téléphone, qui se connecte à son réseau 3G pour rapatrier les informations demandées. Vraiment pratique ! Sur votre iPhone, rendez-vous dans les Réglages, puis « Partage de connexion ». Activez le partage dans l'écran suivant et choisissez un mot de passe pour protéger l'accès à votre hotspot de poche, en tapant dans la zone en dessous (4). Ensuite, sur votre iPad, rendez-vous dans les Réglages Wi-Fi et choisissez le nom de votre iPhone (5). Entrez le mot de passe que vous avez choisi, ça y est vous êtes connecté. Vous pouvez replacer l'iPhone dans votre poche. Attention, selon votre abonnement mobile, cette fonction de partage de connexion peut être payante. Une barre bleue en haut de l'écran de l'iPhone vous rappelle qu'il est en mode Hotspot.

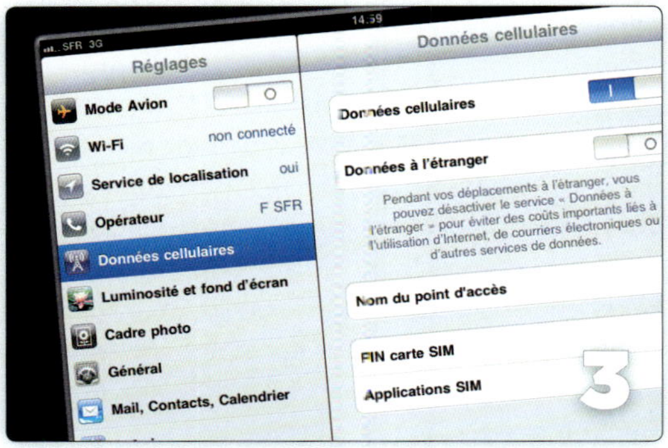

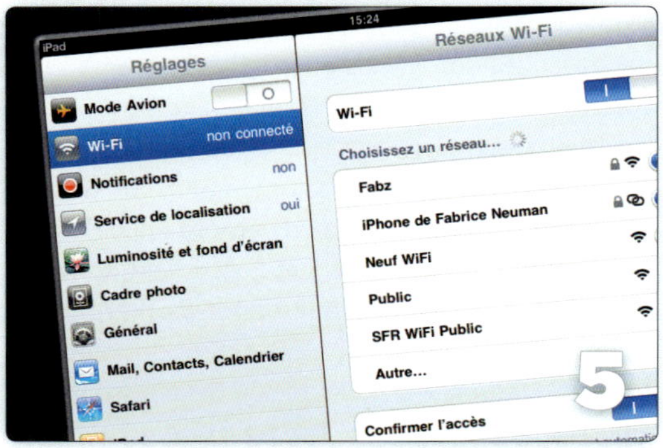

Gare à la l'iPhone !

L'autonomie de l'iPad est exemplaire et, pour une fois serait-on tenté de dire, son concepteur ne l'exagère pas ! Même avec le Wi-Fi activé, votre iPad pourra sans problème fonctionner une dizaine d'heures d'affilée, ce qui correspond probablement à plusieurs jours d'utilisation. L'autonomie sera un peu moins longue si vous vous connectez en 3G. En réalité, le vrai problème peut provenir de l'iPhone si vous l'utilisez en mode hotspot (voir ci-contre). Ne comptez pas tenir la journée si vous utilisez de manière intensive votre smartphone comme une « box ».

DIFFICULTÉ

COMMENT... COMMUNIQUER EN VIDÉO AVEC FACETIME

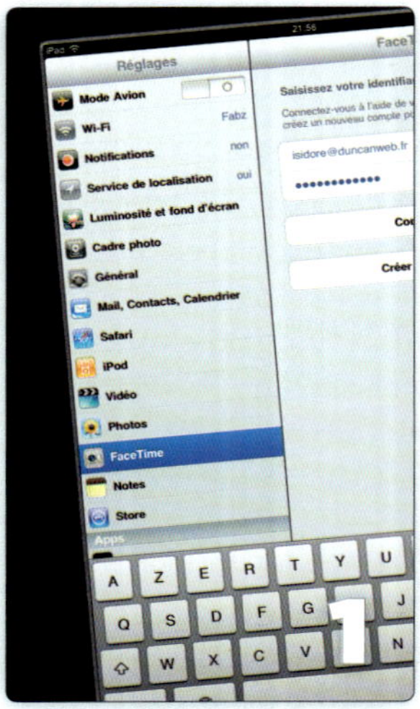

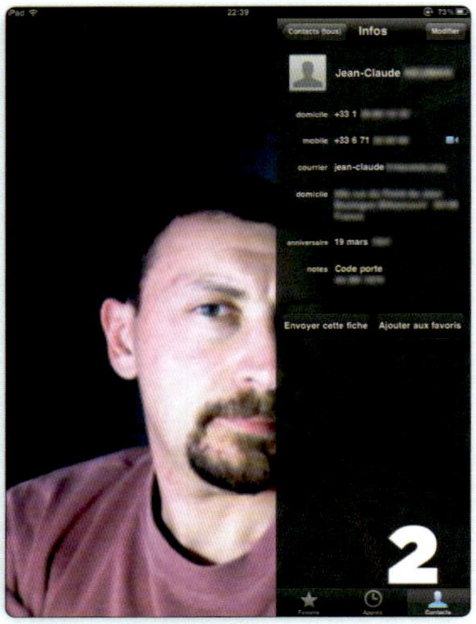

2 LANCER UN APPEL

Lancez maintenant FaceTime en tapant sur son icône affichant une caméra. Vous vous voyez en plein écran et la liste de vos contacts s'affiche en surimpression à droite. Sélectionnez celui que vous voulez appeler. Une petite icône bleue indique le type d'appel que vous pouvez effectuer. À côté d'un numéro de téléphone, ce sera pour appeler un iPhone. À côté d'une adresse e-mail, ce sera vers un iPod ou un iPad.

1 CRÉER UN COMPTE FACETIME

La caméra en face avant de l'iPad 2 est particulièrement adaptée à la visio-conférence ! Pour vous y essayer, rien de mieux que l'application « maison » FaceTime, installée par défaut sur l'écran d'accueil. Si vous avez déjà utilisé FaceTime avec un iPhone 4 ou avec un iPod Touch de 4e génération, vous ne serez pas dépaysé. Les conditions d'appel sont les mêmes : vous devez être connecté à un réseau Wi-Fi et vous ne pourrez appeler que d'autres possesseurs de produits Apple. Pour commencer, vous devez connecter votre iPad à votre compte FaceTime. Rendez-vous dans les Réglages et sélectionnez FaceTime. Vous pouvez utiliser votre compte iTunes (voir chapitre 5) ou bien créer un nouveau compte. L'adresse e-mail utilisée deviendra votre identifiant d'appel FaceTime sur votre iPad.

3 CONVERSER EN VIDÉO

Une fois la connexion établie, c'est votre correspondant qui apparaît en plein écran, tandis que votre image est réduite dans un coin. Durant la conversation, vous pouvez déplacer votre vignette en la faisant glisser.

4 CHANGER L'ORIENTATION

Même dans FaceTime, vous pouvez réorienter votre iPad pour changer de point de vue. Passez-le donc en mode paysage si vous êtes deux devant l'iPad. Votre correspondant pourra ainsi plus facilement voir les deux visages. Vous pouvez aussi utiliser la caméra arrière pour montrer quelque chose en face de vous : tapez simplement sur l'icône en bas à droite.

Joignable à tout moment

FaceTime est pour l'instant limité aux utilisateurs des produits de la marque Apple, mais il a un grand avantage par rapport à Skype (voir p. suivante) : l'application n'a pas besoin d'être lancée pour que vous soyez joignable. C'est la force de l'intégration au système.

Des contacts illustrés

N'hésitez pas à ajouter des photos aux fiches de vos contacts. Cela permet une utilisation plus conviviale. Vous pouvez le faire à chaque fois que vous rencontrez un de vos contacts : rendez-vous alors dans sa fiche, tapez sur Modifier, puis sur le carré en haut à gauche portant la mention « ajouter une photo ». Prenez son portrait et le tour est joué.

COMMENT... PASSER DES APPELS VIDÉOS AVEC SKYPE

1 CRÉER UN COMPTE SKYPE Skype est un logiciel phare en matière de visio-conférence. Gratuit, il fonctionne sur tous types d'environnement : PC, Mac, iPhone, iPad, bref, c'est une solution idéale pour pouvoir joindre le plus de monde possible. Si vous n'en possédez pas, il vous faut créer un compte utilisateur en choisissant notamment un pseudonyme et un mot de passe. Il vous faut ensuite vous constituer une liste de contacts. Pour cela, il suffit de consulter l'annuaire intégré et de saisir les noms des personnes que vous souhaitez ajouter. Une invitation leur est adressée par Skype. Lorsqu'ils acceptent, ils figurent dans votre liste de contacts et vous pouvez envisager de communiquer avec eux. Pour échanger en vidéo avec l'un de vos contacts, vérifiez avant de passer l'appel qu'une icône représentant une webcam est bien présente près de son nom. Si c'est le cas, touchez le nom du contact.

2 APPELER UN CONTACT Lorsque vous sélectionnez un contact, c'est sa fiche détaillée qui s'affiche. Vous pouvez alors activer la commande d'appel en touchant du doigt le bouton Appeler. Assurez-vous qu'une icône verte est bien présente à proximité du nom du contact. Cette icône signifie qu'il est a priori disponible pour converser. En touchant le bouton Dialoguer, vous engagez la conversation par voie écrite. Vous faites alors apparaître le clavier virtuel.

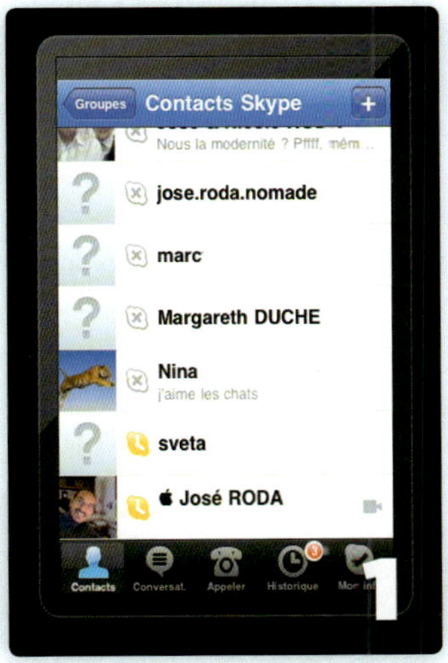

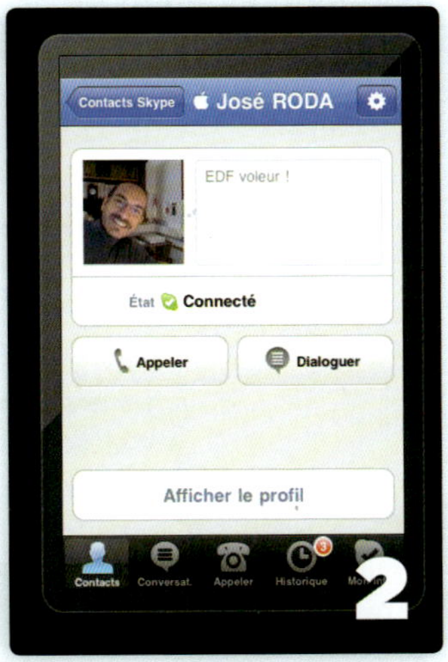

3 COMMUNIQUER EN VIDÉO Le contact que vous avez sollicité reçoit une alerte. Vous pouvez interrompre votre appel sans attendre sa réponse en touchant le bouton Raccrocher. Si vous recevez vous-même un appel vidéo en même temps, touchez du doigt le bouton En attente afin que votre correspondant patiente quelques minutes.

4 APPELER SES AMIS La conversation peut commencer. Selon la qualité de votre connexion, il se peut que la qualité de la vidéo ne soit pas optimale. Le plus souvent, le résultat est tout à fait satisfaisant et la qualité sonore est en général meilleure que celle du téléphone.

Un effet de loupe

L'application Skype, disponible gratuitement sur l'App Store, est conçue à l'origine pour l'iPhone et non pour l'iPad. La taille d'affichage par défaut est donc adaptée à celle de l'écran du téléphone d'Apple. Pour afficher les informations en grand sur votre iPad, touchez le bouton « 2x » qui se trouve dans le coin inférieur droit de la fenêtre. Rendez-vous p. 60 pour faire le point sur les différences entre les applications iPhone et iPad.

CONTRAIREMENT À L'IPHONE, FACEBOOK N'OFFRE PAS D'APPLICATION DÉDIÉE À L'IPAD. FRIENDLY PLUS COMBLE BRILLAMENT CE MANQUE.

Facebook avec Friendly Plus : faites vivre votre communauté

Le phénomène Facebook ne vous aura pas échappé. Avec plus de 600 millions d'inscrits dans le monde, vos amis, des membres de votre famille y sont sûrement présents. Bien sûr, le grand écran de l'iPad vous permet d'accéder à votre page Facebook directement depuis le navigateur Safari (voir p. 48) mais, vous verrez, rien ne vaut une application dédiée pour gagner en confort. Et voici donc qu'entre en scène Friendly Plus !

PRENDRE SES REPÈRES Une fois que l'application est installée depuis l'App Store, lancez-la et connectez-vous à votre compte Facebook. Son principal atout, c'est l'accessibilité à toutes les fonctions classiques de Facebook. Grâce à elle, vous pourrez plus facilement interagir avec votre communauté. Ainsi, vous retrouvez votre mur sur lequel vous pouvez vous exprimer, partager des liens. Dans la barre de titre, qui se trouve au sommet de l'interface, vous trouvez les trois onglets classiques : Accueil, Profil et Amis qui sont les trois points d'entrée clés sur Facebook. Quatre icônes suivent ces onglets : Messagerie, Notifications, Requêtes et jeux.

RÉDIGER DES ARTICLES Pour partager plus que de simples aphorismes avec vos amis sur Facebook, le site communautaire vous propose de rédiger des articles. Pour vous livrer à cet exercice avec Friendly, cliquez sur le bouton Friendly en haut à gauche. Dans le volet qui se déploie, sélectionnez « Write a Note » (Écrire un article). Une nouvelle page s'affiche alors. Vous n'avez plus qu'à saisir votre texte et à publier vos écrits sur votre espace Facebook

PARTAGER DES PHOTOS Le premier éclat de rire de votre petit dernier vient d'être photographié ? Vous venez de prendre livraison de votre nouvelle auto ? Il faut partager ça avec votre communauté ! À gauche de la zone « Exprimez-vous », touchez l'icône appareil photo. Dans le menu qui apparaît, choisissez « Choose from Library » pour utiliser une des photos stockées sur votre iPad ou « Take Photo » pour prendre une photo sur le vif (à condition de posséder un iPad 2, bien sûr). Lorsque le cliché vous plaît, tapez sur Use, puis tapez une légende dans la zone Caption. Validez en tapant sur le bouton Upload.

La prise en main de Friendly Plus est rapide, l'application est très bien pensée.

Gratuite ou payante ?

Cette application pour Facebook est déclinée en deux versions : Friendly et Friendly Plus. Si la première est gratuite, la seconde est payante sur l'App Store (0,79 €). Les fonctions sont les mêmes, mais la première affiche des bannières publicitaires en bas. N'hésitez donc pas à essayer d'abord la version gratuite... il y a des chances que vous la conserviez !

Et aussi sur l'Appstore

✔ **MyPad+**
Une autre application non officielle pour accéder à Facebook, à l'interface légèrement différente (0,79 € - Anglais, une version gratuite avec publicité existe aussi).

COMMENT… GÉRER SON PROFIL FACEBOOK AVEC FRIENDLY PLUS

1 INSTALLER L'APPLICATION Sur l'écran d'accueil de votre iPad, touchez l'icône App Store. Dans le champ Rechercher, tapez Friendly for Facebook. Un volet affiche des suggestions pour votre requête. Touchez du doigt celle qui correspond à votre demande. Sur la page qui s'affiche ensuite, vous trouvez deux versions de l'application. L'une est gratuite, l'autre est payante. Sélectionnez celle qui vous convient. L'iPad vous demande alors de saisir votre Apple ID afin de lancer votre téléchargement. Validez en touchant le bouton OK. Lorsque le téléchargement de l'application est terminé, touchez l'icône Friendly Plus sur l'écran d'accueil pour la lancer sur votre iPad.

2 AUTORISER L'UTILISATION DE L'APPLICATION Comme l'exige la nouvelle politique de sécurité de Facebook, vous devez lire le message qui vous informe de la nécessité d'autoriser l'application à accéder à l'ensemble des informations personnelles contenues dans votre profil. Acceptez logiquement, puisque vous souhaitez accéder à votre Facebook au travers de cette application. Touchez du doigt le bouton Autoriser. Puis saisissez vos identifiants (e-mail et mot de passe) utilisés sur le réseau social.

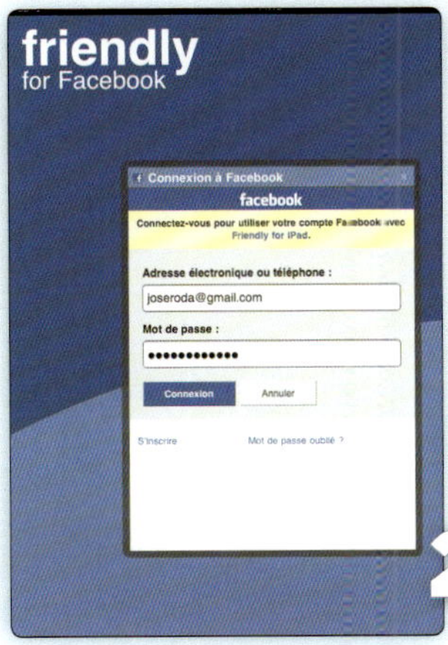

3 DISCUTER EN DIRECT Parmi les fonctions de l'application, il y a la messagerie instantanée de Facebook. Pour y accéder, touchez du doigt l'icône figurant dans la partie droite de l'écran et représentant un petit personnage. Autorisez la connexion à votre compte Facebook en saisissant votre mot de passe. Une nouvelle fenêtre s'affiche. Elle dresse la liste des contacts disponibles pour une communication instantanée. Sélectionnez une personne du doigt. La zone de saisie du message apparaît alors. Engagez le clavardage.

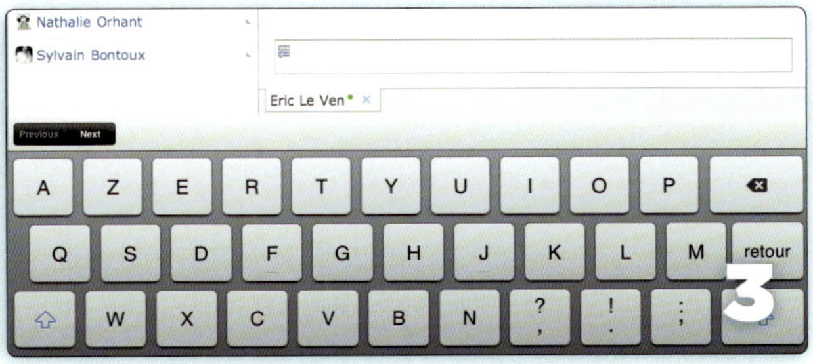

4 PERSONNALISER L'APPARENCE DE FRIENDLY PLUS Envie de vous sentir chez vous ? Touchez le bouton Friendly, puis sélectionnez l'option « Customize Friendly ». Une palette de couleur s'affiche. Choisissez la couleur à appliquer à l'arrière-plan ou encore la taille des caractères. Validez en touchant Done. Les modifications s'appliquent immédiatement.

5 FACEBOOK SOUS LE POUCE Notez la petite barre d'outils qui s'affiche en bas à droite. Elle rassemble trois outils pratiques et toujours accessibles sous votre pouce lorsque vous tenez votre iPad à deux mains devant vous. Une idée simple et brillante, vraiment adaptée à l'utilisation d'une tablette. L'icône du haut vous permet de remonter tout en haut de la page. Celle du milieu d'accéder à l'interface de messagerie instantanée. Tandis que celle du bas permet de rafraîchir la page pour accéder aux toutes dernières publications.

5

Le plein d'applis pour votre iPad

À DÉCOUVRIR DANS CES PAGES

Le plein d'applis pour votre iPad

Un iPad sans application supplémentaire, c'est déjà un bien bel outil. Mais il ne vous deviendra vraiment indispensable que lorsque vous le compléterez des outils dont vous avez besoin… ou des jeux qui vous aideront à vous détendre. Tout passe par l'App Store, le magasin d'applications en ligne d'Apple, accessible aussi bien depuis votre ordinateur que depuis l'iPad lui-même. Et vous pourrez même récupérer les applications déjà installées sur votre iPhone !

RÉCUPÉREZ SUR VOTRE IPAD LES APPLICATIONS DE VOTRE IPHONE, ET PROFITEZ DES APPLICATIONS TIRANT PARTI DU GRAND ÉCRAN DE L'IPAD.

Repérer les applis conçues spécialement pour l'iPad

Pour que votre précieux iPad puisse délivrer tout son potentiel, offrez-lui donc un maximum d'applications. Il en existe des dizaines de milliers, gratuites ou payantes, parmi lesquelles vous pourrez faire votre choix. Le principe est le même que celui de l'iPhone : on se connecte au magasin d'applications en ligne, l'App Store. La démarche est même tellement proche qu'il est possible de faire fonctionner sur l'iPad toutes les applications dédiées à l'iPhone. L'inverse n'est que partiellement vrai, cela dépend du type d'applications.

REPÉRER LES TYPES D'APPLICATIONS

Si vous êtes un tantinet vigilant, vous n'aurez pas de mauvaise surprise. Lorsque vous cherchez de nouvelles applications pour votre iPad, vous utilisez soit le logiciel iTunes sur votre ordinateur (voir p. 62), soit l'application App Store installée en standard sur votre iPad (voir p. 64). Dans tous les cas, les applications sont clairement identifiées. Dans iTunes sur l'ordinateur, cliquez sur le iTunes Store situé dans le volet de gauche. Repérez dans la zone d'affichage principale à droite, la barre d'outils supérieure qui contient toutes les rubriques de produits disponibles : cliquez sur « App Store ». Dans la fenêtre qui s'affiche, vous pouvez trouver une sélection des meilleures applications, pour l'iPhone comme pour l'iPad. Juste en dessous cependant, se trouvent deux boutons qui vous permettent de circonscrire votre champ d'intérêt. En cliquant sur le bouton iPad, vous n'affichez que les applications spécifiquement développées pour votre tablette tactile. Si vous utilisez l'application App Store sur votre iPad, c'est encore plus simple. Lorsque vous vous trouvez sur le service et que vous effectuez une recherche, les applications iPad sont systématiquement affichées au sommet de la page. En dessous sont tout de même listées les applications dédiées à l'iPhone. Certaines sont conçues pour fonctionner de manière optimale sur les deux plates-formes : elles sont alors repérées par le signe « + » qui les précède.

UN AFFICHAGE TOUJOURS OPTIMAL Les applications qui ont été conçues pour l'iPhone sont donc pleinement opérationnelles sur un iPad, les deux appareils utilisant le même système baptisé iOS (comme il y a Windows sur les PC ou Mac OS sur

Dans la section « App Store » de l'iTunes Store, vous pouvez cliquer à votre convenance sur le bouton iPhone ou sur le bouton iPad pour n'afficher que la famille d'applications désirée.

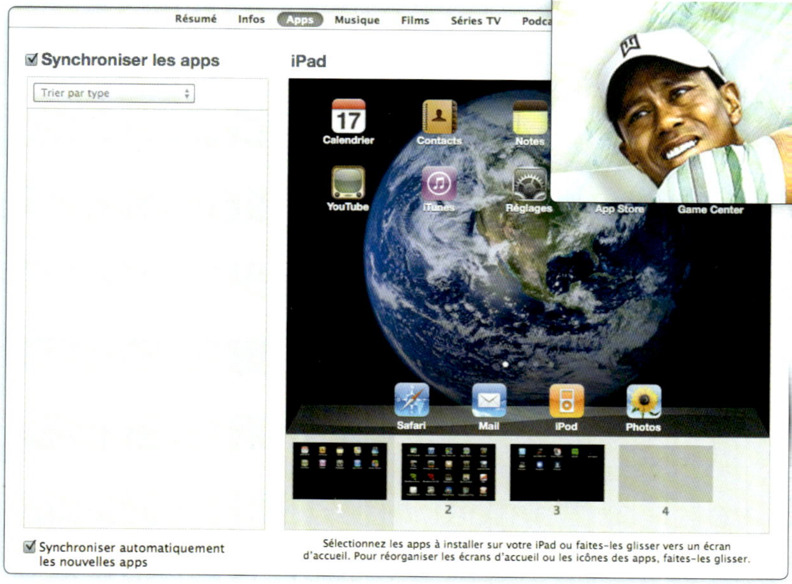

iPad ou iPhone, assurez-vous que vous synchronisez vos applications à chaque connexion sur un ordinateur. Dans iTunes cliquez sur le nom de votre appareil dans le volet de gauche puis sur l'onglet Apps. Cochez ensuite la case « Synchroniser automatiquement les nouvelles apps ».

Versions 100% iPad

Vos applications favorites, celles que vous utilisez régulièrement sur votre iPhone sont sans doute compatibles avec votre iPad mais elles seront limitées notamment par leur taille à l'écran. Pensez à vérifier si des versions spécialement conçues pour l'iPad ne sont pas disponibles sur l'App Store. Utilisez pour cela le champ Rechercher. Tapez le nom de l'application, puis choisissez de n'afficher que les versions iPad. Passer en revue les applications disponibles une à une peut prendre du temps, mais vous ne regretterez pas de n'avoir sur votre iPad que des applications vraiment conçues pour lui.

les Mac). Cela dit, iPhone et iPad sont différents sur un point essentiel : la taille de leur écran. Alors que l'écran de l'iPhone affiche une diagonale visible de 3,5 pouces (environ 9 centimètres), celui de l'iPad atteint quasiment les 10 pouces (9,7 pour être précis, soit 24,6 centimètres environ). Aussi, lorsque vous lancez une application iPhone sur votre iPad, l'interface de l'application s'affiche sous la forme d'une fenêtre réduite, au milieu de l'écran de l'iPad. Pour pallier cette faiblesse, un bouton « 2x » est présent dans le coin inférieur droit de votre écran. En le touchant, vous agrandissez l'application pour qu'elle occupe pratiquement tout l'écran. Ne vous attendez pas à des miracles, ce zoom produit un certain effet de flou qui n'est pas toujours très confortable. Mais cette fonction a le mérite d'exister et peut vraiment rendre service. Mieux vaut donc privilégier les applications dédiées à l'iPad qui utiliseront alors tout l'écran et vous offriront une interface vraiment adaptée et profitant de tout l'attirail graphique de l'iPad (voir p. 22). Les applications repérées par un signe « + » rentrent dans cette catégorie : leur interface est différente selon qu'elles sont lancées sur un iPhone ou un iPad. C'est un peu comme si vous aviez deux applications en une… pour le même prix !

RÉCUPÉRER LES APPLICATIONS IPHONE

Vous possédiez un iPhone avant d'investir dans un iPad ? Parfait. Non seulement vous êtes déjà familiarisé avec cette notion d'applications, mais en outre vous avez suffisamment expérimenté les applications pour savoir lesquelles pourront se révéler indispensables sur votre tablette tactile. Vous pouvez aisément faire migrer les applications installées sur votre iPhone vers votre iPad. Pour cela, il vous suffit de connecter votre téléphone mobile à votre ordinateur. Lancez iTunes pour que la synchronisation se fasse (voir p. 42) et que, notamment, toutes les applications de l'iPhone se retrouvent stockées et listées dans l'iTunes sur l'ordinateur. Une fois la synchronisation effectuée, connectez votre iPad, puis indiquez à iTunes quelles applications vous voulez voir sur votre iPad. C'est tout.

Les applications conçues pour l'iPhone peuvent être agrandies sur l'iPad, à l'aide du bouton « 2x » qui figure dans le coin inférieur droit de l'écran. Il devient « 1x » pour retourner à la taille standard.

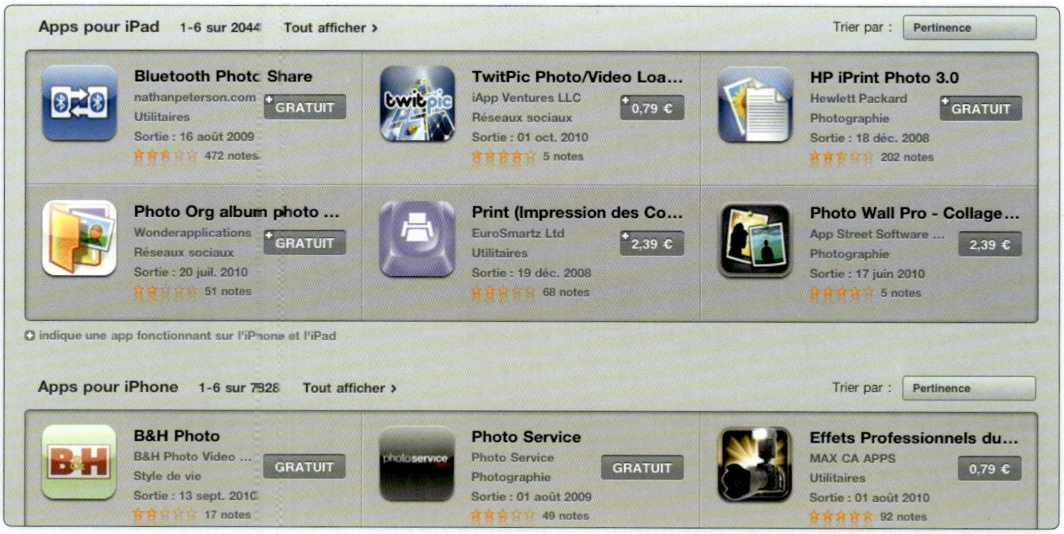

Si vous faites le choix de recourir à l'App Store sur l'iPad pour dégotter des applications pour votre tablette, les résultats de recherche sont classés par catégories. Quand le symbole « + » précède l'étiquette de prix, c'est que l'appli est compatible avec les deux formats iPhone et iPad.

POUR ACHETER VOS APPLICATIONS, VOUS AVEZ LE CHOIX. LE PLUS CONFORTABLE EST SANS DOUTE D'UTILISER ITUNES SUR VOTRE ORDINATEUR.

Choisir et télécharger des applis depuis iTunes

Au fur et à mesure des années, l'iTunes Store, le magasin en ligne d'Apple, a évolué pour passer d'une boutique dédiée uniquement à la vente de musique à un véritable centre commercial vendant musique, films, séries télé et aussi, donc, des applications pour les appareils de la marque. Pour accéder à l'iTunes Store, lancez le logiciel iTunes sur votre ordinateur (voir p. 36) et cliquez sur le lien iTunes Store dans le volet de gauche. Vous pouvez alors visiter cette boutique virtuelle. En revanche, pour faire des achats et notamment télécharger des applications pour votre iPad, il faut au préalable ouvrir un compte.

CRÉER UN COMPTE ITUNES Lorsque vous accédez pour la première fois à l'iTunes Store, vous devez créer un compte. Si vous êtes utilisateur régulier, il vous faut ouvrir une session à l'aide de votre compte. Sous la barre de navigation cliquez sur « Ouvrir une session » en haut à droite. Une nouvelle fenêtre s'affiche. Cliquez sur le bouton « Créer un nouveau compte ». Cliquez ensuite sur Continuer. Cochez la case « J'ai lu et j'accepte les conditions générales » puis sur Continuer. Remplissez le formulaire (adresse e-mail, mot de passe, question secrète et date de naissance). Cliquez sur Continuer, puis saisissez les coordonnées de votre carte bancaire pour réaliser librement vos transactions par la suite. Pour l'heure votre compte n'est pas débité. Il ne le sera qu'après vos premiers achats. Vous êtes prêt maintenant à télécharger des applications via iTunes.

PLUS DE CONFORT Lorsque vous utilisez iTunes, vous bénéficiez du confort d'utilisation fourni par un logiciel installé sur votre ordinateur. Par ailleurs, force est de reconnaître que l'interface d'iTunes permet de consulter le catalogue d'applications disponibles très agréablement. Les thématiques sont clairement identifiables, les sélections et les classements permettent de trouver les apps les plus intéressantes. Une fois que vous les aurez trouvées et téléchargées, il ne vous restera plus qu'à les transférer vers votre iPad lors de la prochaine synchro (voir p. suivante).

Offrir une application

En utilisant iTunes, vous avez la possibilité d'offrir une application à un de vos proches. Pour cela, connectez-vous à votre compte et rendez-vous sur la page consacrée à l'application. Cliquez sur la flèche qui suit le bouton « Acheter l'application ». Vous ouvrez ainsi une liste déroulante dans laquelle figure la commande « Offrir cette App ». Indiquez ensuite le nom et l'adresse e-mail du destinataire de votre cadeau. Il recevra alors le lien de téléchargement par courrier électronique.

Utiliser iTunes pour acheter ses apps, c'est bénéficier d'un confort d'utilisation optimal grâce aux classements thématiques et de popularité.

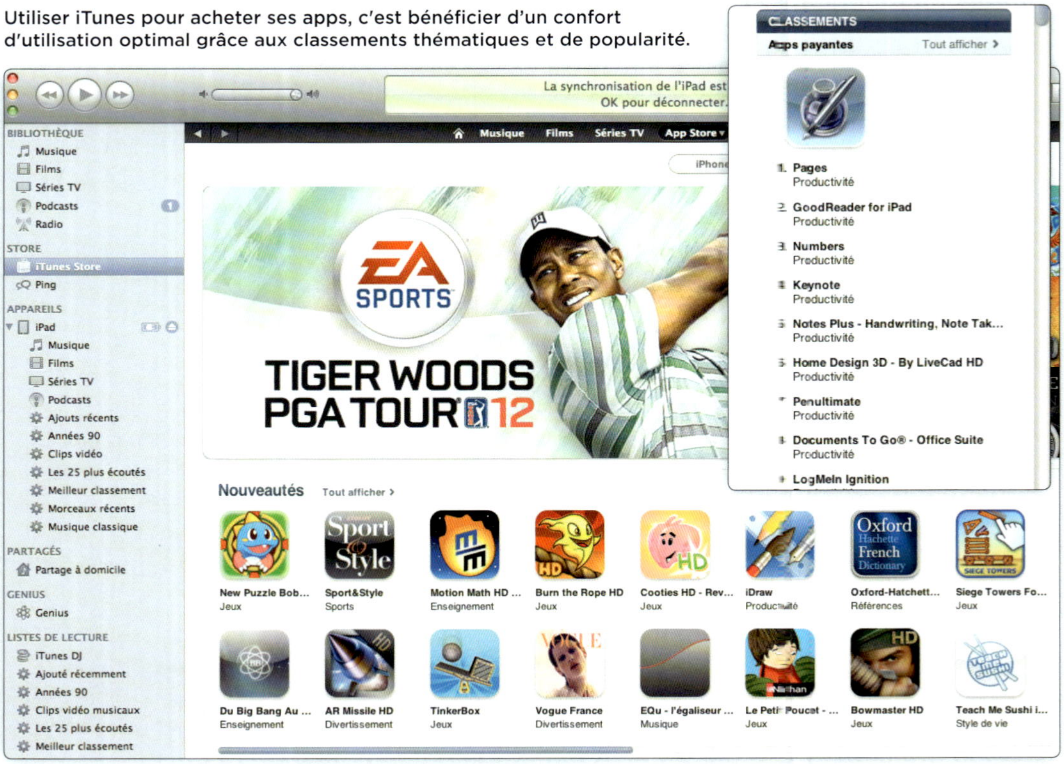

DIFFICULTÉ

ACHETER ET INSTALLER UNE APPLICATION VIA L'ORDINATEUR

1 OUVRIR UNE SESSION Ouvrez iTunes sur votre ordinateur. Dans le volet de gauche, cliquez sur l'intitulé iTunes Store. Dans la partie centrale, observez la barre de navigation supérieure qui affiche les différents rayons de la boutique virtuelle. Cliquez sur le dernier bouton appelé Ouvrir une session. Une boîte de dialogue s'affiche alors. Saisissez l'adresse e-mail déclarée lors de la création du compte et votre mot de passe. Cliquez sur le bouton « Ouvrir une session ». Quelques secondes suffisent pour que vous accédiez à votre espace. À la place du bouton « Ouvrir une session » présent dans la barre de navigation, vous trouvez maintenant votre adresse électronique. Vous pouvez désormais faire vos achats. En cliquant sur ce bouton, vous pouvez également connaître l'état de votre compte, utiliser un code promotionnel ou encore consulter votre liste de souhaits.

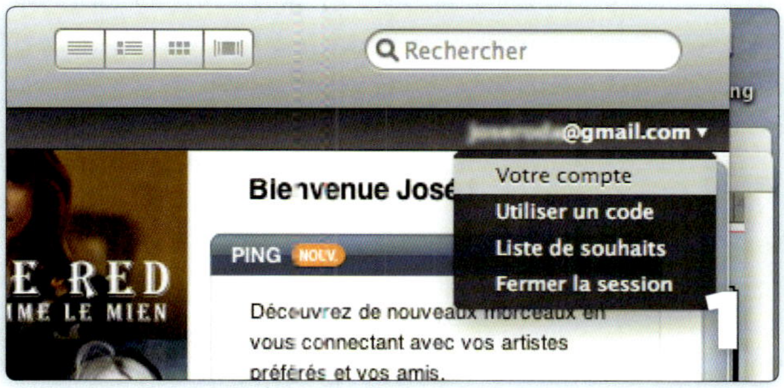

2 PARCOURIR LES RUBRIQUES Pour rechercher des applications à télécharger, cliquez sur le bouton App Store dans la barre de navigation. Une nouvelle page d'accueil s'affiche. Une flèche a pris place à droite de ce bouton. Cliquez dessus pour parcourir les différentes rubriques utilisées pour effectuer le classement thématique des applications disponibles sur la boutique. Au sein de cette liste thématique, cliquez par exemple sur l'intitulé Productivité. Vous y trouverez des Apps conçues pour tout type d'activités, notamment bureautiques.

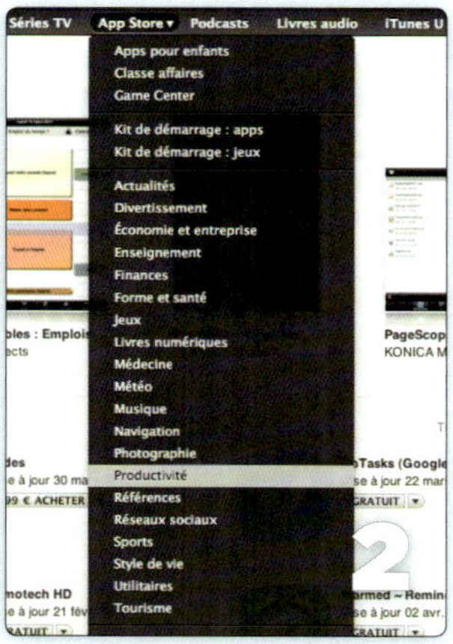

3 ACHETER UNE APPLICATION Lorsque vous consultez la liste des applications, un résumé de son utilisation vous est proposé. Cliquez sur l'icône GoodReader par exemple (voir p. 132). Vous affichez alors la page consacrée à cette application. Si vous le désirez, cliquez sur le bouton « Acheter l'application ». Cette dernière coûte 3,99 euros. Avant d'entamer le téléchargement, iTunes vous demande de confirmer votre achat. Il est encore temps de reculer en cliquant sur Annuler. Sinon validez l'achat en cliquant sur le bouton Acheter. Vous aurez peut-être à retaper votre mot de passe.

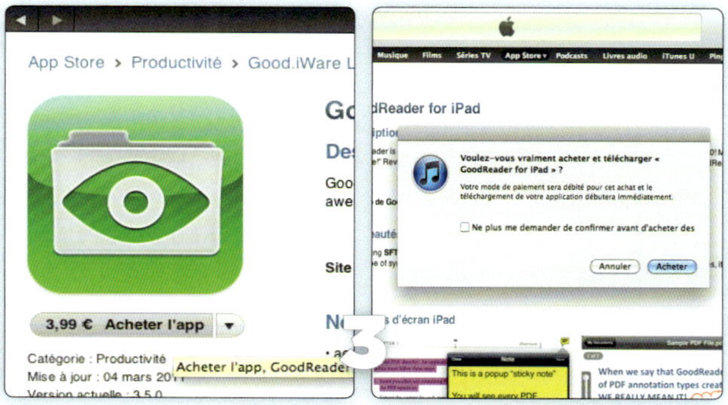

4 INSTALLER L'APP SUR L'IPAD Une jauge indique l'avancement du téléchargement. Lorsqu'il est achevé, connectez votre iPad à l'ordinateur. La synchronisation permet l'installation de l'app. Une alerte s'affiche dans iTunes et vous demande d'autoriser l'iPad à installer les applications téléchargées. Cliquez sur Autoriser. La synchronisation commence sans délai et installe l'application sur votre iPad. Déconnectez votre iPad, l'icône de l'appli est désormais présente.

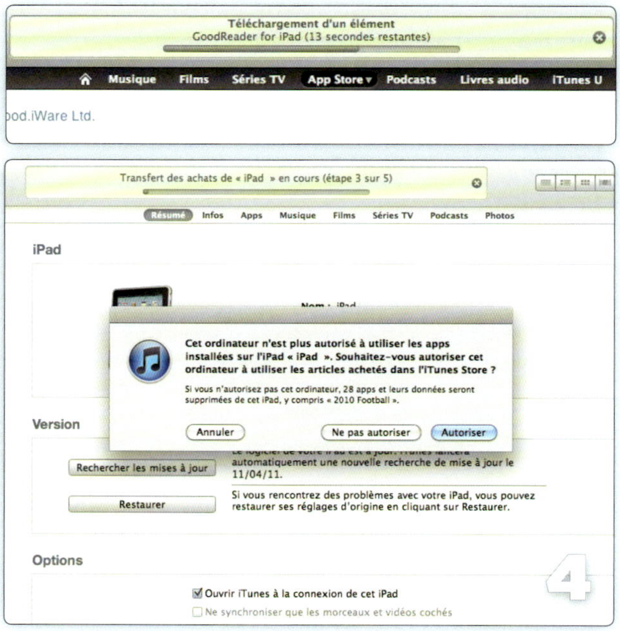

EN TOUS LIEUX, À TOUT MOMENT, UTILISEZ VOTRE IPAD CONNECTÉ À INTERNET POUR TÉLÉCHARGER DES APPLICATIONS SUR L'APP STORE.

Profiter de l'application App Store sur l'iPad

Alors que sur l'ordinateur (voir p. 62), l'iTunes Store vous donne accès à tous les éléments vendus en ligne, l'iPad fait la distinction entre le multimédia et les applications. D'un côté, l'application iTunes sur l'iPad vous permet de vous rendre dans la boutique dédiée à la musique, aux films et autres séries TV, tandis que, de l'autre, l'application App Store se consacre uniquement au magasin des applications. Repérez son icône bleue intégrant la lettre « A » écrite avec une règle, un crayon et un pinceau. Visitez toutes les catégories d'applications et trouvez facilement celle qui vous intéresse grâce à son moteur de recherche.

DÉCOUVRIR L'APP STORE Sur l'écran d'accueil, touchez l'icône App Store. Dans la partie centrale figure la sélection d'applications iPad de la semaine. Dans la partie inférieure, vous pouvez consulter sur quatre pages successives que vous pouvez faire défiler à l'aide des boutons fléchés, les nouveautés les plus en vue toutes catégories confondues. Si vous souhaitez aller plus loin, touchez l'intitulé Tout afficher. Cette fois, vous accédez à près de 48 pages d'applications récentes. Dans le coin supérieur droit, des filtres de tri sont disponibles. Par défaut le filtre actif est « En vedette ». Touchez le bouton et dans la liste déroulante, choisissez un tri par nom ou par date de publication.

UTILISER LES BOUTONS DE NAVIGATION
Au sommet de l'écran, trois filtres d'affichage sont à votre disposition : Nouveautés, Actualités et Date de sortie. En activant Date de sortie, vous affichez la totalités des plusieurs dizaines de milliers d'applications dédiées à l'iPad. Touchez le bouton Actualités pour n'afficher que les Apps qui sont à la fois récentes et font l'événement. Vous y trouverez de grands noms des applications.

EXPLOITER LA BARRE D'OPTIONS La barre d'options se trouve au bas de l'écran. Elle se compose de cinq boutons permettant d'afficher soit des sélections d'applications (par défaut), soit la fonction Genius qui utilise les applications déjà installées sur votre iPad pour vous faire des suggestions de téléchargement. En touchant la commande Classements, vous accédez au palmarès des applications gratuites ou payantes disponibles. La commande Catégorie permet de n'afficher par exemple que les livres numériques ou les Apps dédiées à la médecine ou aux finances. Enfin, le bouton Mise à jour permet de guetter les nouvelles versions des applis installées sur votre iPad. N'hésitez pas à revenir souvent sur L'App Store, des mises à jour sont très régulièrement disponibles. Et elles sont en plus gratuites.

Un accès rapide à l'App Store

Pour accéder plus rapidement à l'App Store, il est judicieux de le positionner directement dans le Dock. Il sera ainsi toujours à portée de main. Touchez l'icône de l'App Store sur l'écran d'accueil jusqu'à ce que les icônes se mettent à gigoter. Posez le doigt sur l'icône de l'App Store puis déposez-la dans le Dock. Pour valider la nouvelle position appuyez sur le bouton principal. Rendez-vous p. 28 pour tout savoir sur le maniement de vos icônes.

Savoir trier les informations proposées par l'App Store, c'est capital pour trouver rapidement et facilement l'application qu'il vous faut. Jouez avec les boutons de catégories pour filtrer la liste des applications à l'écran.

DIFFICULTÉ

COMMENT... INSTALLER DES APPLICATIONS DEPUIS L'IPAD

1 RECHERCHER DES APPLICATIONS Lancez l'App Store sur votre iPad. Par défaut, c'est l'affichage Sélection qui apparaît. Si vous savez quelle application vous désirez installer, utilisez le champ Recherche, en tapant dessus du bout du doigt pour faire apparaître le clavier virtuel. Saisissez votre ou vos mots-clés. Si vous cherchez un type d'application, touchez le bouton Catégories. Dans la liste, sélectionnez l'intitulé de votre choix, par exemple Références pour installer des dictionnaires ou des encyclopédies. Utilisez tous les filtres de tri disponibles (Catégorie, Date de sortie, Note, Prix, Appareil) pour limiter le nombre de résultats.

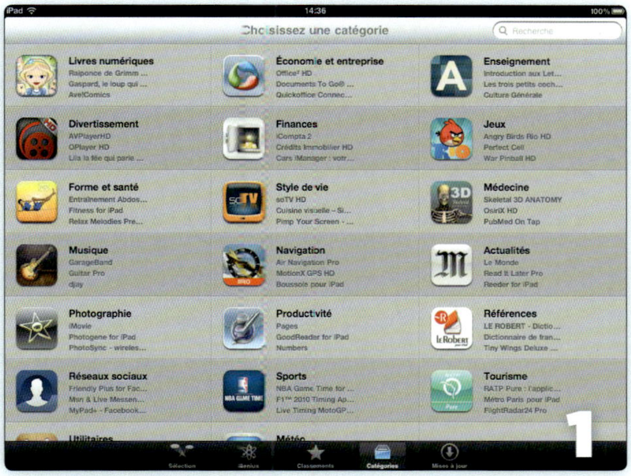

2 S'INFORMER SUR L'APPLICATION Lorsque vous trouvez dans la liste de résultats une application séduisante, touchez-la du doigt pour accéder à la page d'informations détaillées qui lui est associée. Vous pouvez alors lire une description plus

approfondie en tapant sur le lien « Suite... » et même visualiser l'interface de l'application, grâce aux captures d'écran que vous pouvez d'ailleurs faire défiler d'une pichenette latérale. Pour aller encore plus loin, touchez le lien Page de l'éditeur. Vous serez alors conduit sur le site officiel de l'application.

3 INSTALLER L'APPLICATION Pour installer l'application, touchez l'étiquette de prix (ou le bouton Gratuit, le cas échéant). Le bouton passe au vert et s'appelle maintenant « Installer l'App ». Validez l'installation en le touchant. Que l'application soit gratuite ou payante, vous devez confirmer votre choix. Dans la fenêtre qui apparaît, saisissez votre identifiant Apple et votre mot de passe et validez par OK. L'application s'installe.

4 ACCÉDER À L'APPLICATION INSTALLÉE Une jauge, présente au pied de l'icône, vous indique l'état d'avancement du processus d'installation. Lorsque la barre en question a totalement disparu, l'app est prête à être utilisée. Il n'y a plus qu'à toucher l'icône pour l'ouvrir. Lorsque des mises à jour sont disponibles pour vos applications, l'icône App Store arbore un macaron rouge qui indique le nombre de mises à jour disponibles. Lancez l'App Store pour consulter la liste des mises à jour disponibles et installez-les à la carte ou dans leur intégralité.

6

Découvrez la télé mobile avec l'iPad

À DÉCOUVRIR DANS CES PAGES

Découvrez la télé mobile avec l'iPad

Avec son grand écran, l'iPad est un lecteur vidéo portable vraiment agréable. Achetez ou louez des films ou des séries télé sur l'iTunes Store, ou bien numérisez vos propres DVD pour vous constituer une vidéothèque mobile de grande qualité. Grâce aux applications comme Buzz Player, vous pouvez même regarder des DivX sur votre iPad. Et avec un iPad 3G, c'est tout simplement votre télévision que vous emportez avec vous.

COMMENT... ACHETER OU LOUER DES VIDÉOS SUR L'ITUNES STORE

Plus besoin d'acheter des DVD ou de se rendre chez un loueur : films et séries télé sont disponibles sur l'iTunes Store ! Le catalogue n'est pas encore aussi fourni, mais le côté pratique est imbattable !

Comme pour les applications (voir chapitre 5), tout se passe dans le logiciel iTunes sur votre ordinateur ou même directement depuis l'iPad. Sur l'ordinateur, lancez iTunes et cliquez sur la section iTunes Store dans le volet de gauche. Ensuite, connectez-vous à votre compte iTunes (voir p. 38). Pour cela, cliquez sur le lien « Ouvrir une session » dans le coin supérieur droit, puis indiquez vos identifiant et mot de passe.

1 **CHOISIR UN GENRE** Dans la fenêtre d'iTunes, cliquez par exemple sur la catégorie Films, parmi les liens supérieurs. La page d'accueil dédiée aux films présente une sélection de films : Nouveautés, Recommandés, en version sous-titrée, etc. Notez également la catégorie Extras. Il s'agit de films qui incluent également un menu et des bonus, à l'image des DVD. Ils sont encore peu nombreux, mais leur nombre augmente petit à petit. Pour vous rendre directement dans un genre, cliquez sur la flèche qui apparaît à droite du mot Films dans la barre du haut, pour dérouler un menu. Choisissez celui qui vous plaît, ici Films français.

2 **CHOISIR UN FILM** Baladez-vous dans la page qui s'affiche pour faire connaissance avec les différentes catégories proposées : Classique, Action et aventure, Comédie, etc. À côté de chaque affiche miniature, deux boutons vous permettent d'immédiatement acheter ou louer le film. Pour en savoir plus sur le film avant de vous décider, cliquez sur l'affiche.

3 **CONSULTER LA FICHE DU FILM** La fiche complète du film vous permet de lire un résumé, de voir l'affiche en un peu plus grand, de vérifier le nom des acteurs principaux, etc. Faites défiler la page pour obtenir quelques exemples de films que d'autres utilisateurs d'iTunes ont également apprécié. Descendez encore pour cette fois lire des commentaires concernant directement ce film.

Penser aux podcasts vidéo

Envie de regarder des vidéos sur votre iPad ? Vous n'avez pas forcément besoin de payer pour ça. Rendez-vous dans la catégorie Podcasts de l'iTunes Store et choisissez la catégorie Podcasts vidéo. Vous aurez alors un large choix d'émissions auxquelles vous pourrez vous abonner pour recevoir automatiquement les épisodes successifs. Il peut s'agir de la version vidéo d'une émission de débat à la radio, mais aussi de courtes émissions spécifiquement produites pour être diffusées par ce biais, sur tous les sujets : politique, cinéma, technologie, etc. C'est gratuit !

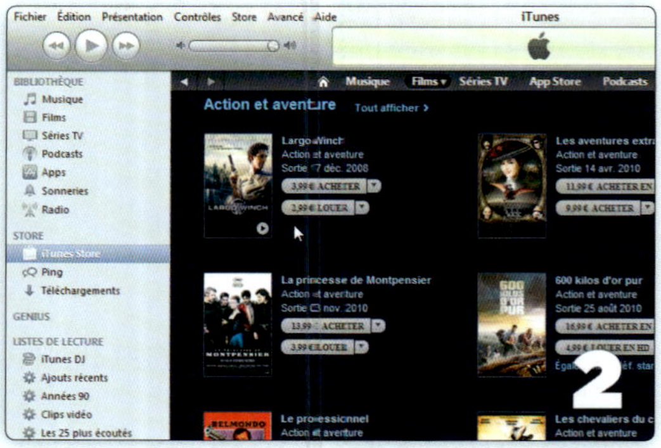

Peut-être éviterez-vous un « nanar » grâce à eux ! Et vous pouvez bien sûr ajouter votre grain de sel avec votre propre commentaire.

4 **VOIR LA BANDE-ANNONCE** Cliquez sur le bouton ad hoc en haut de la fiche. Une fenêtre s'affiche par dessus la fiche et la bande annonce commence au bout de quelques secondes.

5 **ACHETER OU LOUER** Vous êtes convaincu ? Alors cliquez sur le bouton qui correspond, en dessous de l'affiche. Tous les films n'offrent pas les mêmes options. Certains ne sont disponibles qu'à l'achat, et d'autres à la location également. Dans ce dernier cas, vous aurez alors 30 jours pour regarder le film, et 24 heures pour le terminer une fois que vous l'aurez commencé. Certains films, enfin, proposent quatre boutons, lorsque l'achat et la location sont également disponibles en haute définition (HD). Les prix en HD sont légèrement plus élevés. Lorsque vous avez choisi la version que vous voulez, vous devrez confirmer votre mot de passe pour que le téléchargement commence.

6 **PENSER AUX SÉRIES TÉLÉ** Juste à droite du menu Films en haut de la fenêtre de l'iTunes Store, cliquez sur Séries TV. Vous vous retrouverez alors dans la section Séries. Baladez-vous de la même manière que dans les films (voir plus haut) et choisissez une série qui vous plaît. Vous pouvez également choisir d'acheter une saison complète ou épisode par épisode. Vous pouvez même acheter des séries incomplètes : les nouveaux épisodes seront alors automatiquement téléchargés dès leur sortie. Certaines séries sont disponibles en HD et aussi, pour les séries étrangères, en VF ou en VO sous-titrée. Malheureusement, pour avoir les deux, il faut doubler son achat !

7 **L'ITUNES STORE DIRECTEMENT SUR L'IPAD** Vous pouvez également acheter ou louer des vidéos directement sur l'iPad. Lancez pour cela l'application iTunes (à ne pas confondre avec l'application App Store pour acheter des applications). Choisissez Films ou Séries TV et trouvez la vidéo qui vous plaît.

8 **TÉLÉCHARGER LA VIDÉO SUR L'IPAD** Comme dans iTunes sur l'ordinateur, baladez-vous dans les catégories et tapez sur l'affiche d'un film pour en savoir plus. Outre un synopsis, la fiche propose les options de téléchargement : achat ou location, et SD (définition standard) ou HD (haute définition). Choisissez votre format pour lancer le téléchargement. Attention, vous ne pourrez télécharger un film qu'en étant connecté en Wi-Fi. Les connexions 3G (voir p. 52) ne permettent pas de télécharger des fichiers de plus de 20 Mo.

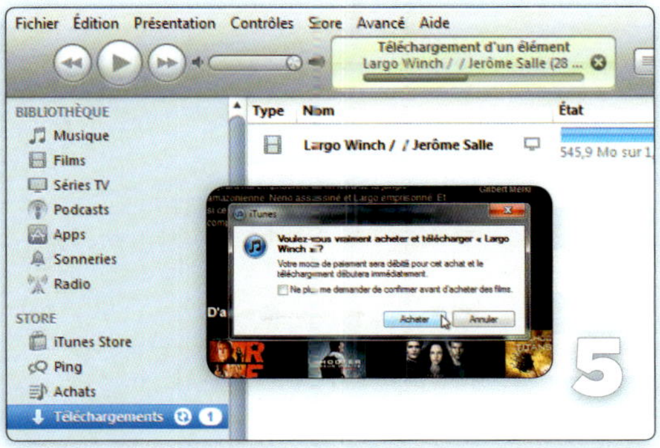

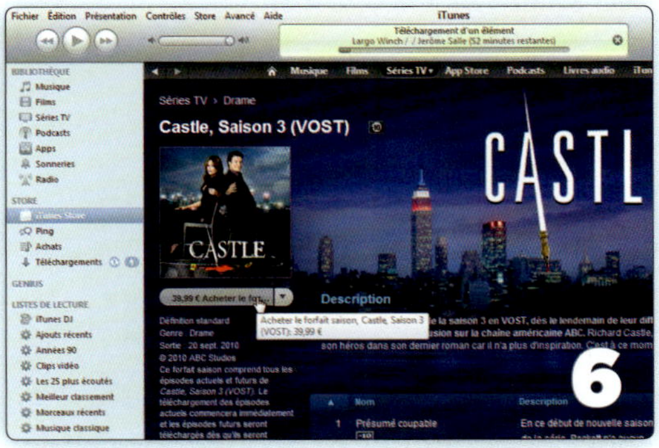

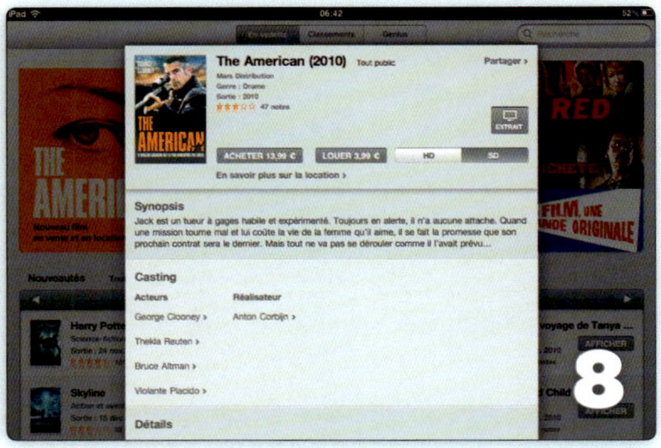

Autoriser l'ordinateur

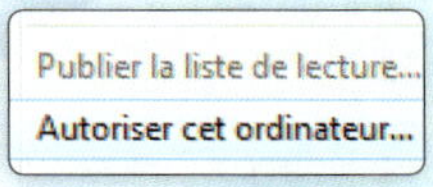

Les films et les séries télé achetés ou loués sur l'iTunes Store sont protégés contre la copie, ce qui signifie qu'ils ne peuvent pas être visualisés sur n'importe quelle ordinateur. Vous devez d'abord autoriser ce dernier. Pour ce faire, déroulez le menu Store d'iTunes et choisissez l'option « Autoriser cet ordinateur ». Vous ne pouvez autoriser que 5 ordinateurs au maximum, mais les iPad, iPod ou iPhone ne sont pas inclus dans ce nombre.

Visualiser ses vidéos

Une fois que vous avez téléchargé un film, vous pouvez le regarder sans délai sur votre ordinateur. Rendez-vous dans la section Films du volet de gauche et double-cliquez sur le nom du film. Pour le regarder sur votre iPad, si vous ne l'avez pas acheté directement sur la tablette, il faut l'y transférer lors de la prochaine synchro. Rendez-vous p. 72 pour le détail de la procédure.

6

Découvrez la télé mobile avec l'iPad

COMMENT… CONVERTIR SES DVD AVEC HANDBRAKE

Pas besoin d'acheter ou de louer un film sur l'iTunes Store si vous l'avez déjà en DVD ! Il vous suffit de le numériser avec les outils adéquats pour pouvoir le transférer sur votre iPad. Voici comment procéder… gratuitement.

1 **RÉCUPÉRER VLC** La première étape consiste à télécharger un lecteur multimédia appelé VLC. Ce dernier servira à décrypter les DVD qui sont, pour la plupart, protégés contre la copie. Rendez-vous pour cela sur www.videolan.org et cliquez sur le bouton « Download VLC ». Suivez la procédure en gardant les options standard. Une fois l'installation terminée, vérifiez son bon fonctionnement en insérant un DVD dans votre lecteur : Windows vous proposera de le lire avec le lecteur DVD standard ou bien avec VLC. Choisissez ce dernier et regardez le film… enfin quelques secondes seulement, il y a encore un peu de travail à faire !

2 **INSTALLER HANDBRAKE** C'est avec ce logiciel que vous transformerez le film stocké sur le DVD en un fichier lisible à la fois par votre ordinateur et votre iPad. Il se sert de VLC (voir étape 1) pour accéder à la version décryptée du film et la convertit ensuite dans le format que vous aurez choisi. Rendez-vous sur www.handbrake.fr, puis cliquez sur le lien Download de la colonne de gauche. Cliquez ensuite sur le lien Download correspondant à la version de votre système, Mac ou Windows. Installez le logiciel avec les options standard.

3 **CHOISIR LA SOURCE** Avec le DVD dans le lecteur, déroulez le menu Source en haut à gauche de la fenêtre de Handbrake. Sélectionnez l'item correspondant à votre DVD, souvent appelé « VIDEO_TS ».

4 **SÉLECTIONNER LE FILM ET LE FORMAT** Handbrake prend quelques secondes pour examiner le contenu du DVD. Il sélectionne ensuite la piste la plus longue, qui correspond au film en lui-même. Un DVD contient en réalité de nombreuses pistes correspondant aux différents menus et bonus. Vérifiez la sélection via le menu déroulant Title. Il faut maintenant donner un nom au fichier

Est-ce bien légal ?

Si les DVD sont protégés contre la copie, on pourrait penser que les numériser, ce qui correspond à produire une copie numérique, est donc illégal. En réalité, il n'en est rien tant que vous conservez cette copie pour votre usage personnel. Sachez de plus que la méthode utilisée par VLC pour décrypter le contenu d'un DVD est elle aussi parfaitement légale : ses créateurs ne se sont en effet pas servi du module de cryptage d'origine.

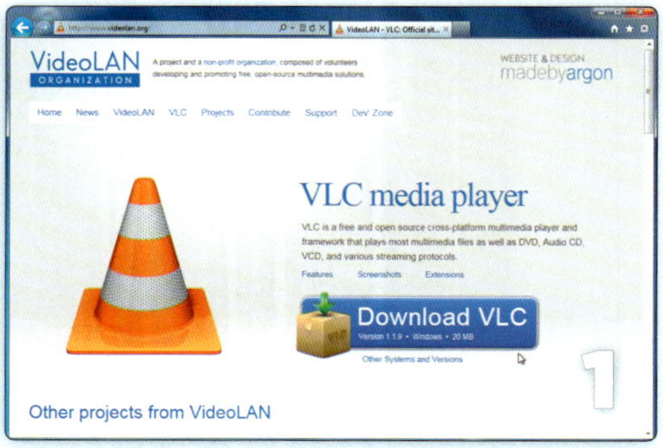

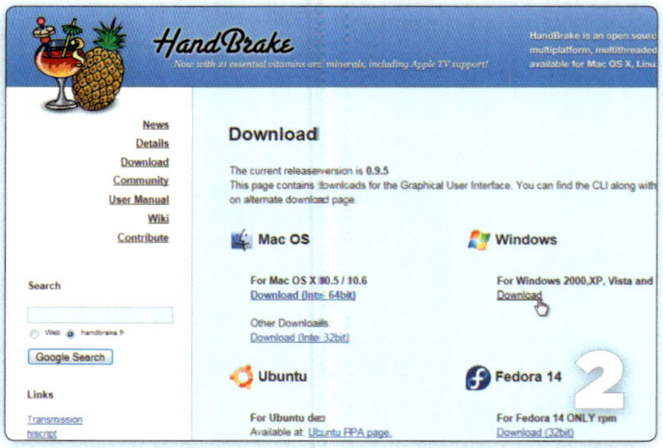

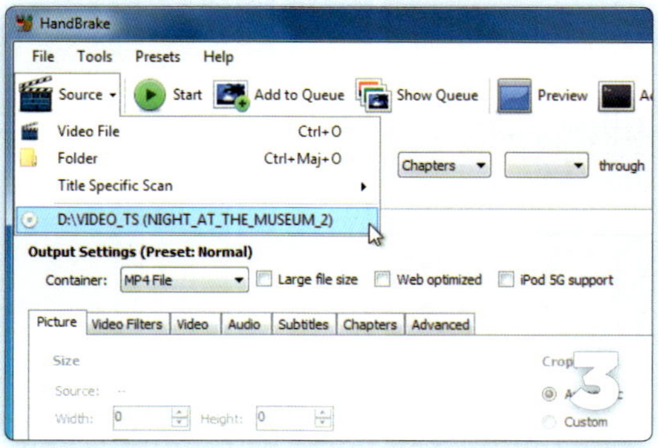

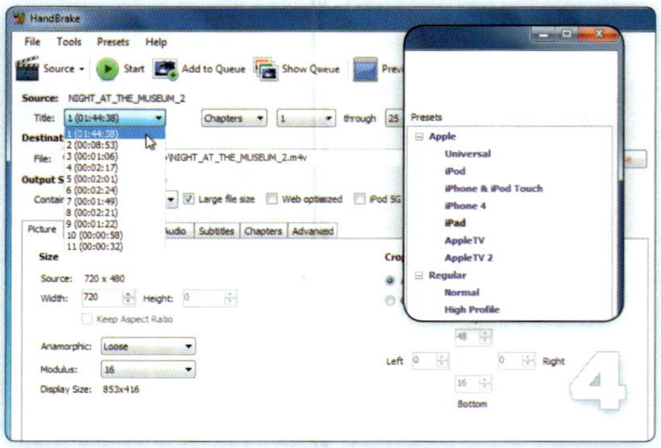

qui contiendra le film. Faites-le via la zone de saisie File, dans la section Destination. Vous pouvez également cliquer sur le bouton Browse pour choisir un répertoire de destination, ici le Bureau. Il vous reste enfin à choisir le format de fichier. Handbrake vous facilite la tâche en vous proposant une liste de pré-réglages, les Presets, dans la colonne de droite. Puisque le film est destiné à votre iPad, choisissez donc... iPad.

5 **AJOUTER DES LANGUES** Les DVD contiennent souvent plusieurs langues audio. Si cela vous intéresse, vous pouvez également le faire avec le fichier du film. Rendez-vous dans l'onglet Audio. Cliquez sur le bouton « Add Track » et déroulez le menu Source pour choisir la deuxième langue à intégrer au fichier. Vous pouvez également ajouter une langue de sous-titres, mais sachez que ceux-ci seront « gravés » dans l'image et que vous ne pourrez donc pas choisir de les activer ou non. Il existe une méthode pour ajouter des sous-titres utilisables au choix, mais elle est complexe.

6 **LANCER LA CONVERSION** Tout est prêt, il ne vous reste plus qu'à cliquer sur le bouton Start de la barre d'outils supérieure. Vous pouvez suivre le déroulement du travail en cours en cliquant sur le bouton « Show Queue ». Selon la puissance de votre ordinateur et les options choisies (voir encadré ci-contre), la numérisation du film peut durer quelques dizaines de minutes ou 2 à 3 heures... Soyez patient, le jeu en vaut la chandelle car, après, votre film sera disponible en permanence.

7 **AJOUTER LE FILM À LA BIBLIOTHÈQUE ITUNES** Une fois la numérisation terminée, votre ficher est prêt à l'endroit que vous avez indiqué. Ouvrez l'Explorateur de fichiers et rendez-vous dans le répertoire Musique, puis iTunes. Remarquez la présence du dossier « Ajouter automatiquement à iTunes ». Faites-y glisser le fichier du film afin que celui-ci rejoigne votre collection de films.

8 **AJOUTER L'AFFICHE DU FILM** Dans iTunes, affichez la liste de vos films. Votre film y apparaît, utilisant la première image comme illustration. Pour rendre l'affichage plus agréable, lancez votre navigateur Internet et effectuez une recherche d'image en utilisant le titre du film comme mot-clé. Lorsque vous avez trouvé l'image qui vous convient, cliquez dessus pour l'afficher dans sa taille originale. Faites glisser l'image vers le Bureau de Windows : elle y apparaîtra sous forme d'une icône. Retournez ensuite dans iTunes, sélectionnez le film d'un clic et affichez les informations via le raccourci clavier CTRL+I. Rendez-vous dans l'onglet Illustrations. Faites-y glisser l'icône de l'image et validez. Votre film arbore maintenant une jolie affiche.

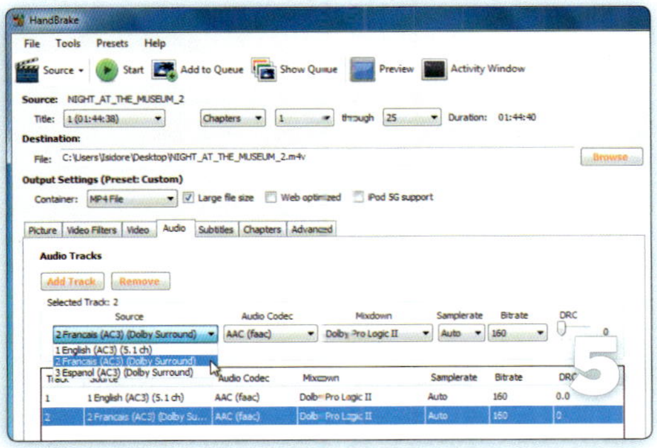

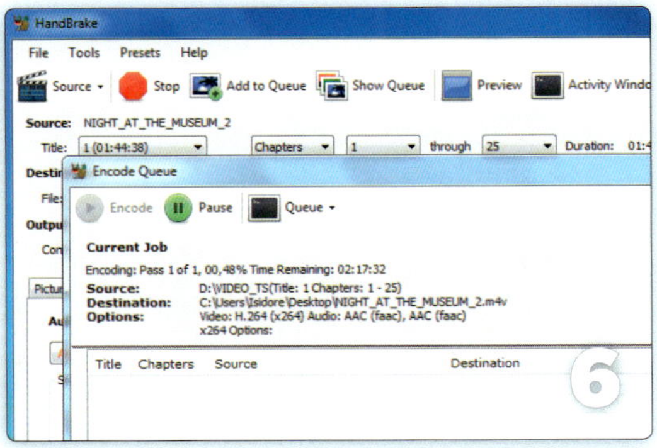

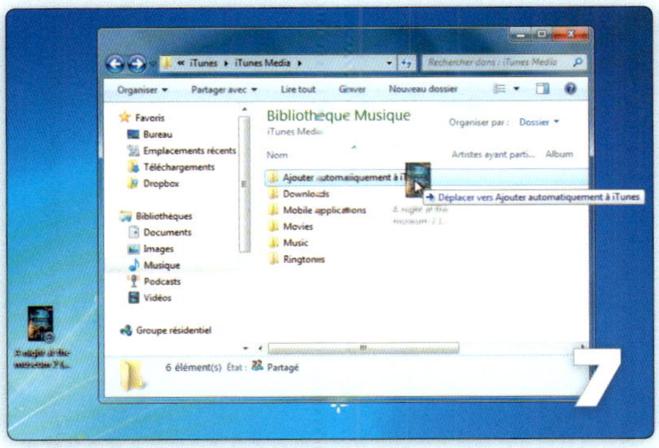

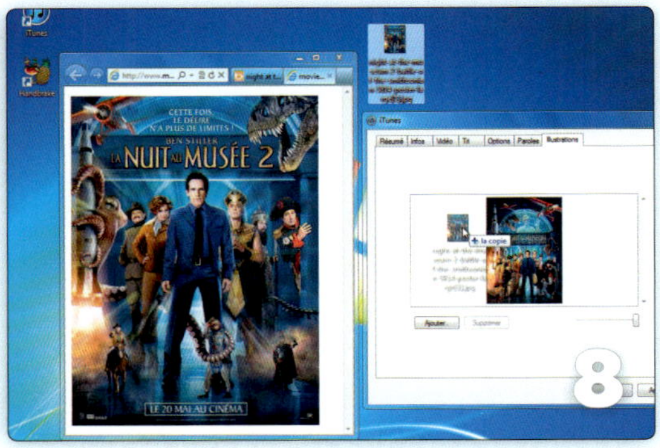

Jouer avec les réglages

Les « Presets » facilitent grandement l'utilisation de Handbrake. Mais la logiciel offre également un grand nombre d'options vous permettant de choisir le type et la qualité de la numérisation. Vous pouvez par exemple choisir la taille du fichier résultant plutôt que la qualité d'image. Il ne vous reste plus qu'à expérimenter, sachant que chaque conversion prend du temps ! Cela dit, vous pouvez vous faire une idée du résultat en cliquant sur le bouton Preview, en haut. Handbrake se charge alors de convertir dix secondes du film avec les options choisies.

QUE VOUS AYEZ ACHETÉ DES FILMS SUR L'ITUNES STORE OU QUE VOUS LES AYEZ NUMÉRISÉS, IL FAUT MAINTENANT LES TRANSFÉRER SUR L'IPAD.

Synchroniser ses vidéos via iTunes et les regarder sur l'iPad

Bien sûr, le moyen le plus simple de regarder un film ou un épisode de série télé sur son iPad, c'est de l'acheter ou de le louer directement sur la tablette (voir p. 68). Mais lorsqu'on a acheté la vidéo directement sur l'ordinateur, ou bien que l'on a numérisé un de ses DVD (voir p. 70), il faut transférer le fichier vers l'iPad. Heureusement, tout se passe très facilement via, évidemment le logiciel iTunes sur l'ordinateur.

GÉRER SA BIBLIOTHÈQUE MULTIMÉDIA

Pour se faciliter la tâche, il faut commencer par s'assurer que toutes les vidéos sont bien répertoriées et listées au sein d'iTunes sur l'ordinateur. Pas de problème, une fois encore, si vous les avez achetées sur le Store : elles sont automatiquement intégrées à votre bibliothèque. Pour les autres, il faut les ajouter. Comme on l'a vu, on peut tout simplement faire glisser les éléments concernés vers le répertoire « Ajouter automatiquement à iTunes ». Depuis iTunes, on peut aussi dérouler le menu Fichier pour choisir l'option « Ajouter le fichier à la bibliothèque » ou « Ajouter le dossier à la bibliothèque » si l'on a plusieurs films à ajouter à la fois.

OÙ SONT STOCKÉS LES FICHIERS ? En standard, iTunes se charge d'organiser la bibliothèque en changeant le nom des fichiers si besoin, et aussi en les recopiant au sein de son propre répertoire, qui se situe dans le dossier « Ma Musique » de Windows. Ce qui signifie que lorsque vous ajoutez un film que vous avez numérisé à la bibliothèque d'iTunes, il se retrouve en deux exemplaires sur votre disque dur : à l'emplacement d'origine et dans le répertoire d'iTunes. Vous pouvez donc effacer le premier. Vous pouvez également choisir de demander à iTunes d'utiliser les fichiers depuis leurs emplacements d'origine, en vous rendant dans les Préférences (via le menu Édition), puis dans l'onglet Avancé, pour y décocher l'option « Copier dans le dossier iTunes Media... ».

De l'iPad vers l'ordinateur

La synchronisation fonctionne aussi dans l'autre sens. Lorsque vous branchez votre iPad à l'ordinateur, tous les films et épisodes de série télé que vous avez achetés directement sur la tablette sont transférés automatiquement vers le disque dur de l'ordinateur. Il s'agit bien sûr d'un processus indispensable pour sauvegarder vos achats, mais aussi d'un moyen de faire de la place dans la mémoire de taille réduite de l'iPad. Vous pouvez en effet ensuite effacer les films de l'iPad sans risque : rien ne vous empêchera de les synchroniser de nouveau si vous voulez les revoir.

Ajoutez vos films à la bibliothèque d'iTunes et choisissez leur lieu de stockage sur le disque dur.

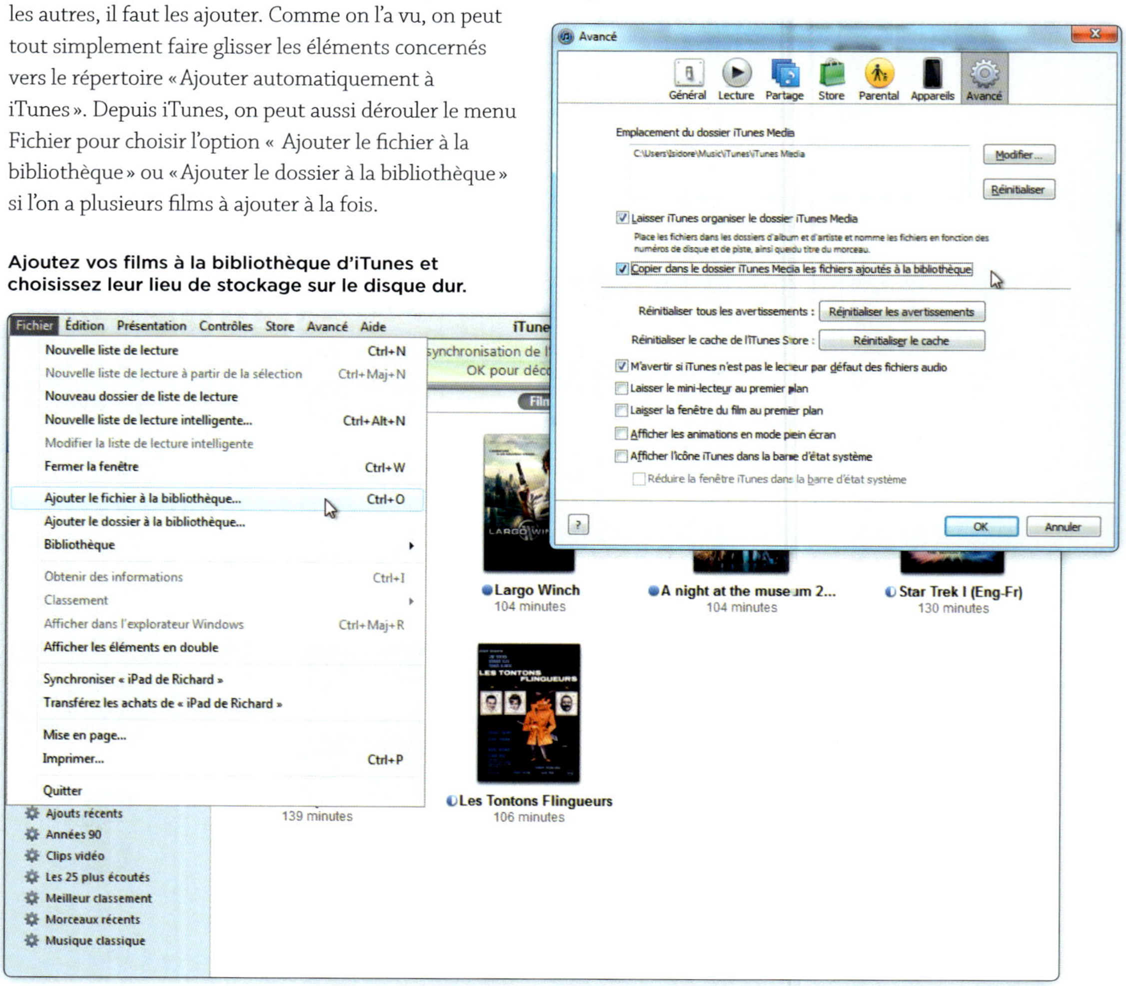

DIFFICULTÉ

COMMENT... TRANSFÉRER ET REGARDER SES VIDÉOS

1 CHOISIR LES FILMS À TRANSFÉRER Branchez votre iPad à l'ordinateur. Dans la fenêtre d'iTunes qui s'est ouverte, cliquez sur le nom de votre iPad, dans le volet de gauche. Ensuite, dans la zone de droite, cliquez sur Films, dans la barre d'outils supérieure. Notez que les démarches sont les mêmes pour les séries télé. En standard, iTunes cherche à synchroniser tous vos films sur l'iPad, via la case cochée à cet effet. Pour choisir plus précisément vos films, vous pouvez d'abord dérouler le menu déroulant situé à droite de la case « Inclure automatiquement ». Vous y aurez le choix, par exemple, de ne synchroniser que les films que vous n'avez pas encore vu ou les 5 derniers que vous avez ajoutés. Pour choisir les films un par un, décochez cette case pour faire apparaître les affiches de tous vos films. Il ne vous reste plus qu'à cocher ceux que vous voulez transférer sur l'iPad. Cliquez sur le bouton Appliquer pour lancer la synchro.

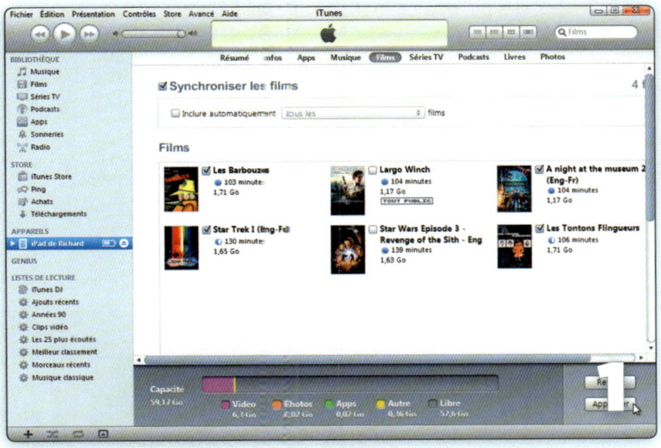

2 CRÉER UNE LISTE DE LECTURE La méthode ci-dessus est très simple mais souffre d'un inconvénient majeur : il faut que l'iPad soit branché pour que vous puissiez réaliser la sélection des films. L'autre solution, donc, consiste à créer une liste de lecture. Cliquez sur le bouton « + » en bas à gauche de la fenêtre d'iTunes et donnez un nom à votre liste (ici « pour l'iPad »). Ensuite, depuis votre filmothèque, faites-y glisser les films que vous souhaitez transférer. Ensuite, lorsque vous branchez l'iPad, faites défiler la page de l'onglet Films pour cocher la case correspondant à votre liste de lecture. Dorénavant, les films transférés sur l'iPad seront ceux de cette liste. Que vous pourrez donc changer à loisir.

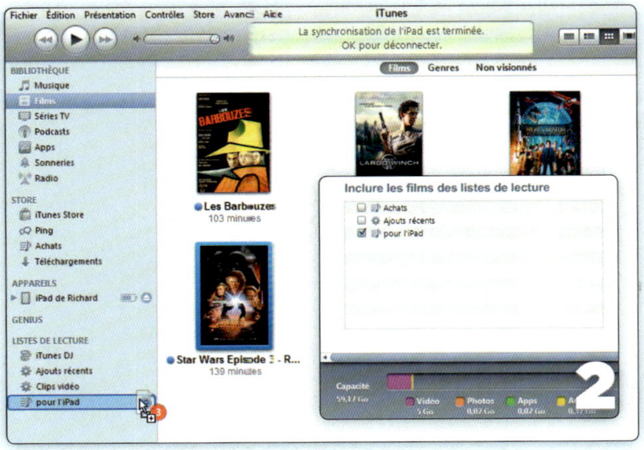

3 CHOISIR LE FILM SUR L'IPAD Sur la tablette, lancez l'application Vidéos. Les affiches de vos films apparaissent. Tapez sur l'une d'elles pour voir sa fiche et tapez de nouveau sur le bouton lecture pour commencer à le visionner.

4 PROFITER DE SON FILM Le film s'affiche alors en plein écran, avec des bandes noires en haut et en bas s'il est en format « cinémascope ». Faites pivoter l'iPad en mode paysage pour plus de confort. Tapez une fois sur l'écran pour faire apparaître les commandes. En bas, trois boutons vous permettent de mettre en pause/lecture et de passer d'un chapitre à l'autre. tout à gauche, un bouton vous permet de choisir la piste audio s'il y en a plusieurs (voir p. 71). Une tape sur le bouton en haut à droite permet de faire disparaître les bandes noires, mais en perdant forcément un peu d'image sur les côtés.

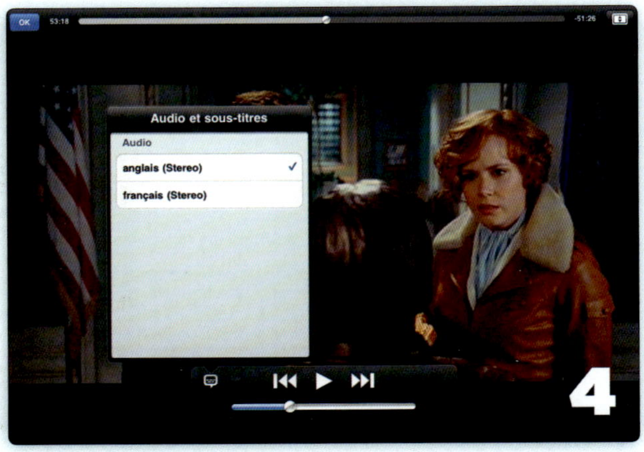

6

Découvrez la télé mobile avec l'iPad

DIFFICULTÉ

REGARDER... SES VIDÉOS SUR L'IPAD SANS LES TRANSFÉRER

Grâce à la fonction de Partage à domicile d'iTunes, regardez vos vidéos sur iPad sans les transférer au préalable : tout passe par le réseau de la maison.

1 ACTIVER LE PARTAGE À DOMICILE Dans iTunes sur l'ordinateur, déroulez le menu Avancé et choisissez l'option « Activer le partage à domicile ». Dans la fenêtre qui s'affiche, indiquez les identifiant et mot de passe de votre compte iTunes (voir p. 38). Sur l'iPad, rendez-vous dans les Réglages et sélectionnez la section iPod. Indiquez également vos identifiants et mot de passe dans les deux zones de saisie du partage à domicile. Attention, pour que cela fonctionne, il faut que les deux appareils soient reliés au même réseau, autrement dit qu'ils soient tous les deux connectés, par exemple, à la « box » de votre fournisseur d'accès.

2 ACCÉDER À LA BIBLIOTHÈQUE DE L'ORDINATEUR DEPUIS L'IPAD Lancez l'application Vidéos sur l'iPad. Remarquez, en haut de l'écran, un nouveau bouton « Partagé ». Tapez dessus pour demander à l'iPad de rapatrier la liste des vidéos disponibles. Au bout de quelques secondes, les vignettes apparaissent. Faites-les défiler pour consulter la liste complète, classée par ordre alphabétique. Vous avez trouvé le film que vous souhaitez regarder ? Tapez sur son affiche.

3 CONSULTER LES INFOS DU FILM L'écran suivant vous présente les informations liées au film. Accédez directement aux chapitres ou lancez la lecture.

4 REGARDER LE FILM Le film démarre au bout de quelques secondes. Il n'est pas transféré sur l'iPad, il est joué directement depuis l'ordinateur sur lequel il est stocké. Une tape sur l'écran fait apparaître les commandes habituelles (voir p. 73). Vous avez même accès aux différentes pistes audio si le film les propose. Tout se passe donc comme si le film était stocké sur votre iPad. À deux différences près : si vous perdez la connexion Wi-Fi, le film s'arrête évidemment. Et si vous arrêtez le film en cours pour y revenir plus tard, l'iPad ne mémorisera pas l'endroit où vous en étiez.

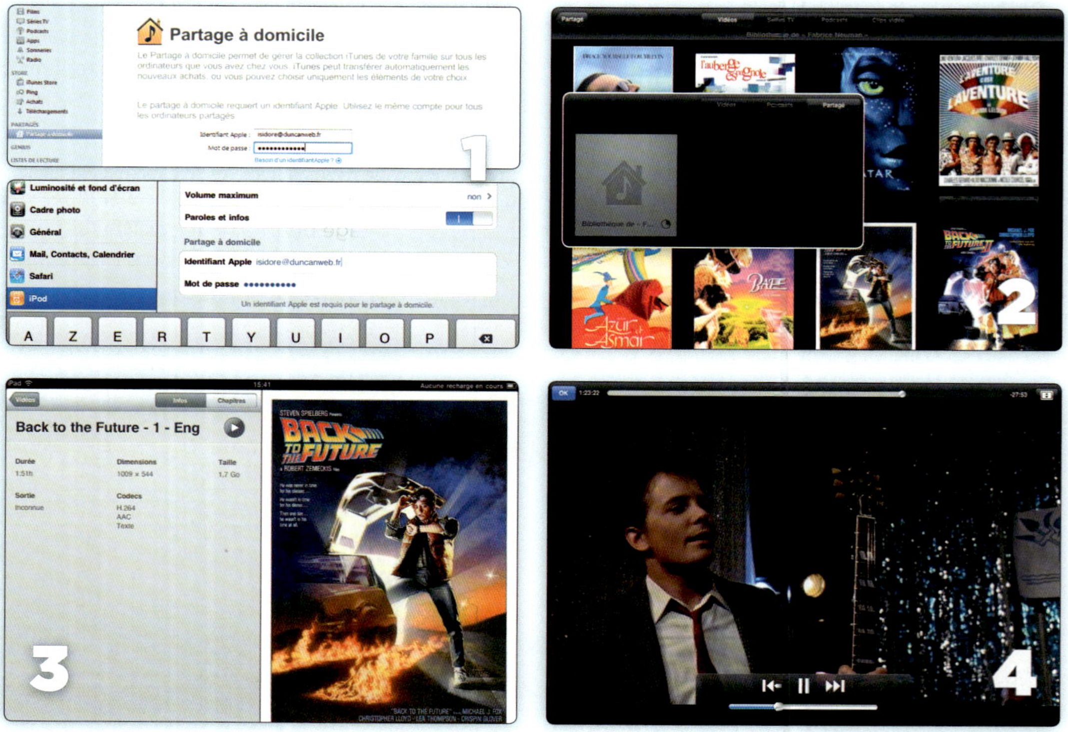

Pour les séries télé aussi

Le système d'accès à votre bibliothèque iTunes via le réseau de la maison vous permet également de visualiser les épisodes de vos séries télé. Autant dire que si vous n'utilisez votre iPad qu'à la maison, vous n'aurez plus à vous soucier d'y transférer vos vidéos.

PROFITER... DE TOUTES LES VIDÉOS SUR LA TV DU SALON

Avec un boîtier Apple TV branché sur votre téléviseur, regardez les films de votre iPad sur grand écran d'une simple pression du doigt !

1 ACTIVER AIRPLAY SUR L'APPLE TV

La fonction permettant de diffuser sans fil une vidéo sur un écran distant s'appelle AirPlay. Elle n'est disponible que sur l'Apple TV de deuxième génération, le petit boîtier de couleur noire, et pas sur l'appareil de première génération de couleur blanche. Dans les menus de votre Apple TV, rendez-vous dans les Réglages et assurez-vous que la fonction AirPlay est bien activée. Elle l'est normalement en standard. Vous pouvez également choisir d'en protéger l'accès par un mot de passe, qui lui n'est pas activé par défaut, mais ce serait dommage de rendre complexe une fonction si simple.

2 CHOISIR LE DIFFUSEUR

Sur l'iPad, il n'y aucune configuration à effectuer. À partir du moment où il est connecté au même réseau que l'Apple TV, le boîtier sera détecté par l'iPad. Vous le verrez à l'icône venant s'ajouter à la barre de commandes qui apparaît lorsque vous tapez une fois à l'écran : elle est de forme carrée avec un triangle blanc pointant vers son centre. Tapez dessus pour choisir la destination de diffusion : Apple TV.

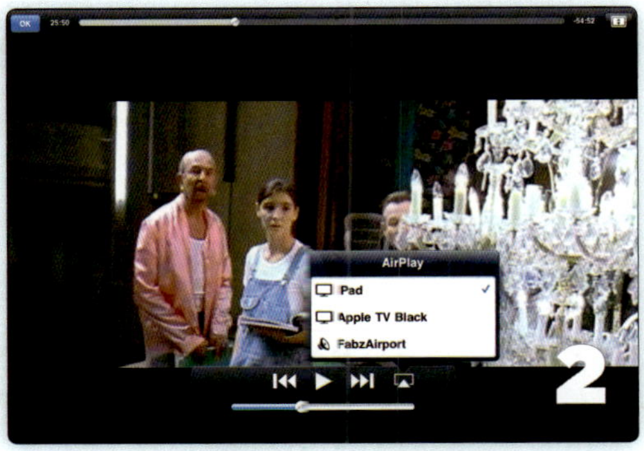

3 S'ALLONGER SUR LE CANAPÉ

L'écran de l'iPad passe au noir et le film apparaît sur le téléviseur. Vous pouvez maintenant poser l'iPad sur la table et vous allonger sur le canapé pour regarder votre film. Vous pourrez même commander le film, c'est-à-dire le mettre en pause ou passer aux différents chapitres à l'aide de la télécommande de l'Apple TV.

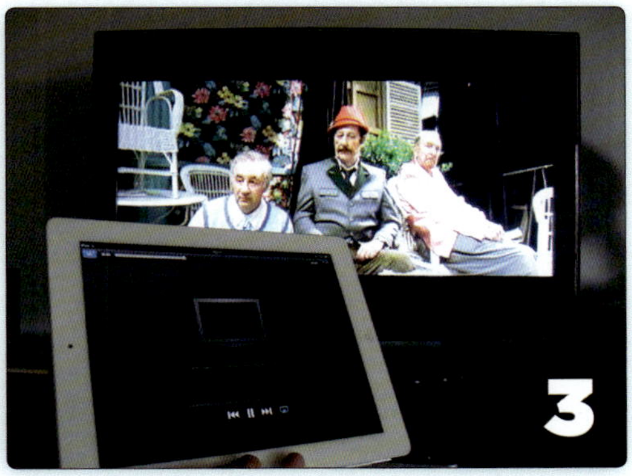

4 TOUTES LES VIDÉOS

Cette fonction AirPlay n'est pas limitée aux films ou séries télé stockées sur votre iPad. De nombreuses applications sont compatibles AirPlay, telle celle de Paris Match (voir p. 92). Lorsque le magazine vous propose une vidéo, la bande annonce d'un film par exemple, tapez une fois sur l'image pour faire apparaître les commandes et sélectionner l'Apple TV comme diffuseur. Vous pouvez ainsi en faire facilement profiter votre entourage.

Brancher l'iPad en HDMI

Si vous n'avez pas d'Apple TV, vous pouvez tout de même profiter des contenus de votre iPad sur votre téléviseur via un câble HDMI standard. Il vous faudra toutefois vous procurer l'adaptateur adéquat, proposé par Apple.

Les fonctions d'AirPlay

Grâce à l'Apple TV, vous pouvez également partager vos photos de vacances via la télé du salon. Rendez-vous p. 114, pour découvrir toutes les fonctions pratiques d'AirPlay.

6

Découvrez la télé mobile avec l'iPad

QUI À DIT QUE L'IPAD NE POUVAIT PAS LIRE LES VIDÉOS AU FORMAT FLASH OU DIVX ? IL Y A ÉVIDEMMENT UNE APPLICATION POUR ÇA AUSSI !

Lire tous les formats vidéo avec Buzz Player HD

DivX, Flash... Apple n'aime pas certains formats de fichiers vidéo et en interdit l'accès à ses logiciels. Heureusement, de nombreux éditeurs se sont chargés de contourner ces limitations en proposant différentes applications capables de lire les formats « mis à l'index » et pourtant largement répandus sur Internet. Parmi elle, l'une des plus complètes et spectaculaires a pour nom Buzz Player HD (2,99 € - Anglais).

LECTEUR UNIVERSEL À l'instar de VLC sur PC ou sur Mac, mais qui n'existe plus sur l'iPad, l'application Buzz Player se présente comme un vrai lecteur universel. Il reconnaît en effet la quasi totalité des vidéos, quel que soit leur conteneur (3GP, AVI, ASF, FLV, DIVX, MKV, MOV, MP4, RealMedia, WMV, XVID...) mais aussi les codecs utilisés pour le son et la vidéo. Comme VLC ou la plupart des logiciels de lecture de vidéos ou les lecteurs multimédia de salon, il est aussi capable d'incruster à la volée des sous-titres dont le fichier est placé au même niveau que celui du film, à condition que les deux fichiers portent exactement le même nom et les extensions adéquates.

SYNCHRONISATION SUPERFLUE L'autre intérêt majeur de cette application, c'est qu'elle se passe de synchronisation : si le transfert des films s'y effectue d'abord via iTunes, l'iPad n'a pas besoin d'être synchronisé pour cela. Autrement dit, un ami équipé de n'importe quel ordinateur avec iTunes, peut recopier des films sur votre iPad sans que cela n'affecte vos autres données !

AVEC ET SANS FIL Cerise sur le gâteau, Buzz Player « comprend » parfaitement tous les protocoles de communication sans fil. Dit autrement, il est en mesure de détecter tous les équipements reliés au même réseau Wi-Fi que lui (ordinateur, NAS, box ADSL...) et de parcourir leur contenu à la recherche de fichiers vidéos. Vous pouvez ainsi regarder en streaming sur votre iPad un film stocké sur le disque dur de votre PC ou dans le dossier Vidéos de votre Freebox Revolution. Mieux : Buzz Player vous permet même de le copier pour l'emmener sur votre iPad et le visionner plus tard, loin de votre réseau Wi-Fi. Une application totalement indispensable !

Buzz Player HD détecte tous les appareils connectés au même réseau Wi-Fi que lui pour lire en streaming les vidéos qu'ils contiennent ou pour les copier sur l'iPad.

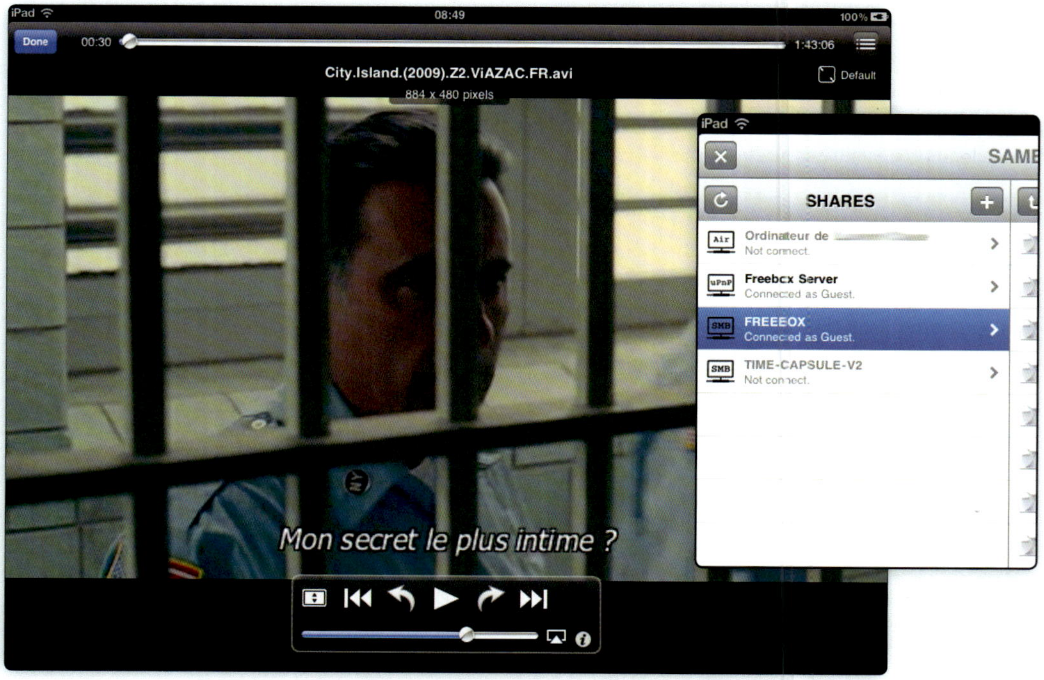

Buzz Player à la source

S'il est capable de lire tous les contenus vidéos accessibles sur le réseau Wi-Fi, Buzz Player est aussi partageur ! Une fonction annexe lui permet en effet d'activer son partage de fichiers : il communique alors une adresse IP de type http://192.168.1.20:8080 qu'il suffit de saisir dans la barre d'adresses du navigateur Internet de n'importe quel appareil relié au même réseau Wi-fi pour que ce dernier puisse accéder et copier le contenu vidéo de Buzz Player.

COMMENT... REGARDER DES FILMS AVEC BUZZ PLAYER HD

1 GÉRER LES FILMS DEPUIS ITUNES Pour ajouter des films dans votre iPad et les visionner avec Buzz Player, branchez la tablette à votre ordinateur et lancez iTunes. Sélectionnez votre iPad dans la catégorie Appareils, cliquez sur l'onglet Apps de la fenêtre principale puis, dans la section Partage de fichiers, sélectionnez Buzz Player dans la colonne Apps. Faites glisser les fichiers des films dans la case Documents Buzz Player. Pour supprimer un film, sélectionnez-le et appuyez sur la touche effacement du clavier.

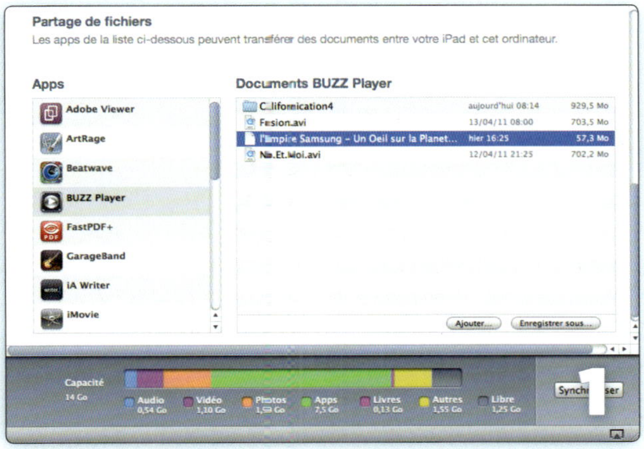

2 ORGANISER LES FILMS Dans l'application Buzz Player, touchez le bouton Local en haut pour retrouver les films que vous avez copiés. Pour créer un dossier, touchez le bouton « Create Folder » en bas à gauche, saisissez un nom et appuyez sur Save. Le dossier s'ajoute dans la section Folders. Touchez le bouton Edit en haut à droite, sélectionnez les fichiers à déplacer dans le dossier. Puis appuyez sur le bouton d'envoi, puis sur « Move To Folder » et sur le dossier de destination.

3 PARCOURIR LE RÉSEAU Touchez le bouton « Browse Network » en bas et attendez quelques secondes que l'application « scanne » votre réseau Wi-Fi. Tous les appareils reliés apparaissent dans la colonne Shares, précédés d'une icône spécifiant le protocole qu'ils utilisent. Touchez celui dont vous souhaitez parcourir le contenu, puis avancez dans ses dossiers comme si vous naviguiez dans un disque dur. Pour revenir au niveau précédent de l'arborescence, touchez en haut l'icône de flèche remontante. Touchez un film : une boîte de dialogue propose de commencer la lecture ou de le copier sur l'iPad.

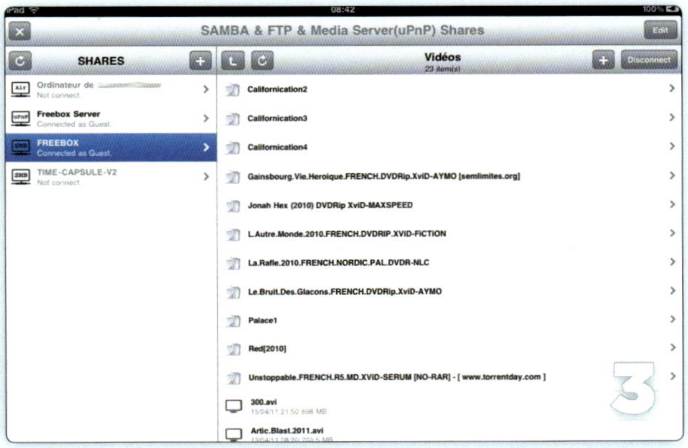

4 REGARDER LE FILM La lecture du film s'effectue en plein écran, et les sous-titres sont incrustés automatiquement si un fichier « .srt » ou « .sub » est situé au même niveau que le film visionné. Touchez l'image une fois pour faire apparaître les contrôles. Avancez dans le film avec le curseur en haut. Pour modifier le format d'affichage d'un film déformé, tapez sur l'icône Default en haut à droite pour faire apparaître un menu permettant de choisir un ratio différent.

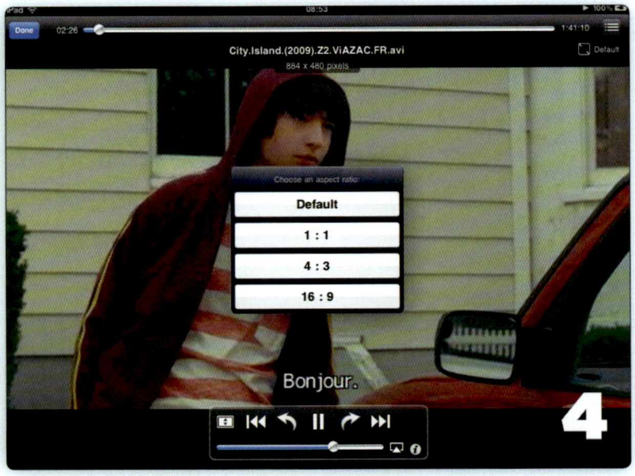

6

Découvrez la télé mobile avec l'iPad

ET SI VOTRE IPAD 3G DEVENAIT VOTRE NOUVEL ÉCRAN DE TÉLÉ ?
IL SUFFIT DE TÉLÉCHARGER L'APPLICATION TV DE VOTRE OPÉRATEUR.

La télé où que vous soyez grâce à votre iPad 3G

De la même façon que, chez vous, vous regardez peut-être déjà la télévision via la box de votre fournisseur d'accès à Internet, votre iPad 3G vous permet de le faire en dehors de chez vous, de n'importe où à vrai dire. Pourquoi faut-il un modèle 3G plutôt qu'un modèle uniquement Wi-Fi (voir p. 12) ? Tout simplement parce que les opérateurs Internet/mobile que sont Orange, SFR et Bouygues réservent leurs services de diffusion de télévision à leurs clients et que le réseau 3G est un moyen infaillible de les identifier à coup sûr.

WI-FI QUAND MÊME Cela dit, les services de TV sur iPad offerts par Orange et SFR fonctionneront aussi en Wi-Fi, une fois que votre tablette aura été identifiée une fois sur le réseau 3G. Vous pourrez donc, en général, bénéficier d'une meilleure qualité d'image télé lorsque vous serez connecté à un réseau Wi-Fi quel qu'il soit. Attention, certaines chaînes requièrent tout de même une connexion 3G (voir p. suivante).

DU VÉRITABLE ILLIMITÉ Tous les forfaits 3G ont des limites, même les illimités (voir p. 12). Sachant qu'un film visionné d'un bout à l'autre peut facilement représenter plusieurs centaines de Mo, on peut naturellement penser que regarder la télévision sur son iPad fait rapidement atteindre la limite. Or, il n'en est rien, car les opérateurs ont décidé que pour la télévision, la limite n'avait pas cours. Vous pouvez donc regarder la télévision sur votre iPad toute la journée, sans craindre de « cramer » votre forfait 3G.

APPLICATION ET APPLICATIONS Pour regarder la télévision sur votre iPad via le réseau de votre opérateur 3G, il vous faut d'abord installer son application gratuite sur l'App Store, telle celle de SFR (voir p. suivante). Elle vous donnera alors accès à un bouquet de chaînes. Certaines chaînes proposent aussi leurs propres applications, ne permettant alors que de regarder leurs programmes et rien d'autre.

Au lancement de l'application SFT TV, vous êtes accueilli par la grille des programmes disponibles. Chaque ligne vous indique le programme en cours pour la chaîne concernée et la barre rouge vous donne une idée de l'avancement du programme.

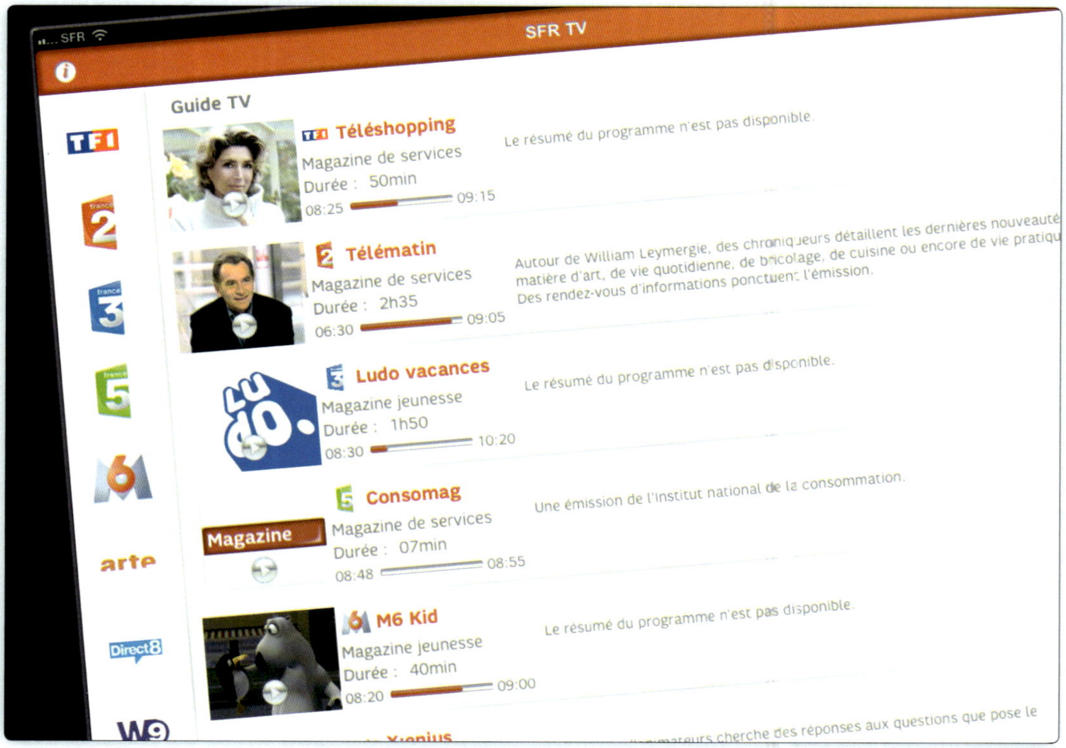

Et aussi sur l'Appstore

- ✔ **ARTE**
  Accédez à la grille des programmes d'Arte et revoyez les émissions déjà diffusées jusqu'à une semaine après (Gratuit - Français).
- ✔ **BFM TV HD**
  Regardez la chaîne d'info en direct, en Wi-Fi ou en 3G (Gratuit - Français).
- ✔ **France 24**
  Tous les programmes de la chaîne, plus le fil d'actu. Accédez aussi à son service de vidéos à la demande (Gratuit - Français).
- ✔ **TV d'Orange**
  L'application multichaîne pour les abonnés au réseau d'Orange (Gratuit - Français).
- ✔ **TV Bouygues Télécom**
  Application télé du troisième opérateur mobile, au format iPhone uniquement.

COMMENT… REGARDER LES CHAÎNES DE TÉLÉ AVEC SFR TV

1 CHOISIR UN PROGRAMME Depuis la page d'accueil de l'application, faites défiler du doigt la liste des programmes dans la partie droite. Chacun d'eux est illustré par une vignette et un raccourci succinct vous présente le programme en cours. Pour accéder rapidement à une chaîne, vous pouvez également faire défiler l'étroite colonne de gauche affichant les logos de toutes les chaînes disponibles, de TF1 à Chilli, en passant par Direct 8, W9, France 24, etc. En tout 34 chaînes sont accessibles. Cette colonne de gauche sera toujours à l'écran - sauf lorsque vous regardez une chaîne en plein écran (voir plus loin) - afin de vous permettre de zapper rapidement. Tapez sur un programme pour accéder au direct. La grille des programmes se réduit sur une colonne à droite et la vidéo s'affiche au milieu.

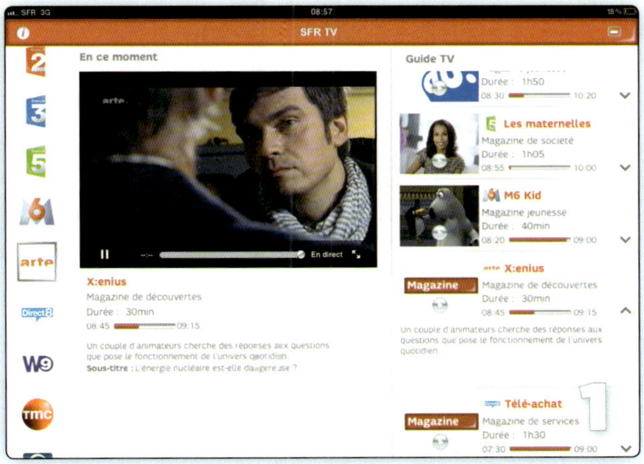

2 PASSER EN PLEIN ÉCRAN Une courte pression du doigt sur la vidéo fait apparaître les commandes de lecture. Notez d'abord le bouton Pause : vous pouvez effectivement arrêter la diffusion pour la reprendre quelques minutes plus tard au même endroit. Tapez sur l'icône à double flèche en bas à droite. La vidéo occupe maintenant toute la surface de l'écran, comme n'importe quelle autre vidéo (voir p. 73).

3 REGARDER LA TÉLÉ.. SUR LA TÉLÉ Si vous êtes connecté en Wi-Fi et que vous disposez d'un boîtier Apple TV (voir p. 75), vous pouvez faire en sorte de diffuser sur votre téléviseur la chaîne que vous êtes en train de regarder sur l'iPad. Cela peut paraître incongru, mais vous n'avez peut être pas le même bouquet de chaînes sur le téléviseur du salon…

4 JONGLER ENTRE 3G ET WI-FI Une fois la première identification de votre appareil réalisée via le réseau 3G, vous pouvez vous connecter à un réseau Wi-Fi pour regarder la télé via l'application SFR TV. Cela dit, cela dépend des chaînes, car certaines refusent d'être diffusées via Wi-Fi, comme TF1, par exemple. Vous devrez alors repasser en 3G, ce qui implique notamment que vous ne pourrez pas l'afficher sur votre téléviseur via le réseau local (voir étape précédente).

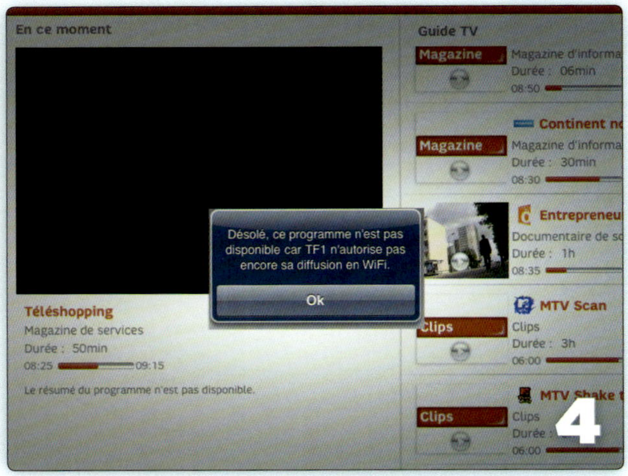

7

La lecture en liberté sur l'iPad

À DÉCOUVRIR DANS CES PAGES

La lecture en liberté sur l'iPad

L'iPad est un formidable outil de lecture. De livres, bien sûr, mais pas seulement est c'est ce qui fait sa force ! Car en plus des multiples librairies électroniques auquel il vous donne accès, l'iPad vous permet aussi de lire des journaux quotidiens, des magazines et aussi des bandes dessinées. Et une fois qu'on y a goûté, on se dit que le papier, ce n'est tout de même pas si pratique que ça…

QUEL EST LE MEILLEUR OUTIL POUR LIRE : UNE TABLETTE OU UNE LISEUSE À ENCRE ÉLECTRONIQUE ? L'IPAD EST CERTAINEMENT LE PLUS UNIVERSEL !

Les atouts de l'iPad pour la lecture électronique

« Ah ça, moi, lire sur un écran, je ne pourrais pas ! ». Tous les lecteurs de livres électroniques ont forcément entendu ce genre de commentaire de la part de leurs proches. Les arguments classiques sont souvent échangés, comme « moi j'ai besoin de tourner les pages » ou encore « de toutes façons, lire sur un écran, ça fait mal aux yeux ». Balayons tout de suite ce dernier argument : lire sur un écran ne fait pas plus mal au yeux que de lire… tout court. Il suffit d'essayer de lire un livre « papier » dans une pièce mal éclairée et le mal de tête est assuré. Avec les écrans c'est pareil : il faut choisir le lieu et aussi les réglages. Ensuite, l'objet se fait oublier pour vous laisser vous concentrer sur l'histoire qui vous est racontée.

IL Y A ÉCRAN ET ÉCRAN Oui mais voilà, le débat ne s'arrête pas là. Même entre lecteurs assidus de livres électroniques, on se dispute pour savoir quelle est la meilleure technologie d'écran pour la lecture. D'un côté les tablettes comme l'iPad avec leur écran LCD. De l'autre, les liseuses comme le fameux Kindle d'Amazon, avec leur écran à encre électronique. Le but des liseuses est d'essayer de reproduire au plus près « l'expérience papier » censée être plus douce à l'œil que les écrans LCD, jugés par certains comme trop lumineux et donc trop agressifs. Au delà des affaires de goûts, il est utile de comprendre la technologie de chacun d'eux.

PAPIER ÉLECTRONIQUE Pour afficher une page à l'écran, l'encre électronique utilise des millions de micro-capsules remplies de minuscules billes noires et blanches. Le tout est « coincé » entre deux feuilles de plastique, dont l'une forme la surface de l'écran. En appliquant différents courants électriques sur la page, on peut faire remonter à la surface une plus ou moins grande quantité de ces billes noires ou blanches pour former un dessin ou des lettres. Une fois que la page est affichée à l'écran, le courant électrique peut être coupé : l'encre électronique est stable. Pour l'instant, l'encre électronique ne permet de produire que des écrans noir et blanc. L'image produite à l'écran est très bien définie et, surtout, n'utilise aucun rétro-éclairage, au contraire des écran LCD (voir plus loin). Ce qui procure deux avantages certains à l'encre électronique. Elle est d'abord très peu consommatrice d'énergie ce qui permet à une liseuse d'être utilisée pendant plusieurs semaines sans être rechargée. De plus, l'écran

Couleur ou noir et blanc ?

Pour l'instant, toutes les liseuses basées sur le système de l'encre électronique (voir ci-contre) ne peuvent afficher que des images ou du texte en noir et blanc. La technologie e-ink évolue doucement vers la couleur, avec les mêmes avantages de faible consommation électrique. Cela dit, l'affichage reste encore lent, et pas très adapté aux contenus vidéo.

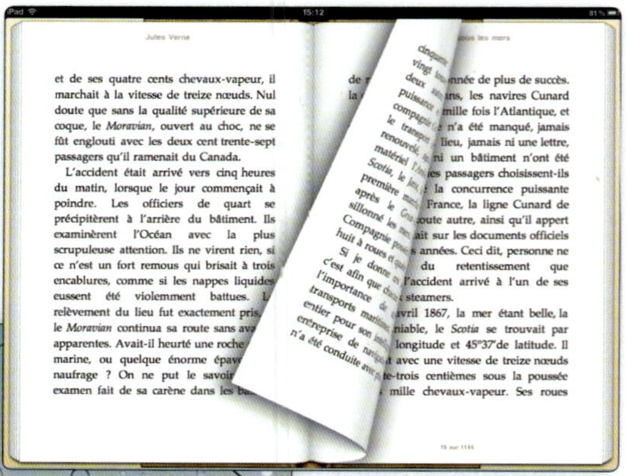

En lançant l'iPad, Apple s'est aussi lancé dans la librairie en ajoutant une section Livres à son iTunes Store. Les ouvrages sont destinés à l'application « maison » iBooks (voir p. 84).

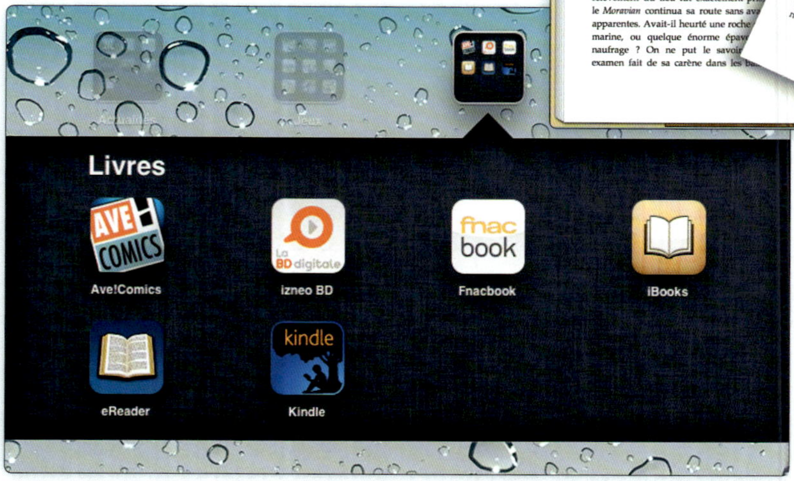

Grâce aux applications, l'iPad est le lecteur de livres électroniques le plus universel : il vous permet de lire les ouvrages vendus par Apple bien sûr, via iBooks, mais aussi par la Fnac ou par Amazon, via l'application Kindle.

est mat et parfaitement lisible en plein soleil, ce qui n'est pas le cas d'un écran LCD en général brillant comme un miroir, comme celui de l'iPad. En revanche, vous aurez donc besoin d'une source de lumière externe pour lire, comme avec un livre papier : avec l'encre électronique, lampe de chevet obligatoire !

LE LCD QUI SAIT TOUT FAIRE On le voit, l'encre électronique est très différente d'un écran comme celui de l'iPad. Ce dernier est plus classique puisqu'il utilise la même technologie que celle de l'écran de votre ordinateur. Chaque pixel, c'est-à-dire chaque point individuel dessiné à l'écran, est formé des trois couleurs élémentaires rouge, vert et bleu. Chacun de ces sous-pixels s'oriente sous l'effet d'un courant électrique pour laisser plus ou moins passer la lumière produite par une source lumineuse située à l'arrière de l'écran. Ses avantages sont nombreux. Notamment, les couleurs sont brillantes et fidèles, l'affichage est très rapide et permet de regarder des vidéos. Autrement dit, comme vous le savez si vous avez déjà manipulé votre iPad, un tel écran sait tout faire, à l'inverse d'un écran e-ink qui se cantonnera à la lecture de texte. En revanche, un tel écran ne fait pas bon ménage avec le soleil : en extérieur par beau temps, l'iPad n'est pas le meilleur des compagnons...

IL N'Y A PAS QUE LES LIVRES On pourrait dès lors penser qu'il n'y a rien de mieux que l'encre électronique pour lire. Sauf qu'il y a lecture et lecture. Une liseuse vous permettra de lire confortablement des livres et éventuellement des quotidiens, mais c'est tout. Alors qu'avec l'iPad vous pourrez lire des livres et des journaux, bien sûr, mais aussi des bandes dessinées ou encore des magazines pour profiter de leurs photos couleur en plein écran. Mieux, les magazines pour iPad savent justement tirer parti de ses capacité multimédias et vous offrent souvent des séquences vidéos en accompagnement. Impossible à faire avec l'encre électronique pour le moment.

TOUS LES LIVRES L'iPad a un autre énorme avantage : grâce aux applications, il vous permet d'accéder à toutes les librairies électroniques à la fois, alors qu'une liseuse n'est malheureusement pas compatible avec tous les formats.

Il existe de nombreux modèles de liseuses à encre électronique. La chaîne de magasins Fnac propose son FnacBook (en haut) et un catalogue de plusieurs dizaines de milliers de livres électroniques. L'entreprise française Bookeen propose plusieurs modèles de Cybook, dont l'Orizon (à gauche), muni d'un écran tactile pour tourner les pages du bout du doigt. La plus célèbre des liseuses électroniques est sans conteste le Kindle d'Amazon, mais le catalogue de livres en français n'est pas encore très étoffé. Et vous ne pouvez pas y copier des livres électroniques achetés sur le site de la Fnac.

Impossible de lire des bandes dessinées en couleur sur une liseuse à encre électronique. Et ne comptez pas non plus retrouver l'expérience de lecture du célèbre magazine Paris Match, dont l'application pour iPad est un modèle du genre (voir p. 92).

7

La lecture en liberté sur l'iPad

DES DERNIÈRES NOUVEAUTÉS AUX GRANDS CLASSIQUES, IL Y A DE QUOI LIRE SANS S'ARRÊTER DANS LA LIBRAIRIE D'APPLE !

Profiter de la librairie d'Apple avec iBooks

On peut être un bibliophile et ne pas se couper des technologies du troisième millénaire. Même si vous êtes un ardent défenseur des livres en version papier, comment nier l'attrait du livre électronique ? Dans un iPad, vous pouvez faire tenir des centaines de volumes. Grands classiques, polar, science-fiction, tout ou presque est accessible via l'application iBooks d'Apple.

INSTALLER L'APPLICATION IBOOKS
iBooks n'est pas livré en standard avec l'iPad. Pour l'installer, rendez-vous sur l'App Store (voir p. 64). Si c'est la première fois, un message vous invitera à installer iBooks. Sinon, tapez le mot iBooks dans le champ de recherche et tapez sur le nom de l'application. Dans la page dédiée à iBooks, touchez le bouton Gratuit, puis « Installer l'App ».

DÉCOUVRIR LE CATALOGUE Pour accéder à la librairie d'Apple, touchez le bouton Store en haut à gauche. Par défaut, vous affichez la sélection de titres en vedette et notamment les nouveautés qui sont bien sûr les livres les plus coûteux. Vous pouvez si vous le souhaitez parcourir les œuvres par genre. Pour cela, touchez le bouton Catégories. Vous trouverez alors les principaux genres littéraires disponibles, via une liste qui s'affiche dès que vous touchez le bouton.

PROMENEZ-VOUS DANS LES RAYONNAGES
Des milliers d'ouvrages sont disponibles. Au bas de l'écran, l'icône Parcourir vous permet de naviguer très rapidement dans le catalogue. Lorsque vous touchez cette commande, iBooks affiche la liste des auteurs par ordre alphabétique. Activez le bouton Gratuit. Seuls les auteurs dont des ouvrages sont disponibles gratuitement sont listés, ce qui correspond en grande majorité aux ouvrages tombés dans le domaine public. Parcourez la liste des auteurs jusqu'à la lettre H, par exemple, et sélectionnez Victor Hugo. Dans la partie droite de la fenêtre, vous trouvez Les Misérables, Notre-Dame-de Paris etc. Constituez votre bibliothèque. Lorsque vous avez acheté ou téléchargé des ouvrages, ils viennent prendre place dans votre bibliothèque, que vous pouvez organiser en collections thématiques pour y mettre de l'ordre.

Synchroniser iBooks

Pour un meilleur confort d'utilisation, il est possible de synchroniser vos signets, notes et collections sur vos appareils (iPhone et iPad par exemple). Si vous procédez de la sorte, les informations sont envoyées directement vers Apple via votre compte iTunes Store. Il vous suffit donc de placer un marque-page sur l'iPhone pour pouvoir reprendre votre lecture au même endroit sur l'iPad.

Constituez une bibliothèque virtuelle que vous organisez comme bon vous semble en touchant le bouton Modifier pour créer des collections.

COMMENT... LIRE DES LIVRES AVEC L'APPLICATION IBOOKS

1 OBTENIR UN LIVRE Parcourez la liste des titres disponibles dans le Store. Laissez-vous tenter par exemple par les Misérables de Victor Hugo, disponible en cinq tomes gratuits. Touchez l'icône Parcourir. Activez le bouton Gratuit, puis parcourez la liste des auteurs jusqu'à la lettre H. Touchez Victor Hugo. Tombées dans le domaine public, les plus grandes œuvres de l'auteur sont téléchargeables gratuitement. Touchez le bouton Gratuit correspondant au tome 1. L'étiquette devient verte. Touchez « Obtenir le livre ». Ce dernier prend place automatiquement dans votre bibliothèque. Revenez au Store pour récupérer les cinq volumes.

2 PASSER À LA LECTURE Pour lire un livre, rendez-vous dans la bibliothèque et tapez tout simplement sur sa couverture. Il s'ouvre sur la table des matières. Vous pouvez atteindre n'importe quelle page en touchant un chapitre du doigt. La lecture peut commencer. Pour passer à la page suivante, faites glisser votre doigt de droite à gauche en partant du bord droit de l'écran. l'iPad affiche alors un effet de « vraie » page papier qui s'enroule en suivant le mouvement de votre doigt. Lorsque vous souhaitez interrompre votre lecture, touchez

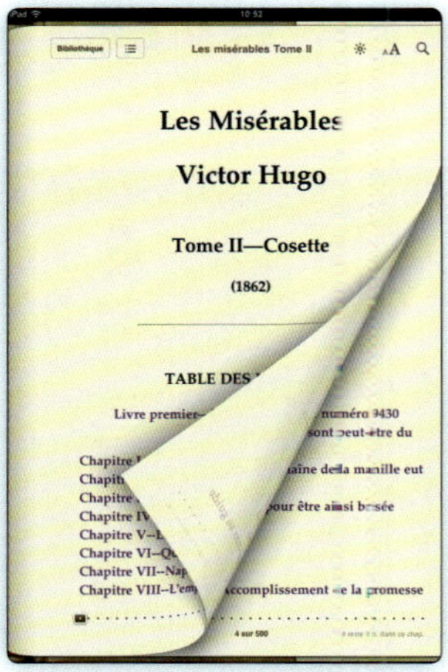

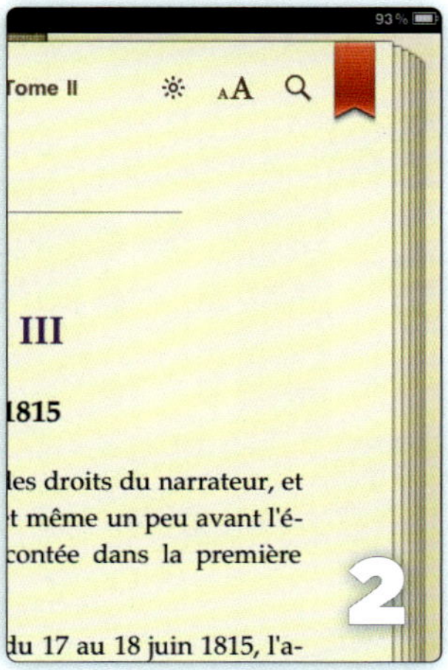

l'icône Signet qui se trouve dans le coin supérieur gauche de la page. Il prend une couleur rouge, vous pourrez ainsi retrouver la page en cours (voir la note p. précédente).

3 AMÉLIORER LA LISIBILITÉ En haut de chaque page se trouve une barre d'outils qui vous propose d'ajuster la luminosité, de changer la taille ou la police de caractères ou encore d'appliquer un fond couleur sépia pour l'arrière-plan. En fonction de vos besoins, de votre vue et des conditions d'éclairage, vous adaptez l'affichage pour que le confort soit total.

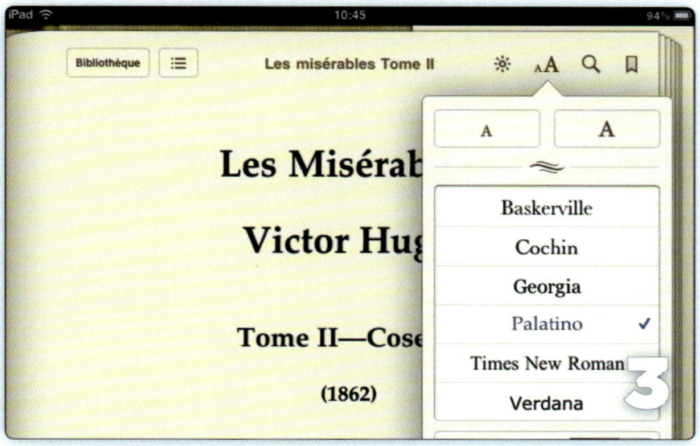

4 SURLIGNER ET ANNOTER En posant votre doigt sur une zone de texte pendant 3 secondes, une loupe apparaît. Elle vous permet de placer précisément un point d'insertion. Vous verrez alors apparaître les deux poignées bleues de sélection. Vous pouvez aussi taper deux fois rapidement sur un mot pour faire apparaître la barre d'outils permettant de copier un passage, de le surligner ou encore d'insérer une note. Touchez l'item Note. Vous affichez un post-it virtuel sur lequel vous tapez un commentaire. La note apparaît ensuite à la marge. Vous pouvez également utiliser un dictionnaire pour obtenir la définition d'un mot.

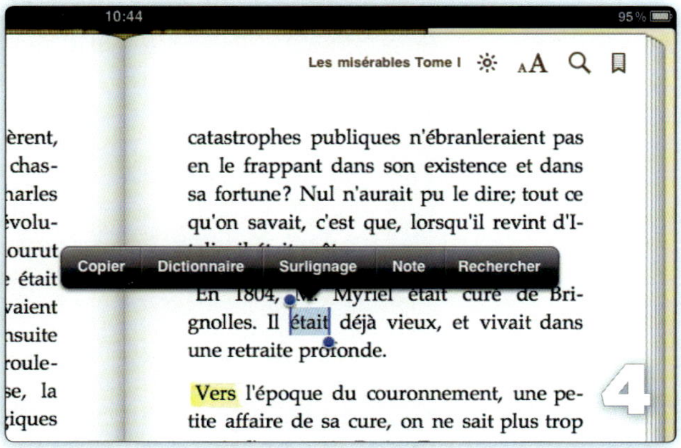

7

La lecture en liberté sur l'iPad

LA FNAC ET FNACBOOK DONNENT UN ACCÈS DIRECT À DES MILLIERS D'OUVRAGES AFIN DE COMPLÉTER VOTRE BIBLIOTHÈQUE ÉLECTRONIQUE.

Un choix littéraire plus vaste avec FnacBook

Fnacbook vous permet d'accéder à une bibliothèque francophone, bien plus vaste que celle d'iBooks (voir p. 84). La réputation de la Fnac n'est plus à faire en la matière. Et la chaîne de magasins semble s'être vraiment lancée dans le livre numérique puisqu'elle propose également une liseuse à encre électronique.

CRÉER UN COMPTE L'inconvénient de FnacBook, c'est qu'il vous faut créer deux comptes. Si vous avez déjà acheté des produits ou des places de concert en ligne sur le site de la Fnac, vous possédez déjà le premier des deux comptes. Le second doit être ouvert auprès d'Adobe, car les ouvrages sont protégés contre la copie à l'aide de la méthode développée par Adobe. On parle alors de DRM (pour *Digital Rights Management*, soit Gestion des droits numériques). Heureusement, vous pouvez créer ces deux comptes, une fois pour toutes, au sein même de l'application. Au lancement, touchez le bouton Connexion. Si vous possédez déjà un compte Fnac, saisissez vos identifiants. Sinon tapez sur le bouton « Nouveau client ». Un formulaire vous invite à saisir les informations vous concernant. À la fin de la procédure, cliquez sur Valider. Le compte est opérationnel et vous pouvez commencer à découvrir le Fnac Store. Lorsque vous faites votre premier achat et souhaitez lire le livre, votre identifiant Adobe ID vous est demandé. Touchez « Créer un compte » et remplissez le second formulaire.

DÉCOUVRIR LE FNAC STORE FnacBook propose une barre de navigation au sein de la boutique virtuelle. Touchez le bouton Fnac Store en bas de l'écran. Touchez le bouton Livre en haut à gauche pour dérouler la liste des « rayonnages ». Touchez par exemple Littérature et fiction. Vous accédez alors à différente sous-rubriques (Coups de cœur, Nouveautés, Meilleures ventes, etc.) qui sont autant de filtres pour trouver l'ouvrage convoité. Vous pouvez également utiliser le moteur de recherche, via la zone de saisie en haut à droite.

La page d'accueil de Fnacbook montre vos derniers achats et la sélection du moment. Tapez sur une couverture pour une présentation plus complète.

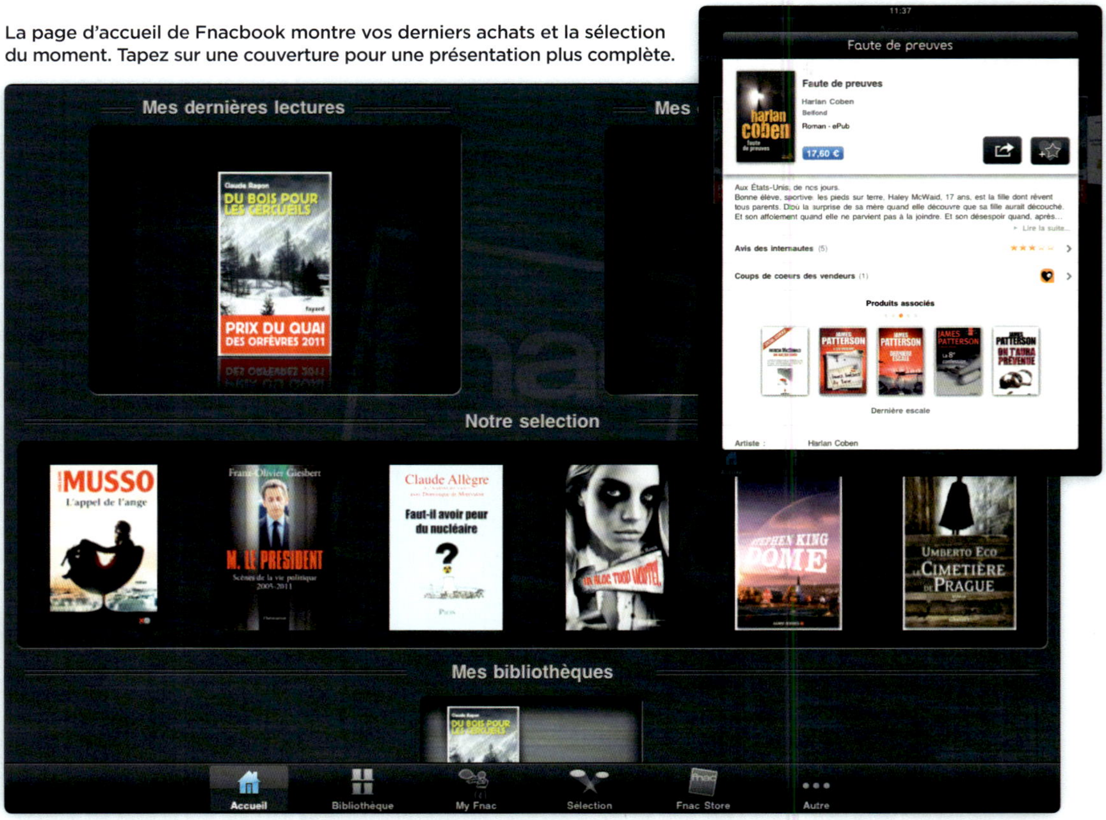

Et aussi sur l'AppStore

✔ **Quick Reader**
Des milliers de livres à lire gratuitement et une technologie de lecture rapide intégrée, ainsi que de nombreuses options de personnalisation (3,99 € - Français).

✔ **Eden Reader**
Conçue par Flammarion, Gallimard et le Groupe La Martinière, Eden Reader est un lecteur de livre électronique compatible avec de nombreuses plateformes de diffusion (5 000 titres chez près de 40 revendeurs). (Gratuit - Français).

✔ **Bookidu**
Une appli formidable pour faire découvrir la lecture aux plus jeunes et partager des moments de complicité. (Gratuit - Français).

COMMENT… SE PLONGER DANS LA LECTURE AVEC FNACBOOK

1 **TROUVER UN PREMIER LIVRE** Une fois que vous avez installé l'application FnacBook et créé votre compte (voir p. précédente), tapez sur le bouton Fnac Store en bas à droite. Tapez ensuite dans la zone de recherche en haut à droite et entrez le titre d'un livre ou le nom d'un auteur, par exemple Edgar Poe. Une liste de choix s'affiche en dessous et s'adapte au fur et à mesure que vous tapez. Une pression sur la touche Rechercher du clavier virtuel affiche tous les résultats. Sélectionnez le titre de votre choix.

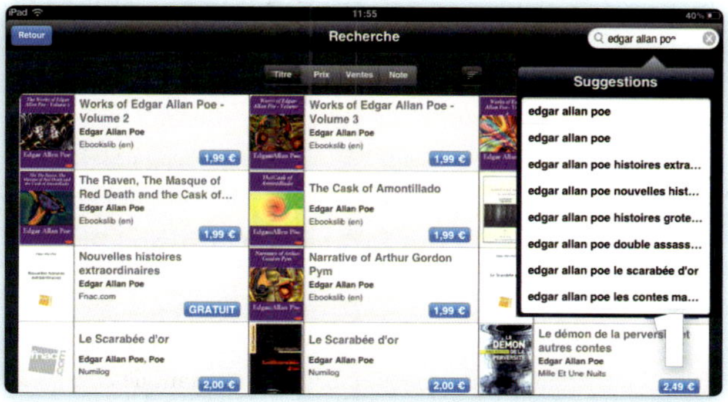

2 **ACHETER ET TÉLÉCHARGER** La fiche signalétique s'affiche. S'il est gratuit, touchez simplement le bouton Gratuit pour le télécharger. Sinon, le prix du livre deviendra le bouton à toucher. Dans les deux cas, une fenêtre de confirmation de commande s'affiche avec, dans le cas d'un livre payant, le numéro de carte bancaire que vous utilisez peut-être déjà sur le site de la Fnac. Sinon, un bouton « Nouvelle carte » vous permettra de payer votre livre. Validez, le livre est prêt en quelques secondes.

3 **LIRE SON NOUVEAU LIVRE** Rendez-vous dans votre bibliothèque via le bouton en bas de l'écran, et tapez sur la couverture de votre livre. Tapez sur le bouton Lire dans la fiche de description. Le livre s'affiche en plein écran. Si vous tenez l'iPad à l'horizontale, deux pages s'affichent. À la verticale, une seule page vous est proposée. Pour tourner la page, une pression du doigt sur un coin de feuille suffit. Vous pouvez également tourner la page lentement du bout du doigt, à la manière de ce que propose iBooks (voir p. 84) ou d'un livre papier. Si vous touchez le milieu de l'écran, vous commandez l'affichage de la barre d'outils. Lorsque l'iPad est à la verticale, vous pouvez également zoomer sur le texte à deux doigts.

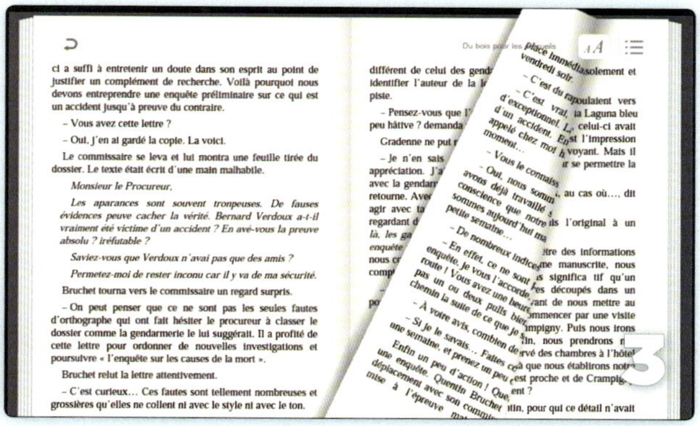

4 **AJUSTER L'AFFICHAGE** Une pression du doigt sur l'écran affiche la barre d'outils. Touchez l'icône « aA ». Dans le volet qui s'affiche, vous pouvez ajuster la taille du texte, mais aussi la luminosité de l'écran. Dans les deux cas, un aperçu s'affiche instantanément. Pour valider la modification et fermer le volet, touchez l'écran sur une zone du texte. Le changement s'applique.

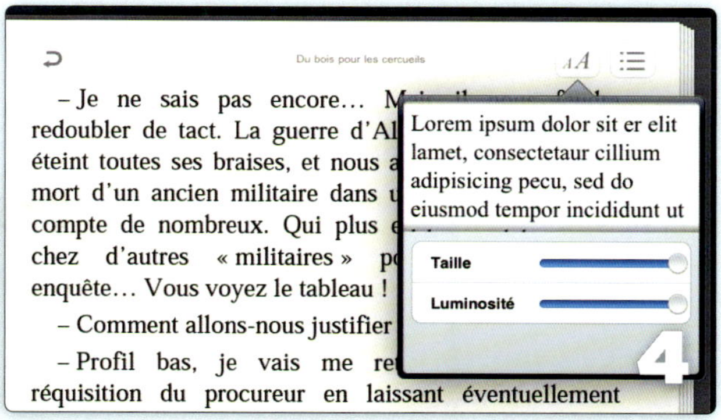

5 **NAVIGUER AU SEIN DE L'OUVRAGE** Au bas de l'écran, un curseur vous permet de faire défiler rapidement les pages. Vous pouvez aussi taper sur le bouton de navigation dans le coin supérieur droit. Grâce à lui, vous accédez à une table des matières allégée : sélectionnez-y le chapitre souhaité.

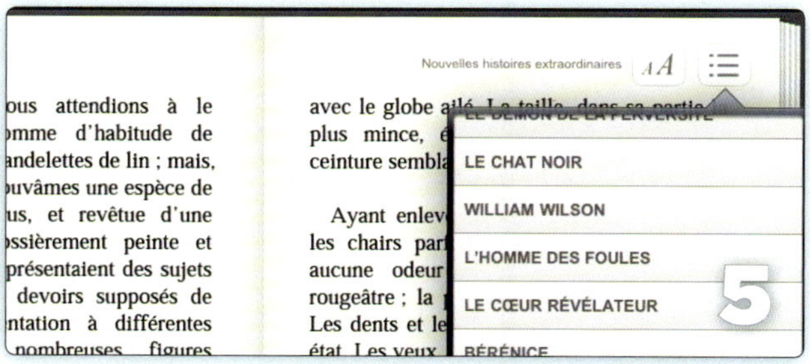

7

La lecture en liberté sur l'iPad

POURQUOI NE PAS LIRE DES BANDES DESSINÉES SUR IPAD ? AVEC IZNEO VOUS POUVEZ MÊME CHOISIR DE LES LOUER OU DE LES ACHETER.

Acheter ou louer des BD avec Izneo

Jamais les ventes d'albums de bande dessinées n'ont été aussi importantes en France. Rien d'étonnant dès lors à ce que l'iPad permette aux passionnés d'assouvir leur passion pour les petites bulles ! Avec l'application Izneo pour iPad, vous pouvez choisir parmi plus de 2 000 albums et consommer à la carte soit en profitant des contenus gratuits (limités), soit en louant un album pour dix jours, soit encore en les achetant.

FEUILLETER LE CATALOGUE Une fois l'application installée et le compte utilisateur dûment créé (voir p. suivante), touchez l'icône Catalogue au bas de l'écran. Plusieurs points d'entrée sont envisageables. Vous pouvez utiliser la liste alphabétique, la liste thématique où les albums sont classés par genre (Aventure, Humour, Livres enfants, etc.), ou bien taper des mots-clés dans le moteur de recherche. Notez au passage une rubrique « English Version » pour ceux qui apprécient de lire en anglais.

PROFITER DE L'EXTRAIT Avant de décider d'ouvrir votre porte-monnaie pour une BD ou une autre, Izneo vous propose de consulter des extraits. Ces derniers peuvent être téléchargés depuis la fiche de l'album que vous consultez. Touchez le bouton « Lire l'extrait ». Une fois celui-ci rapatrié sur l'iPad, vous pouvez le lire autant de fois que vous le désirez. L'affichage est complètement opérationnel, vous pouvez parcourir les quelque pages offertes, et zoomer comme bon vous semble.

CONSOMMER INTELLIGEMMENT Achat ? Location ? Album à l'unité ou série complète ? Avant d'ajouter des albums à votre panier et de valider les transactions bancaires, prenez le temps de peser le pour et le contre. L'information est transparente et vous pouvez consulter les fiches tarifaires de location et d'achat. La série Adèle Blanc-sec par exemple est louée pour dix jours à 33,91 €, mais l'achat des 9 albums ne vaut que 44,91 €. De la même façon, la location d'un seul album de la série vaut 3,99 € pour dix jours... À vos calculettes pour définir le meilleur rapport qualité/prix en fonction de votre engouement pour la BD !

Avec Izneo, accédez à près de 2 000 albums de bandes dessinées, disponibles à l'achat ou en location pour dix jours.

Et aussi sur l'AppStore

✔ **Ave!Comics**
Comme Izneo, Ave ! Comics est à la fois un lecteur de BD et une boutique qui rassemble un très vaste catalogue de BD (0,79 € - Français).

✔ **BDessinee**
Une application astucieuse pour les collectionneurs qui veulent retrouver aisément leur album. À la confluence de la collection réelle et virtuelle, c'est une réussite. (0,79 € - Français).

✔ **bdBuzz**
Une autre façon d'accéder à la BDthèque d'Izneo, mais aussi à des albums « papier ». Centralisez la gestion de toutes vos BD. (Gratuit - Français).

COMMENT... CONSOMMER DES BANDES DESSINÉES SUR IZNEO

1 INSTALLER IZNEO Lancez l'App Store et recherchez Izneo. Les premiers résultats peuvent être des bandes dessinées gratuites. Prenez soin de bien télécharger l'application générique, celle qui porte la mention «Livre numérique». Touchez le bouton «Gratuit», puis validez avec «Installer l'App». Deux alertes successives apparaissent à l'écran. La première vous demande de confirmer que vous avez bien au moins 17 ans (certaines BD sont destinées à un public averti). La seconde vous demande l'autorisation de vous envoyer des notifications Push. Vous pouvez accepter si vous désirez être informé des nouveautés ou d'actus concernant Izneo.

2 CONSULTER LES FICHES Vous êtes prêt à dévorer le catalogue. Tapez sur l'icône Catalogue, en bas de l'écran. Lorsque vous dénichez l'album convoité, touchez la couverture pour afficher la fiche détaillée du titre. Vous obtenez notamment des informations sur l'auteur, le résumé de l'album, des informations sur les modes de commercialisation (location, achat, à l'unité ou pour une série complète). Vous avez également la possibilité de lire un extrait. Dans la partie inférieure de l'écran, Izneo vous propose également une sélection d'albums correspondant, en termes de genre, à l'album que vous consultez. Un bon moyen de découvrir de nouveaux titres.

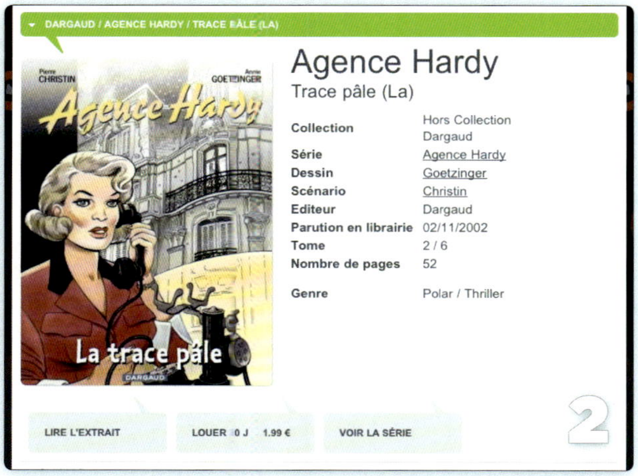

3 AJOUTER DES ALBUMS AU PANIER Une fois que vous avez décidé de louer ou d'acheter des albums, touchez le bouton approprié. L'album est alors ajouté au panier. Pour le moment, il n'est pas question de payer. Ajouter autant d'albums en achat ou en location dans le panier que vous le souhaitez. Une boîte de dialogue confirme l'ajout au panier.

4 VALIDER LA TRANSACTION Touchez le bouton Panier affiché en permanence en haut de l'écran. Entre parenthèses figure le nombre d'albums que vous y avez ajoutés. Vous pouvez renoncer à certains albums, grâce à l'icône de suppression (croix rouge). Validez l'achat en touchant le bouton Continuer vers le paiement. Vous basculez alors sur un site internet sécurisé, sur lequel vous pouvez régler par Paypal, par carte bancaire ou encore par des crédits liés à votre compte Izneo.

5 LIRE UN ALBUM Tapez sur le bouton Bibliothèque en bas. Tapez sur la couverture d'un des albums que vous venez de télécharger. La couverture s'affiche en plein écran. Tapez sur le bord droit de l'écran pour commencer à lire. Faites de même pour passer d'une page à l'autre. Vous pouvez passer l'iPad en mode paysage pour agrandir les images. Vous pouvez même zoomer à deux doigts. Notez le bouton «Fin lecture» en haut à

LIRE UN QUOTIDIEN, C'EST UN PLAISIR. AVEC L'IPAD, L'EXPÉRIENCE PREND UNE NOUVELLE DIMENSION MULTIMÉDIA... SANS VOUS SALIR LES DOIGTS !

Les nouvelles au quotidien avec le Monde.fr

La presse quotidienne française négocie peu à peu le virage électronique. La preuve en est les nombreuses applications qui sont les pendants naturels des éditions papiers des grands titres nationaux. Le Monde .fr reste cependant l'une des applications les plus convaincantes, grâce notamment à ses nombreux enrichissements multimédias, photos, audios et vidéos.

PLUS QU'UN JOURNAL Le Monde est un monument de l'information française. Le journal a compris le bénéfice qu'il pouvait tirer des nouvelles technologies. Aussi, au-delà des articles, l'application vous donne accès à des enrichissements qui transcendent la seule lecture d'une version électronique d'un quotidien. Au sommet de la page d'accueil se trouvent quatre boutons : RadioZapping et Télézapping vous proposent de retrouver les temps forts des émissions de radio et de télé. En touchant ces boutons, vous affichez des listes déroulantes dans lesquelles vous pouvez sélectionner le sujet de votre choix. Le bouton Images vous invite à découvrir des images choc qui font la une de l'actualité. Enfin le dernier bouton pointe vers les contenus du sujet phare de l'actualité à un moment donné, du plus dramatique au plus léger.

NAVIGUEZ DANS L'ACTU La consommation de l'actualité s'effectue à la carte. Un quotidien classique vous oblige à tourner les pages, à les plier. Avec LeMonde.fr, vous n'avez qu'à toucher du doigt les rubriques : International, Politique, Société, Economie, Sport ou Média, faites votre choix !

DIFFÉRENTS ÉCLAIRAGES Lorsque vous consultez un article, vous pouvez dépasser le seul point de vue du rédacteur. L'application vous permet d'accéder aux articles diffusés sur le site Web du journal (www.lemonde.fr) sur lequel la communauté des lecteurs du Monde réagit en rédigeant des commentaires. Dans la barre de titre de chaque article (au sommet de l'écran), se trouve une icône représentant une bulle de bande dessinée. Touchez cette icône du doigt, l'iPad affiche alors les derniers commentaires publiés par les lecteurs de l'article. Peut-être y ajouterez-vous votre grain de sel.

Se tenir informé de l'actualité avec un iPad, c'est presque trop facile. Ne manquez plus rien de l'information avec l'application leMonde.fr.

Et aussi sur l'AppStore

✔ **Le Parisien V4**
Une excellente source d'infos, accompagnée de vidéos sur les grands thèmes d'actualité. (0,79 € - Français).

✔ **Le Figaro**
Vous ne pouvez consulter que quelques brèves gratuitement. L'édition complète du jour vaut 0,79 €, l'abonnement est à 12 € par mois (Gratuit - Français).

✔ **L'Équipe**
Amis sportifs, la référence française est disponible sur iPad. Vous pouvez télécharger les 7 derniers numéros (0,79 € - Français).

✔ **Libé pour iPad**
Feuilletez une représentation graphique du quotidien et tapez sur les articles que vous voulez lire. Six numéros d'essai, puis 0,79 € le numéro (Gratuit - Français)

COMMENT... DÉVORER L'INFO TOUS LES JOURS AVEC LEMONDE.FR

1 ACCÉDER À L'INFORMATION Les points d'entrée pour accéder à l'information sur LeMonde.fr ne manquent pas. Il y a les grandes rubriques qui figurent au sommet de la page d'accueil. Pour chacune de ces thématiques, l'application affiche sur la page d'accueil le sujet phare. Il suffit de toucher un titre du doigt pour qu'il s'affiche en détail au centre de l'écran. En touchant la photo d'illustration, vous accédez, quand il est disponible, à un diaporama illustrant l'article. Si ces principaux titres ne suffisent pas à vous rassasier, deux boutons (Les+ envoyés, Les + commentés) figurent dans la partie droite de l'écran. Touchez les plus commentés pour consulter la liste des articles qui ont le plus fait réagir les lecteurs. Lorsque vous consultez un article, l'application vous suggère d'autres contenus associés. Vous pouvez ainsi retracer l'historique d'un fait divers en parcourant des articles ou des enquêtes plus anciennes, ou encore accéder à des articles de la même rubrique.

2 DÉPÊCHES EN TEMPS RÉEL Au bas de la page d'accueil, vous trouverez des dépêches qui défilent à intervalles réguliers. Fonctionnant à la manière de flux RSS, il suffit de les toucher du doigt pour accéder au contenu qui y est rattaché.

3 CONTENUS EXTERNES À la lecture d'un article, vous pourrez voir apparaître des zones de texte en bleu et soulignées. Il s'agit de liens hypertexte vers des contenus externes. En les touchant du doigt, vous pouvez y accéder. Il peut s'agir d'un article publié par un autre grand nom de la presse ou d'une définition dans une encyclopédie en ligne. Bien qu'il s'agisse de contenus externes, vous vous trouvez toujours dans l'application Le Monde.fr. Lorsque vous avez fini de consulter cette autre source, toucher le bouton Fermeture (dans le coin supérieur droit de l'écran) pour revenir à l'article initial.

4 PARTAGER UNE INFO Tous les contenus consultables peuvent être partagés avec votre communauté d'amis par exemple. Dans la barre de titre qui figure au sommet de chaque page, vous pouvez trouver un bouton rectangulaire surmonté d'une flèche. Touchez-le. Un volet intitulé Partager s'affiche et vous propose soit d'envoyer l'article par e-mail, soit de publier sur votre espace Twitter ou encore sur votre page Facebook. Touchez la commande de votre choix.

DÉMULTIPLIEZ LE PLAISIR DE LIRE UN MAGAZINE GRÂCE AUX CAPACITÉS MULTIMÉDIAS DE L'IPAD. EXEMPLE AVEC LE TRÈS RÉUSSI PARIS MATCH.

Tout le plaisir d'un magazine et même plus avec Paris Match

S'il est un exemple où l'iPad excelle comme support de lecture, ce sont bien les magazines. Et l'application du magazine Paris Match en est l'illustration brillante. Elle allie en effet une mise en page soignée à l'invention permise par le multimédia en assurant une place de choix à la photo et à la vidéo tout en offrant une place de choix au texte. Et le tout pour 1,59 €, alors que la version « papier » est vendue 2,40 € en kiosque.

FEUILLETAGE MANUEL Sur la page de couverture, chaque sujet est proposé avec un visuel, un titre et un résumé. En faisant défiler de haut en bas, vous pouvez parcourir ainsi l'ensemble du sommaire. Le volet de droite vous propose de découvrir une semaine d'actualité en images. Peu de texte, juste des images légendées pour avoir un aperçu global de la semaine culturelle par exemple. Au bas de l'écran, au centre, une bulle grisée vous attend. Touchez-la pour afficher la vignette de chacune des pages qui composent l'édition. Faites les défiler de gauche à droite. Touchez l'une des vignettes pour accéder directement à la page.

L'ULTRA-CONFORT Lorsque vous entamez la lecture d'un article, ne vous contentez pas des colonnes de texte. Pour tirer le meilleur parti de la tablette, l'édition iPad propose de petits bonus. Touchez l'icône « + » parfois présente pour accéder à du contenu additionnel (un autre article en relation par exemple). Si vous voyez une icône en forme de cliché « polaroïd » surmontée d'un chiffre, tapez dessus pour afficher des photographies complémentaires en plein écran. Le chiffre vous indique le nombre de visuels.

L'INFO EN VIDÉO C'est l'un des petits plus de Paris Match version iPad. Pour certains articles, des contenus vidéos vous sont proposés. Si vous lisez avec l'iPad à la verticale, passez à l'horizontale, puis touchez le bouton « Extrait vidéo » dans le coin inférieur gauche.

Et aussi sur l'AppStore

- **Le Point** L'hebdomadaire d'actualités propose également une application dédiée à l'iPad. 2,39 € par numéro (Gratuit - Français).
- **Project** Le premier magazine uniquement publié sur l'iPad, très à l'avant-garde de l'utilisation des éléments multimédias. 2,39 € par numéro (Gratuit - Anglais).

DIFFICULTÉ

COMMENT... ACHETER ET LIRE PARIS MATCH SUR VOTRE IPAD

1 CHOISIR UN NUMÉRO DE PARIS MATCH Après avoir installé l'application Paris Match depuis l'App Store, vous devez télécharger des numéros de la publication. Chaque numéro est facturé 1,59 € qui sont débités directement sur votre compte iTunes Store. Outre quelques numéros d'essai gratuits, il est possible de télécharger les quarante derniers numéros du magazine. Pour cela, touchez le bouton Editions et faites défiler les numéros disponibles à l'achat. Lorsque vous avez trouvé l'édition qui vous intéresse, touchez le bouton Télécharger et entrez votre mot de passe. Validez et le téléchargement commence. Au bout de quelques secondes, vous pouvez commencer à feuilleter votre magazine, pendant que les pages se téléchargent une à une.

2 ACCÉDER À LA BIBLIOTHÈQUE Les titres que vous avez téléchargés sont automatiquement archivés dans votre bibliothèque, accessible via le bouton du même nom. Les numéros sont classés par date de parution. Pour ouvrir un numéro de Paris Match, touchez le bouton Lire.

3 LIRE UN ARTICLE Vous pouvez maintenant passer d'une page à l'autre en faisant simplement glisser votre doigt latéralement sur l'écran, de manière très naturelle donc. Premier avantage du numérique par rapport au papier, le texte n'a pas besoin de « manger » l'image. Ainsi, pour certains articles, vous remarquerez une petite flèche vous invitant à faire défiler quelque chose vers le haut. Ce quelque chose, c'est tout simplement un cadre de texte qui viendra se placer sur l'image. Vous avez fini de lire ? Poussez de nouveau le cadre vers le bas pour revenir à l'image.

4 PROFITER DES PHOTOS ET DES VIDÉOS Lorsque vous voyez une icône en forme de photo arborant un chiffre, cliquez dessus pour visualiser des photos plein écran en complément de l'article. Pour les extraits vidéo, une note vous invite à basculer l'iPad en mode paysage afin de pouvoir ensuite taper sur le bouton Lecture. Vous pourrez ainsi passer la séquence en plein écran. Notez que les vidéos sont les seuls éléments que vous ne pourrez pas visualiser sans être connecté à Internet. Pour le reste, vous pouvez emporter Paris Match pour le lire dans le train, comme avec la version papier.

TOUS LES MAGAZINES NE DISPOSENT PAS D'UNE APPLICATION.
MAIS ILS SONT TOUT DE MÊME LISIBLES SUR L'IPAD GRÂCE À ZINIO.

Feuilleter tous les autres magazines grâce à Zinio

Comme pour les applications elles-mêmes (voir p. 60), rien ne vaut un magazine totalement pensé pour être lu sur une tablette – comme Paris Match (voir p. 92) –, plutôt qu'une simple transposition de la version papier copiée sur un écran. Seulement, il faut bien admettre que le développement d'une application dédiée coûte cher et prend du temps. Les magazines sont donc encore peu nombreux à offrir une version iPad dédiée.

KIOSQUE NUMÉRIQUE C'est la raison pour laquelle une application comme Zinio prend tout son sens. Le service existait bien avant l'iPad et s'y est adapté avec bonheur. Imaginez que, plutôt que d'aller chez votre marchand de journaux, vous vous installez sur votre canapé, l'iPad dans les mains. Entrez dans Zinio et ce sont des centaines de magazines parmi lesquels vous pouvez choisir. En quelques tapes du bout du doigt, la magazine arrive sur votre iPad et vous pouvez commencer à lire. Confortable, non ?

MISE EN PAGE PAPIER Contrairement aux applications dédiées, les magazines distribués via Zinio sont les répliques des versions « papier ». L'écran de l'iPad affiche une ou deux pages du magazine, selon que vous le tenez à la verticale ou à l'horizontale. Vous obtenez ainsi une vue générale, mais cela signifie aussi qu'en général, la lecture n'est pas très aisée : malgré la grande taille de l'écran de l'iPad, il reste plus petit que le format papier. Zinio propose plusieurs manières de pallier au problème : en jouant du zoom ou en affichant uniquement le texte de l'article (voir plus loin).

PAS INTÉGRÉ À ITUNES Pour l'instant, Zinio ne propose pas de paiement « in App » qui vous permettrait de régler vos achats via votre compte iTunes. Lorsque vous achetez un magazine, vous êtes renvoyé vers un site Web vous permettant de payer avec votre carte bancaire ou avec un compte Paypal. La démarche reste toutefois très simple.

Certains magazines distribués par Zinio vous permettent de voir le « chemin de fer », c'est-à-dire l'ensemble des pages en vue miniature : il vous suffit de taper sur celle qui vous intéresse pour vous y rendre instantanément.

Et aussi sur l'AppStore

✔ **Relay**
La grande chaîne de kiosques propose également une version numérique, à l'utilisation proche de celle de Zinio (Gratuit - Français).

✔ **Le Kiosque**
Clairement, cette application se propose de remplacer votre marchand de journaux. Toutefois, l'approche visuelle présentant un kiosque en 3D est plutôt désagréable (Gratuit - Français).

COMMENT… ACHETER ET LIRE UN MAGAZINE GRÂCE À ZINIO

1 ESSAYER UN ARTICLE Rendez-vous sur l'App Store pour y télécharger Zinio. Lancez ensuite l'application. Vous êtes accueilli par la page Exclusivités qui permet de s'essayer à Zinio gratuitement en obtenant quelques articles tirés de plusieurs magazines récemment publiés. Faites-les défiler d'une pichenette latérale et tapez du doigt sur celui qui vous intéresse. Vous voilà dans le magazine.

2 LIRE L'ARTICLE Zinio affiche d'abord la couverture. D'une pichenette, affichez la première page, ou la première double-page de l'article, selon que vous tenez l'iPad en mode portrait ou paysage. Pour pouvoir lire l'article, double-tapez sur l'endroit de la page concerné pour zoomer. Il ne vous reste plus qu'à faire glisser la page avec le doigt pour suivre le texte. Notez qu'en tapant une fois sur l'écran, vous faites apparaître une vue miniature des pages du magazine. Tapez sur celle qui vous intéresse pour vous y rendre directement.

DE NOTRE ENVOYÉ SPÉCIAL JEAN-MICHEL DEMETZ

Bien sûr, il y a la crise et une économie au ralenti. Bien sûr, le risque d'attentats terroristes est accru avec l'intervention militaire en Libye, qui inquiète les services de renseignements. Et puis, le mariage princier, le 29 avril, fait le miel des échotiers... En ce jour de printemps, pourtant, c'est une autre question qui préoccupe mon interlocuteur londonien : y aura-t-il encore des jonquilles à Pâques ? Car un mois de février clément a avancé leur floraison. Et Pâques, sans cette poussée d'or qui illu-

CAPITAL Ici, le rapport à l'argent est différent : la richesse suscite davantage de respect que de jalousie.

classique de ce que la Grande-Bretagne fait de mieux », a commenté Jamie Lowther-Pinkerton, le secrétaire particulier du prince, en annonçant, en novembre dernier, la date des noces. Le mariage de Diana Spencer avec le prince de Galles, en 1981, avait rassemblé 800 millions de téléspectateurs ; ses funérailles, en septembre 1997, 2,5 milliards de terriens : 1 sur 2. La cérémonie de Westminster pourrait battre ce record.

La séduction universelle qu'exerce ce couple jeune, beau, à la décontraction insouciante (*voir page 72 le portrait de Kate Middleton*) renvoie à la fascination qui entoure Londres, la ville-monde. « Londres est la salle de machines du capitalisme mondial », résume

le romancier Jonathan Coe (*voir page 14*). Au-delà des frontières du Commonwealth, cette cité dépourvue de grâce apparente captive, il est vrai, l'imagination des ambitieux de la planète. Venus des mondes émergents, les nouveaux Rastignac – qu'ils se prénomment Igor, Joao, Raj ou Mehmet – partent à l'assaut de la City sans complexes. Car Londres est la cité de tous les possibles. Si Paris préfère l'égalité à la liberté, sa rivale d'outre-Manche inverse la hiérarchie. Ce qui séduit nombre de jeunes Français (*voir page 68*).

Insolemment sûre de son destin

Les cassandres avaient prédit la débâcle sous les coups de la crise

3 CRÉER UN COMPTE Tapez sur l'icône Magasin, en bas de l'écran. Zinio vous propose alors de vous connecter à votre compte ou d'en créer un. Choisissez l'option qui vous concerne et remplissez le formulaire ad hoc. Sachez que ce compte vous permettra ensuite d'accéder à vos magazines également depuis un iPhone ou via le navigateur Internet de votre ordinateur.

4 ACHETER UN MAGAZINE Faites défiler les catégories dans la colonne de gauche et sélectionnez celle qui vous intéresse. Une sélection de magazines s'affiche à droite. Remarquez que Zinio propose aussi quelques magazines en anglais. Tapez sur la couverture du magazine. L'écran suivant vous propose d'acheter le numéro ou de vous abonner. Choisissez le mode de paiement et achetez le magazine.

5 LIRE SON MAGAZINE Cliquez sur le bouton du milieu, en bas de l'écran, puis sur le magazine que vous voulez lire. Lorsque vous avez terminé un magazine, vous pouvez le retirer de l'iPad, en tapant sur le bouton Modifier en haut à gauche. Tapez ensuite sur la croix blanche, en haut à droite de la couverture concernée. Vous pourrez le retélécharger à loisir. Les magazines sont classés par années. Tapez sur l'année voulue pour accéder à tous les magazines de la période.

8

Les loisirs multimédia sur l'iPad

À DÉCOUVRIR DANS CES PAGES

Les loisirs multimédia sur l'iPad

Musique, vidéo, jeux, l'iPad sait tout faire pour vous distraire ou vous aider à créer. De la prise de photos au montage vidéo, de l'écoute à la création musicale, en passant même par des milliers de jeux souvent très addictifs et uniques en leur genre, votre iPad vous accompagne dans tous les moments de votre vie multimédia. Vous ne le lâcherez plus !

8

Les loisirs multimédia sur l'iPad

EN LIAISON ÉTROITE AVEC ITUNES, LA TABLETTE FAIT AUSSI OFFICE DE BALADEUR INTELLIGENT GRÂCE À SON APPLICATION IPOD.

Écouter sa musique sur son iPad comme sur l'iPod

Accueil musical

La fonction « iPod » peut être utilisée en partie sans même déverrouiller l'iPad. Sitôt la tablette réveillée, appuyez deux fois sur son bouton d'accueil. L'écran affiche alors le dernier morceau qui a été écouté. Appuyez en haut sur le bouton lecture pour reprendre l'écoute là où elle avait été mise en pause, ou tapez sur les boutons à gauche ou à droite pour jouer respectivement le morceau précédent ou suivant dans la liste de lecture où l'album sélectionné. En tapant en bas sur l'icône « fleur » vous pouvez en même temps activer la fonction diaporama qui fera défiler vos photos de façon alétoire.

L'iPod n'est pas seulement un célèbre baladeur conçu par Apple et vendu à plusieurs centaines de millions d'exemplaires depuis un peu plus de 10 ans. C'est aussi une application sur l'iPhone et maintenant sur l'iPad pour profiter des mêmes fonctions. Transférez de la musique depuis le logiciel iTunes de votre ordinateur ou bien achetez-la directement depuis le magasin iTunes pour l'emmener avec vous. Créez des listes de lecture pour écouter vos morceaux dans un ordre précis ou de façon complètement aléatoire, sur le petit haut-parleur de la tablette, avec des écouteurs ou sur des enceintes amplifiées (voir chapitre 11).

SYNCHRONISER LA MUSIQUE Avant toute chose, il faut charger votre iPad en musique. La première méthode consiste pour cela à utiliser le logiciel iTunes de votre ordinateur et à y sélectionner la musique de votre bibliothèque que vous souhaitez copier sur la tablette. Branchez l'iPad à l'ordinateur avec le câble USB, puis lancez le logiciel iTunes. Dans la colonne de gauche, dans la section Appareils, cliquez sur le nom de votre iPad. En haut de la fenêtre principale d'iTunes, cliquez sur le bouton Résumé. Pour simplifier la copie de musique dans votre iPad et vous permettre notamment d'y copier des morceaux depuis n'importe quelle bibliothèque iTunes et pas seulement celle de votre ordinateur, cochez simplement en bas, dans la section Options, « Gérer manuellement la musique et les vidéos ». Puis, cliquez sur le bouton Synchroniser pour valider ces modifications. Vous pouvez à présent sélectionner les morceaux de votre choix dans votre bibliothèque iTunes ou celle d'un autre ordinateur, et puis les glisser vers votre iPad dans la colonne de gauche.

TÉLÉCHARGER DEPUIS L'IPAD Sans passer par l'ordinateur, l'autre méthode pour charger de la musique dans l'iPad, c'est d'en acheter directement depuis son application iTunes, celle à l'icône de couleur violette. Lancez-la depuis l'écran d'accueil de la tablette. Puis sélectionnez un morceau ou un album dans la boutique, et touchez l'étiquette de son prix. Saisissez le mot de passe lié à l'identifiant de votre compte iTunes pour télécharger votre achat. Ce dernier ira s'ajouter automatiquement à votre discothèque dans l'application iPod.

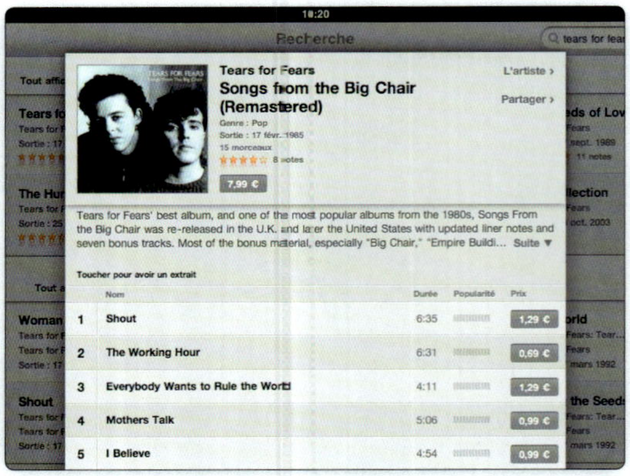

CRÉER UNE LISTE DE LECTURE Dans l'application iPod, tapez sur le signe « + » en bas à gauche de la fenêtre, puis donnez un nom à la nouvelle liste de lecture et tapez sur Enregistrer. Dans la nouvelle fenêtre

qui s'affiche, appuyez sur le « + » bleu à droite sur la ligne de chaque morceau pour les ajouter successivement à la liste. Les morceaux sélectionnés sont grisés au fur et à mesure. À la fin, tapez en haut sur le bouton OK. Pour en ajouter d'autres à la liste sélectionnée, tapez en haut sur Nouveaux morceaux. Pour supprimer des morceaux de la liste, tapez sur le « - » rouge de chaque ligne.

DÉFINIR L'ORDRE DE LECTURE Vous avez la possibilité d'ordonner la liste de lecture si vous souhaitez écouter les morceaux dans un ordre précis. Touchez l'extrémité droite de la ligne du morceau à déplacer, là où apparaissent trois rayures horizontales. Si elles ne sont pas affichées, appuyez en haut sur le bouton Modifier. En maintenant le doigt appuyé sur les lignes horizontales, déplacez la ligne du morceau jusqu'à l'endroit désiré. Quand vous êtes satisfait de l'ordre, touchez OK. Vous pouvez aussi écouter les morceaux au hasard en touchant simplement la première ligne appelée « Aléatoire ».

CONTRÔLER LA LECTURE Le morceau en cours d'écoute est identifiable dans la liste par un petit triangle noir à gauche de son titre. Vous pouvez modifier le volume en haut à gauche de la fenêtre en déplaçant le curseur qui affiche un petit haut parleur. Appuyez sur le bouton Pause pour stopper le morceau, et sur le bouton Lecture pour reprendre l'écoute. Tapez respectivement sur les boutons à gauche ou à droite pour revenir au début du morceau ou passer au morceau suivant. En laissant le doigt appuyé sur l'un ou l'autre, vous reculez ou avancez dans l'écoute du titre. Vous pouvez également avancer ou reculer la lecture d'un titre en appuyant et en déplaçant le curseur de lecture, petite bille grise su la ligne de défilement du morceau à l'écoute.

AFFICHER L'ALBUM Durant la lecture, touchez l'image de la pochette du disque en bas à gauche dans la zone « À l'écoute ». Elle s'affiche alors en grand. Touchez à nouveau l'écran pour afficher les outils de contrôle en haut de l'écran. Vous pouvez jouer le morceau en boucle en touchant les flèches « têtes-bêches » sous le curseur du volume, ou lire les morceaux suivants de façon aléatoire en touchant l'icône de l'autre côté. Tapez en bas à droite sur l'icône de liste pour voir tous les autres morceaux du même album que celui que vous écoutez. Touchez la ligne de celui que vous souhaitez entendre. Touchez la flèche pointant vers la gauche en bas de l'écran pour revenir à la pochette, puis une seconde fois pour revenir à la bibliothèque.

PARTAGE À DOMICILE Une fonction d'iTunes permet à l'iPad d'accéder au contenu de n'importe quelle bibliothèque iTunes d'un ordinateur sur le même réseau local. Pour activer cette fonction, rendez-vous d'abord dans iTunes sur le ou les ordinateur(s) en question. Dans le menu iTunes, choisissez Préférences, puis Partage et cochez « Partager ma bibliothèque sur mon réseau local ». Sur l'iPad, rendez-vous dans les Réglages, puis iPod, et saisissez votre identifiant Apple et son mot de passe pour profiter du partage à domicile. Ensuite, dans l'application iPod, touchez en haut la ligne Bibliothèque. La fenêtre qui s'ouvre affiche la liste des bibliothèques partagées sur le réseau local. Touchez celle qui vous intéresse. Le temps que l'iPad s'y connecte, le contenu a changé et la ligne Bibliothèque s'intitule dorénavant Musique, suivie du nom de l'ordinateur source.

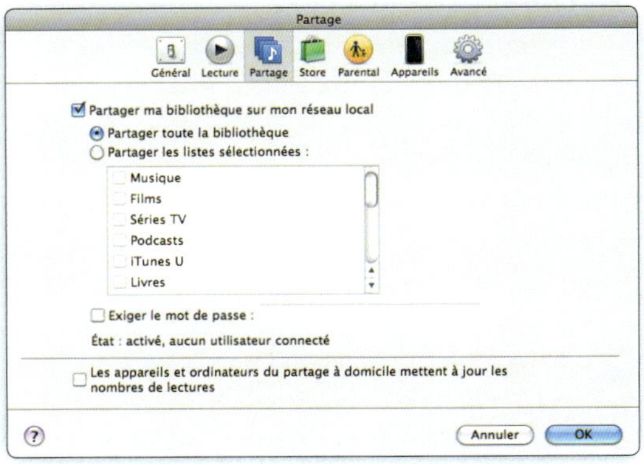

Le génie de la liste

Activée sur l'ordinateur dans iTunes, la fonction Genius permet de créer des listes intelligentes à partir d'un seul morceau. Durant l'écoute d'un morceau sur l'iPad, touchez simplement son icône - sorte d'atomium - sous la pochette de l'album. Une liste est alors créée instantanément à partir des morceaux présents sur la tablette dans un genre proche du morceau que vous écoutiez. Vous pouvez la modifier en touchant le bouton Actualiser, l'enregistrer, ou en créer une nouvelle en sélectionnant un nouveau morceau.

Et aussi sur l'Appstore

✔ **BeatWave**
Des lignes pour des sons différents, des colonnes pour les temps, et des cases à cocher pour créer des séquences. Le b-a-ba de la musique électronique. (Gratuit - Anglais).

✔ **TabToolkit**
Pour jouer et travailler des tablatures à télécharger au format GuitarPro. (7,99 € - Anglais).

✔ **Portastudio**
La reproduction du magnétophone 4 pistes mythique de Tascam. Et ça marche! (2,39 € - Anglais).

✔ **Rebirth for iPad**
Deux synthétiseurs TB-303 en rack et deux boîtes à rythmes TR-808 et 909 sont reproduits et réunis dans cette application qui ressemble à un tableau de bord de 747. Pour les pros. (11,99 € - Anglais).

Devenir compositeur grâce à GarageBand

Application emblématique sur Mac, GarageBand pour iPad ouvre les portes de la musique au public le moins averti. Batterie, piano, guitare ou basse, tout y a été conçu autant pour s'amuser que pour composer sérieusement.

1 NOUVEAU MORCEAU Tapez sur le bouton Mes morceaux. Tapez en bas sur le signe « + » et choisissez Nouveau morceau. À vous de choisir ensuite un instrument parmi ceux proposés, que vous faites défiler en glissant le doigt horizontalement.

2 RYTHME AUTOMATIQUE Pour créer un rythme facilement, choisissez l'instrument Smart Drums. Touchez l'image de la batterie à gauche pour choisir un modèle de batterie. Glissez-déposez ensuite les différents instruments affichés à droite dans les cases du carré central : de gauche à droite pour un rythme du plus simple au plus complexe, et de bas en haut pour des sons de plus en plus forts. Appuyez en haut sur le bouton rouge pour enregistrer deux mesures de cette séquence rythmique.

3 SMART INSTRUMENTS Sur le principe des Smart Drums, vous pouvez créer des pistes de piano ou synthétiseur, guitare et basse. Touchez en haut le bouton Instruments et choisissez Smart Bass par exemple. Choisissez un type de basse en touchant le dessin à gauche, puis tournez la molette Autoplay et appuyez sur une des colonnes symbolisant les notes ou accords en dessous. Tandis que la basse joue toute seule, tournez la molette Autoplay pour choisir un rythme. Appuyez sur le bouton Lecture pour jouer en même temps votre rythme de batterie et entraînez-vous à changer de notes. Déplacez à droite le curseur sur la position Notes pour afficher un manche de basse et jouez vous-même en touchant les cordes sur chaque case, une à une ou avec plusieurs doigts. Vous pouvez aussi tirer sur une corde pour obtenir un « glissando ». Appuyez sur le bouton rouge pour enregistrer à nouveau deux mesures de cet instrument.

4 JOUER LES INSTRUMENTS L'instrument Guitar Amp permet de brancher et d'enregistrer une vraie guitare électrique via un adaptateur (voir p. 154). L'Audio Recorder permet d'utiliser le microphone de l'iPad pour enregistrer une voix par exemple et le

DIFFICULTÉ

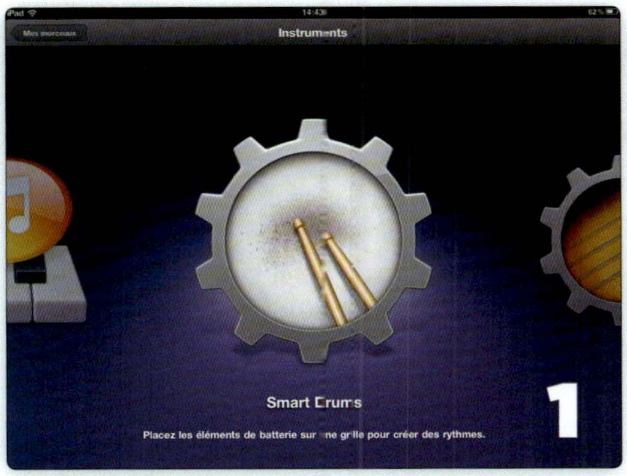

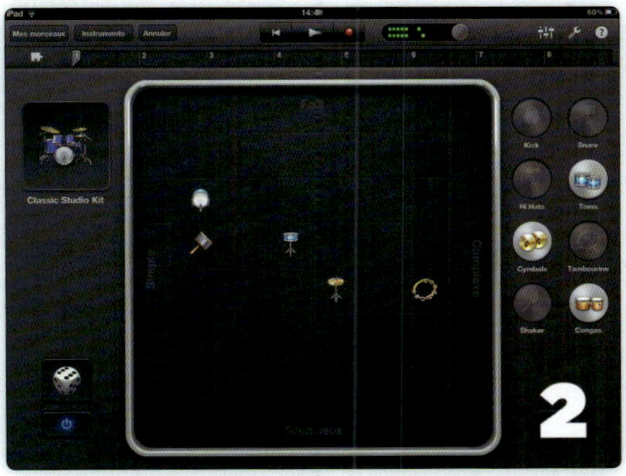

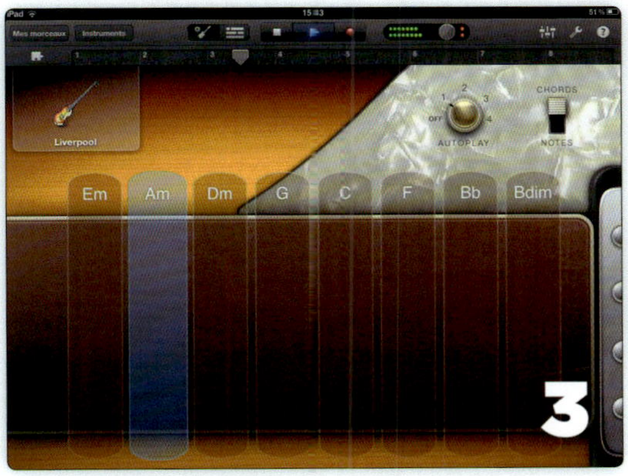

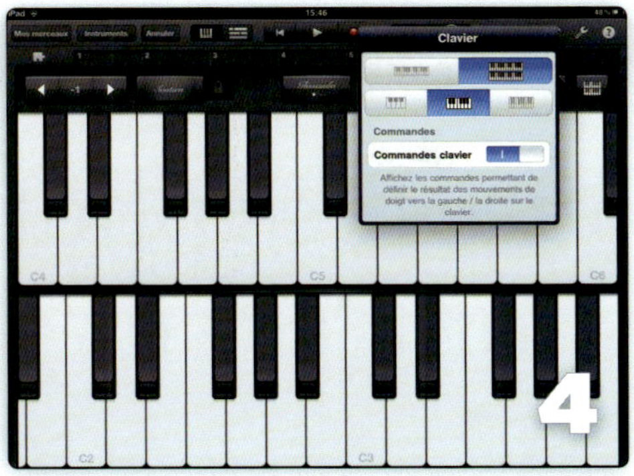

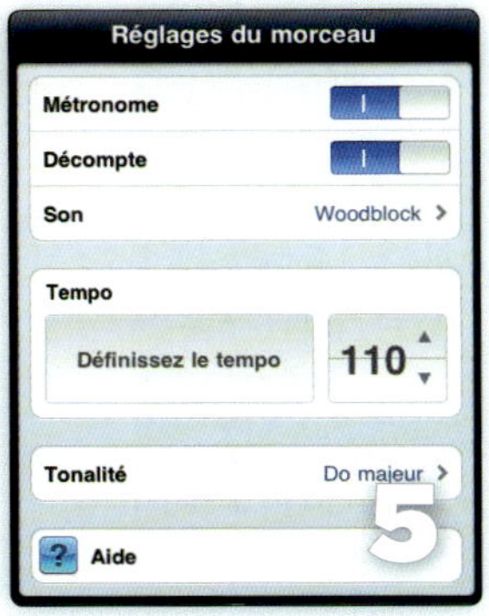

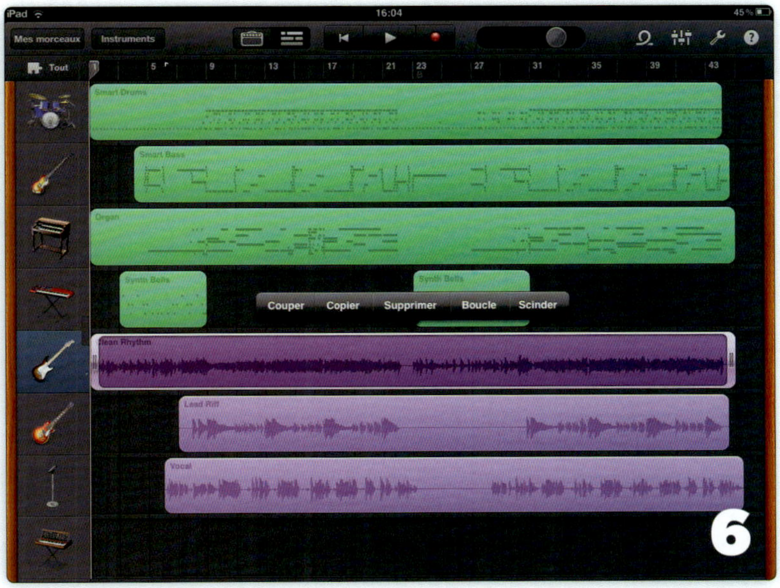

Sampler de créer un échantillon («sample») à partir d'en enregistrement qui sera joué dans différentes tonalités. C'est avec les claviers que GarageBand est le plus fort. Choisissez Keyboard parmi les instruments, puis sélectionnez un type de clavier. Les options sont ensuite nombreuses, de gauche à droite, juste au desssus des touches: modification de l'octave (0 par défaut), pédale d'accentuation (Soutien), Glissando (pour jouer les notes en faisant glisser son doigt sur le clavier) ou Faire défiler (pour déplacer le clavier d'octave en octave). Pour jouer juste, le bouton Gamme limite le clavier à une sélection de notes en harmonie avec la tonalité, celui en forme d'escalier active un arpégiateur pour jouer des notes tout seul. Quant au dernier bouton, il permet d'afficher deux claviers superposés avec plus ou moins de touches, pour jouer des deux mains. Grandiose !

5 RÉGLAGES D'ENSEMBLE Les réglages du morceau sont accessibles depuis la clé à molette: tonalité, tempo – la vitesse –, activation ou non du métronome, décompte de quelques clics de métronome avant le début de chaque enregistrement.

6 MONTER LE MORCEAU Touchez, en haut de l'écran, le bouton à droite représentant des lignes pour visualiser les pistes. Chaque partie enregistrée peut être élaguée, jouée en boucle, dupliquée ou déplacée. Le bouton Puzzle permet de créer des sections pour construire et arranger le morceau. Il est aussi possible d'importer des boucles sonores prêtes à l'emploi, de modifier le volume et le panoramique (réglage stéréo gauche et droite de chaque piste).

7 ENVOYER LE MORCEAU Pour être partagé, chaque morceau peut être envoyé depuis la fenêtre d'accueil dans iTunes sous la forme d'un fichier MP3, ou en pièce jointe dans un e-mail.

AVEC SON ÉCRAN DE 10 POUCES (25 CM), L'IPAD EST UN PARFAIT ALBUM PHOTO À PARTAGER EN FAMILLE OU ENTRE AMIS.

Toutes ses photos à montrer sur grand écran

Soirée diapos

Depuis le boum de la photo numérique à la fin des années 90, les projecteurs de diapositives et les écrans perlés sont passés de mode. Visionneuse grand écran, l'iPad permet néanmoins de renouer avec cette tradition familiale : avec un adaptateur vidéo proposé par Apple, la tablette se connecte à un moniteur VGA ou un écran de télévision HDMI pour projeter, par exemple, le contenu de sa photothèque.

L'iPad est une formidable visionneuse doublée d'un album de grande capacité, même avec seulement 16 Go de mémoire ! Toutes les photos numériques synchronisées avec la tablette sont en effet rééchantillonnées pour peser le moins possible sans pour autant que leur qualité soit dégradée. Résultat, un album photo complet laisssant la place aux autres éléments de votre iPad (applications, films, etc.). Au chapitre photo, l'iPad n'a qu'un défaut majeur : il est incapable d'organiser les photos directement sur l'iPad. S'il les présente parfois classées dans différents albums, ce sont ceux qui contenaient les clichés sur PC ou dans la photothèque iPhoto sur Mac. Mais impossible d'en créer de nouveaux sur la tablette, ni même de déplacer les photos d'un album à un autre.

SYNCHRONISER DEPUIS UN MAC Branchez votre iPad sur votre ordinateur et lancez iTunes. Sélectionnez l'iPad parmi les appareils dans la colonne de gauche, puis cliquez sur le bouton Photos. iTunes affiche en parallèle la liste de tous les albums et les classements et indexations du logiciel iPhoto. Votre iPad branché et iTunes lancé, cliquez sur le bouton Photos. iTunes propose de synchroniser tout ou partie de la photothèque iPhoto ou du dossier Images. En choisissant iPhoto (à condition d'utiliser un Mac donc), vous profitez du classement et de l'indexation du logiciel : cochez les albums, évenements ou visages dont vous souhaitez que les photos soient envoyées sur la tablette. En bas de la fenêtre d'iTunes, vous évaluez d'un coup d'oeil sur la zone orange, l'espace mémoire qui sera occupé dans l'iPad par les albums que vous avez sélectionnés. Cliquez ensuite sur Appliquer pour transférer les images.

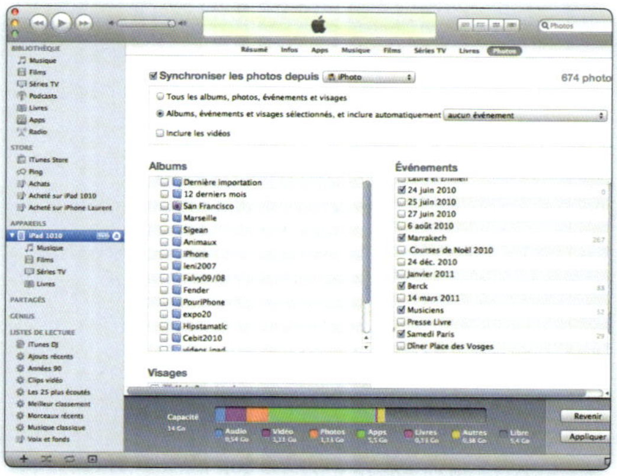

SYNCHRONISER DEPUIS UN PC Si vous utilisez Windows, iTunes propose de synchroniser les photos qu'il détecte dans le dossier Images. Au choix tous les dossiers, ou uniquement ceux que vous sélectionnez. Dans les deux cas, vous retrouvez ensuite ces classements, puisque l'iPad considère chaque sous-dossier du dossier Images comme un album.

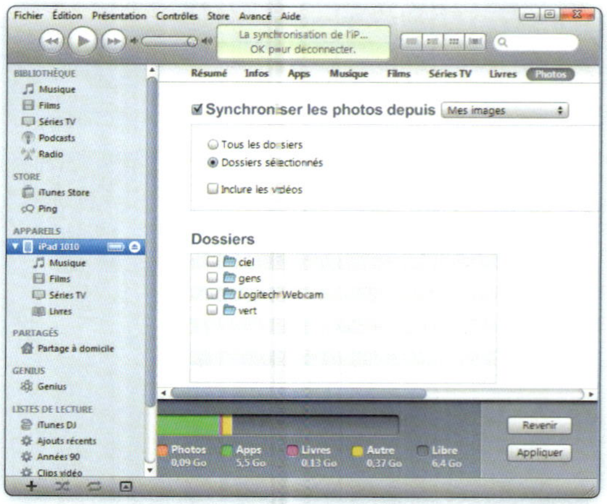

ACCÉDER AUX PHOTOS L'application Photos donne accès à toutes les photos à l'intérieur de l'iPad, qu'elles aient été importées, téléchargées sur Internet ou d'un e-mail reçu, ou prises depuis l'appareil photo de la tablette si vous possédez un iPad 2. Le bouton Photos donne accès à l'ensemble des clichés, tandis que les boutons Albums, Événements, Visages et Lieux ne

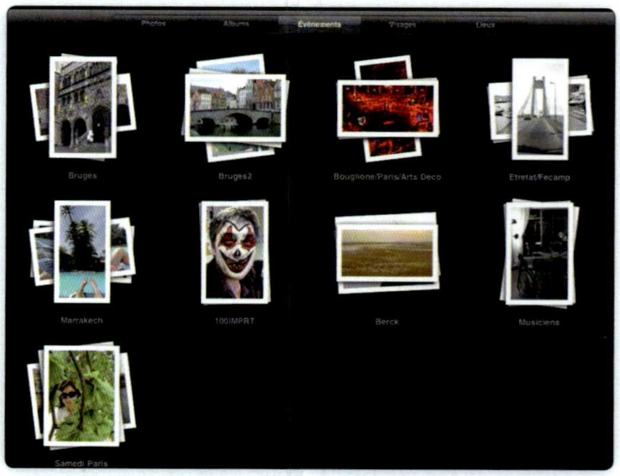

profitent qu'aux photos ayant été organisées dans le logiciel iPhoto sur Mac et synchronisées via iTunes.

AFFICHER LES PHOTOS Les photos s'affichent sous la forme de vignettes ou de piles de photos pour les albums. Pour afficher une photo en grand ou ouvrir un album, mêmes gestes au choix : tapez ou écartez les doigts. A contrario, pour refermer un album ou revenir à la planche contact et l'affichage en vignette, refermez les doigts. Sur une photo en plein écran, écartez les doigts pour zoomer sur un détail. Double-tapez ou resserrez les doigts pour revenir à l'affichage en plein écran. Quand une photo est affichée en plein écran, glissez votre index de gauche à droite ou de droite à gauche pour afficher la photo précédente ou suivante. En tapant une fois sur une photo en plein écran, une frise miniature s'affiche en bas de l'écran. Touchez l'image de votre choix pour l'afficher directement ou glissez votre doigt pour faire défiler les clichés rapidement.

STOCKER DANS LA PELLICULE À l'intérieur des Albums, la Pellicule stocke toutes les photos que vous avez prises depuis l'iPad (voir p. 104). Si vous recevez un e-mail contenant une photo que vous voulez conserver, laissez votre doigt appuyé sur l'image en question et dans la boîte de dialogue qui s'affiche, tapez sur « Enregistrer l'image » pour qu'elle soit sauvegardée dans la Pellicule. C'est aussi dans cette Pellicule que sont enregistrées, de la même façon, les images que vous téléchargez sur Internet. Laissez le doigt appuyé sur l'image dans la page Web et sélectionnez la même option.

LANCER UN DIAPORAMA À l'intérieur de la photothèque, d'un album ou d'un événement, touchez le bouton Diaporama. Puis, choisissez l'effet de transition qui sera appliqué entre les images, activez l'option Musique à l'écoute pour obtenir un fond sonore, puis touchez Musique pour choisir un morceau dans la partie iPod, et touchez Démarrer le diaporama. Touchez simplement l'écran pour l'interrompre.

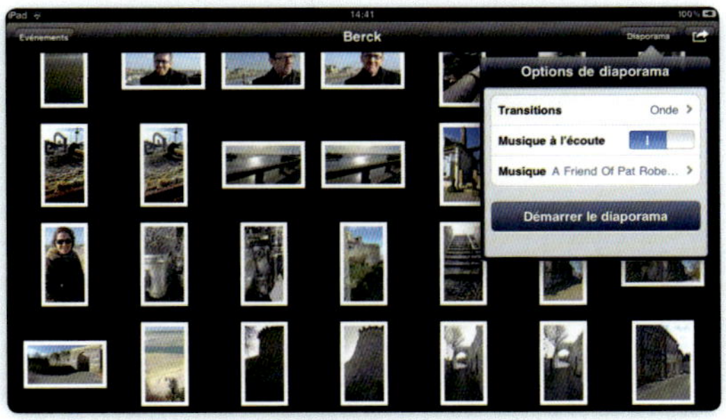

RÉGLER LE DIAPORAMA Tapez sur l'application Réglages de l'iPad, puis sur la section Photos pour modifier les réglages par défaut du diaporama. Ici, vous pouvez choisir la durée d'affichage des images, de jouer le diaporama en boucle jusqu'à extinction ou intervention de votre part, et de choisir les photos de façon aléatoire ou dans l'ordre de l'album.

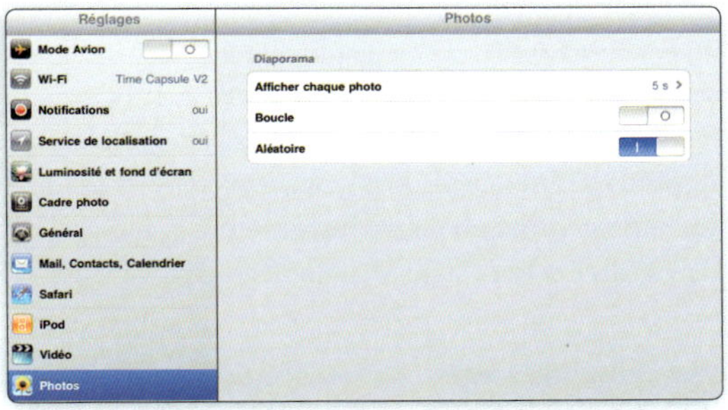

CADRE PHOTOS Debout sur un pied, l'iPad peut avantageusement remplacer un cadre photo. Cette fonction s'active sans déverrouiller la tablette, sitôt son écran rallumé, en touchant l'icône de tournesol en bas à droite de l'écran. Pour choisir l'album à « projeter », l'effet de transition et la durée d'affichage des photos, passez par les Réglages, Cadre photo. Pour stopper le passage des photos, déverrouillez la tablette.

De l'appareil à l'iPad

Vous disposez d'un appareil photo numérique et souhaitez pouvoir profiter rapidement de vos images sur la tablette sans devoir les faire transiter par l'ordinateur ? Il vous faut un kit de connexion d'appareil photo Apple (voir p. 153) ou un de ses succédanés : il permet de brancher sur l'iPad, au choix une carte SD ou l'appareil lui-même, via son cordon USB. L'application Photos se lance alors automatiquement et propose d'importer tout ou partie des clichés qu'elle y a détectés, et à la fin de l'opération, d'effacer les originaux de la carte ou de la mémoire de l'appareil. C'est rapide. L'inconvénient c'est que vos photos ne seront pas classées dans un album, mais copiées en vrac dans la photothèque.

SANS CONCURRENCER UNE CAMÉRA OU UN APPAREIL NUMÉRIQUE, L'IPAD 2 PEUT FAIRE DES PHOTOS OU DES VIDÉOS EN TOUTE SIMPLICITÉ.

Un caméscope numérique entre vos deux mains

C'est sûrement parce que les utilisateurs l'ont demandé qu'Apple s'est résolu à intégrer un objectif et un capteur numérique dans la deuxième version de l'iPad, lui ajoutant ainsi les deux fonctions d'appareil photo et de caméra vidéo HD. Disons-le tout net : la tablette brille plus par ses capacités à exploiter photos et vidéos qu'à les prendre ! D'abord parce que le capteur de l'appareil photo est loin d'égaler celui d'un compact numérique d'entrée de gamme actuel. Et aussi parce qu'il n'y a pas de flash sur la tablette, contrairement à l'iPhone. Mais surtout parce que le format de l'objet le rend peu propice à la prise de vue : il est indispensable de tenir l'iPad à deux mains et du coup, un peu acrobatique de déclencher la prise de vue en appuyant en même temps au centre de l'écran.

ÉCRAN GÉANT Il y a quand même des avantages. Le premier est de disposer d'un des plus grands écrans de visée au monde ! Tandis que la majorité des appareils photo numériques compacts obligent depuis des années à viser en regardant un minuscule écran LCD, cadrer et faire la mise au point sur le confortable écran de 10 pouces de l'iPad est un vrai plaisir et offre bien plus qu'un aperçu de la photo ou de la vidéo finale.

DOUBLE OBJECTIF Le deuxième avantage, que l'iPad partage avec l'iPhone 4, est celui de disposer de deux objectifs. Le principal est au dos de la tablette et profite du meilleur capteur : 1280 x 720 pour les vidéos (c'est la résolution de la HD 720p), 960 x 720 pour les photos, soit moins d'un million de pixels. Au dessus de l'écran, le second objectif est celui de la webcam, d'abord faite pour la visioconférence (voir p. 54), avec une résolution modeste de 640 x 480, tant pour les photos que pour les vidéos. C'est peu, mais très pratique pour tirer rapidement le portrait de celui qui a la tablette en main.

EXPÉDITION RAPIDE Enfin, en temps qu'appareil photo ou caméra, la tablette jouit d'un sérieux avantage, comparée aux appareils photos et caméras numériques : celui de pouvoir expédier via Internet, en Wi-Fi, voire en 3G pour les iPad concernés, les photos ou vidéos qu'elle vient de prendre sans passer par un micro-ordinateur. Une option à caractère instantané qui relègue le Polaroïd au rang des antiquités du siècle dernier… ce qu'il est !

Photographier ou filmer depuis l'iPad sont des actions simplissimes qui s'effectuent depuis la même application Appareil photo. Les clichés et les vidéos sont ajoutés à la Pellicule de l'application Photos. Les vidéos peuvent y être élaguées avant même d'être montées dans iMovie (voir p. 106)

Support conseillé

Parce que l'iPad n'est guère facile à tenir pour filmer ou photographier, il n'est pas rare de trembler et d'obtenir des vidéos floues. Un pied est donc recommandé. À la fois protection et support léger, la Smart Cover d'Apple ou équivalent (voir p. 150 et suivantes) est bien pratique et permet notamment de faire glisser ou pivoter l'iPad sur une table sans secousses.

COMMENT... BIEN PRENDRE DES PHOTOS ET DES VIDÉOS

1 FAIRE LE POINT L'application Appareil Photo permet tout à la fois de photographier et de filmer. L'icône affichée au centre sur le bouton du déclencheur définit la fonction choisie : un gros appareil photo quand il s'agit d'une photographie ou un point rouge quand il s'agit d'une séquence vidéo. Pour passer de l'un à l'autre, déplacez le curseur à droite, en dessous des petites icônes de caméra ou d'appareil photo. Cadrez ensuite la scène que vous souhaitez photographier, puis touchez l'écran à l'endroit où vous désirez que soit faite la mise au point, là où l'image doit être la plus nette.

2 DOSER LA LUMIÈRE L'iPad ajuste également l'ouverture du diaphragme en fonction de l'éclairage de la zone choisie pour faire le point. Moralité, si la zone en question est sombre, l'iPad aura tendance à surexposer les images. À l'inverse, si la zone de point est très éclairée, l'iPad sous-exposera et les images capturées apparaîtront sombres. Plutôt que chercher à faire le point sur une zone correctement exposée, veillez d'abord à disposer d'assez de lumière, quitte à éclairer davantage la scène avec des éclairages d'appoint.

3 ZOOM ET CAMÉRAS Si vous utilisez l'objectif principal au dos de la tablette, vous pouvez profiter d'un zoom numérique avant de prendre la photo. En touchant l'écran pour faire la mise au point, un curseur apparaît en transparence en bas de l'image. Vous pouvez le déplacer de gauche à droite pour zoomer. Touchez l'icône d'appareil photo entouré de deux flèches dans le coin supérieur droit de l'écran pour utiliser l'objectif frontal juste au dessus de l'écran. Dans ce cas, comme en mode caméra vidéo, le zoom ne fonctionne pas.

4 HORIZONTALE OU VERTICALE ? Comme la plupart des applications de l'iPad, l'Appareil photo pivote et fonctionne aussi bien à l'horizontale qu'à la verticale. Pas de problème pour les photos : vous pouvez les prendre dans les deux positions, la verticale étant la mieux adaptée aux portraits, quand l'horizontale correspond mieux aux paysages. En revanche, pour les vidéos, aucune hésitation : choisissez l'orientation paysage absolument, car la verticale n'a aucun sens ! Faute de quoi vos vidéos s'afficheront avec de grosses bandes noires de part et d'autres, et seront inexploitables dans un montage avec iMovie par exemple (voir p. 106). Pensez-y avant de vous lancer dans un long-métrage !

8

Les loisirs multimédia sur l'iPad

PLUS SIMPLE QUE SUR MICRO-ORDINATEUR, MAIS PAS MOINS CRÉATIF, LE TRAITEMENT D'IMAGES EST AU BOUT DE VOS DOIGTS

Dynamiser et retoucher ses photos avec PhotoGene

Et aussi sur l'Appstore

✔ **TiltShiftGenerator** Floutez une partie de vos photos pour leur donner l'aspect de modèles réduits. (2,39 € - Français).

✔ **Color Splash** Donnez de la couleur à un détail de vos photos devenues noir et blanc (1,59 € - Anglais).

✔ **Adobe Ideas** Un carnet de croquis numérique, pour dessiner ou peindre simplement, notamment sur des photos (Gratuit - Français).

✔ **Photo Fixer** Une application simplissime pour faire disparaître un élément, même conséquent, d'une photo et recréer de la matière à la place (1,59 € - Anglais).

Si la tablette ne brille guère comme appareil photo (voir p. 104), elle excelle en revanche pour exploiter les images, celles qu'elle a prises et les autres. La preuve avec Photogene (2,39 €) qui est plus une application de traitement d'image que de retouche : ses possibilités sont nombreuses et ses effets spectaculaires, mais les outils diffèrent de ceux des programmes de retouche sur ordinateur, et les actions au doigt sont un peu moins précises qu'avec une souris. Un conseil : écartez pouce et index pour zoomer et votre créativité ne sera pas limitée. Photogene n'a qu'un défaut : il est en anglais. Cela dit, les outils et les icônes ne posent pas de problème majeur de compréhension.

CHOISIR UNE IMAGE L'application invite d'abord à ouvrir l'image à travailler depuis la Pellicule, la Photothèque ou les différents albums qui la composent. Touchez simplement l'image à ouvrir. À partir de là, sachez que vous avez la possibilité d'annuler la dernière opération effectuée en touchant en haut le bouton Undo, de l'effectuer à nouveau avec le bouton Redo, de revenir à l'image brute avec le bouton Original et de revenir à la photothèque via le bouton Done.

RECADRER ET REDRESSER Pour recadrer une image, choisissez l'outil Crop. Commencez par ajuster au doigt les dimensions du rectangle sur l'écran, puis choisissez, si vous le voulez, sur le bord droit un format d'image standard et appuyez sur le bouton Crop pour valider. De la même façon, l'outil Rotate permet de basculer l'image de 90° à gauche ou à droite, de la retourner sur un axe horizontal ou vertical ou de la faire tourner par dixième de degré avec un curseur et avec des repères. Idéal pour redresser un horizon en plein tangage dont on ne s'est pas aperçu à la prise de vue.

CORRECTIONS Grâce à l'outil Adjustments, Photogene devient un véritable marchand de couleurs, capable de corriger la chromie des photos dans tous les modes possibles en même temps. Les modes affichés à droite, il suffit de toucher les petits triangles noirs pour révéler leurs réglages respectifs et déplacer leurs curseurs ou modifier leurs courbes avec le doigt pour constater le résultat sur l'image. Formateur !

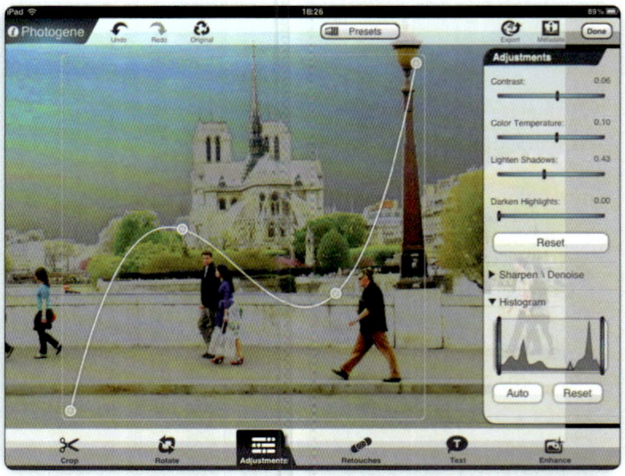

RETOUCHES N'attendez pas de vrais brosses ou pinceaux dans l'outil Retouches. Celui-ci propose trois opérations : correction des yeux rouges, clonage ou flou. Dans tous les cas, l'opération est à peu près la même : double-tapez pour faire apparaître la zone de retouche à l'écran. Il s'agit d'un rond que vous pouvez déplacez

DIFFICULTÉ

pour le positionner sur la zone à flouter, à dupliquer ou sur les yeux à retoucher, et dont vous ajustez les dimensions avec les poignées. N'hésitez pas à zoomer pour être plus précis : dès que vous touchez l'écran à deux doigts, l'outil en cours devient inactif.

ENRICHISSEMENTS Photogene est également en mesure d'ajouter du texte sur les images avec quelques options typographiques et de mise en page. Un outil amélioration (Enhance) ajoute également flou, vignette, cadres, reflet ainsi que différents filtres artistiques.

EFFETS PROGRAMMÉS En vogue dans nombre d'applications, les filtres prêts à l'emploi dynamisent les images en leur donnant un effet particulier : Lomo, comme ces vieux appareils argentiques des années 70, sépia, psychédélique, etc. Ils sont classés par familles (Couleurs, noir et blanc, vintage...) et présentés sous forme de vignettes en bas de l'écran.

PROFITER DES MÉTADONNÉES Autre point fort de cette application, l'accès aux métadonnées, informations textuelles ou numériques sur l'image enregistrées dans le fichier, et exploitées par certains logiciels. Touchez en haut le bouton Metadata pour afficher les informations générales (taille de l'image, poids du fichier, marque et modèle de l'appareil photo...), les données exif (date et heure, focale, ouverture...) et enfin les données IPTC (auteur, mots clés...) que vous pouvez éditer et compléter.

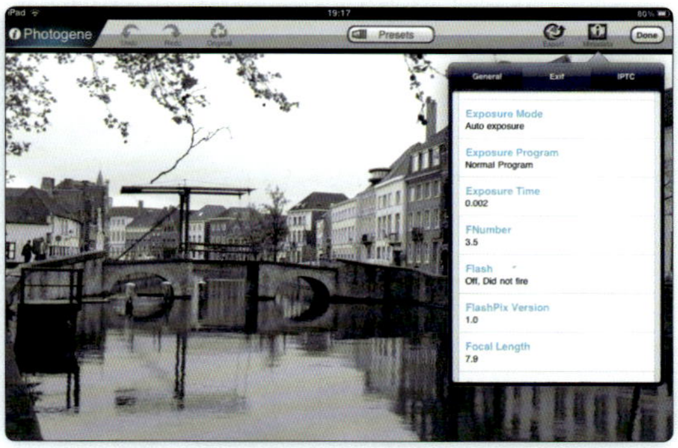

EXPORTER Très complète, la fonction Export permet d'envoyer la photo avec ses données IPTC si besoin et dans la résolution de votre choix aux principaux réseaux sociaux et services de partages dans le nuage. Mais aussi par e-mail, sur un serveur FTP ou vers une imprimante.

Vrai-faux crayon

Plus précis que les doigts, les stylets fonctionnent à merveille avec les applications de retouche ou de traitement d'images. Très agréables à manier, il en existe de nombreux modèles pour l'iPad plus ou moins larges et légers. On trouve même un pinceau pour les puristes. (voir p. 153). Pour créer le vôtre simplement, procurez-vous un tube métallique (une ancienne antenne de radio ou télé par exemple) et glissez-y un petit morceau d'éponge de cuisine dont vous retaillerez le bout une fois qu'il sera en place.

8

Les loisirs multimédia sur l'iPad

COMMENT... MONTER SES FILMS AVEC IMOVIE

iMovie était le logiciel de montage historique sur Mac. C'est aujourd'hui l'application de montage officielle sur l'iPad 2. Et, comme d'habitude, le maniement du bout des doigts change tout !

iMovie (4,99 €) a son propre vocabulaire. Pour lui, chaque petite séquence vidéo ou photo utilisée dans un montage est un « clip », chaque montage est un « projet » et le plan de montage est une « timeline ». Voilà, vous savez tout. Trois, deux, un... montez !

1 CRÉER UN PROJET Sur l'écran d'accueil, touchez le « + » pour créer un nouveau projet. Dans la fenêtre d'iMovie, en haut de l'écran, un bouton permet d'annuler en permanence la dernière action. Tous les clips disponibles dans la photothèque de votre iPad sont affichés dans la section Vidéo, listés dans un ordre chronologique avec leur durée. Touchez l'un d'eux une première fois : des poignées apparaissent pour l'élaguer (le raccourcir par le début ou la fin), tandis qu'il s'affiche en grand dans la fenêtre principale. Touchez-le une seconde fois pour l'ajouter en dessous dans le plan de montage sous la forme d'une vignette, à gauche du trait rouge de lecture.

2 VIDÉOS ET PHOTOS Ajoutez de la même façon d'autres vidéos. Ou des photos en appuyant sur l'icône d'appareil photo. Choisissez une image dans un des albums. Sélectionnez ensuite la photo dans la timeline, déplacez ses poignées pour modifier sa durée d'affichage. Dans la fenêtre de visualisation, appuyez sur le bouton Début et agrandissez la photo en écartant les doigts. Appuyez ensuite sur Fin, agrandissez, rétrécissez ou déplacez la photo dans le cadre et appuyez sur OK. Double-tapez sur un clip dans la timeline et appuyez sur « Supprimer le clip » pour l'effacer.

3 RÉGLAGES DU PROJET Touchez l'engrenage dans le coin de l'écran. Choisissez un thème, modèle de mise en page, visible si vous incrustez du texte sur les vidéos, et associé à une musique de fond. Activez la musique de fond si vous voulez. Ajoutez des fondus au noir entrant ou sortant, respectivement au début et à la fin du montage.

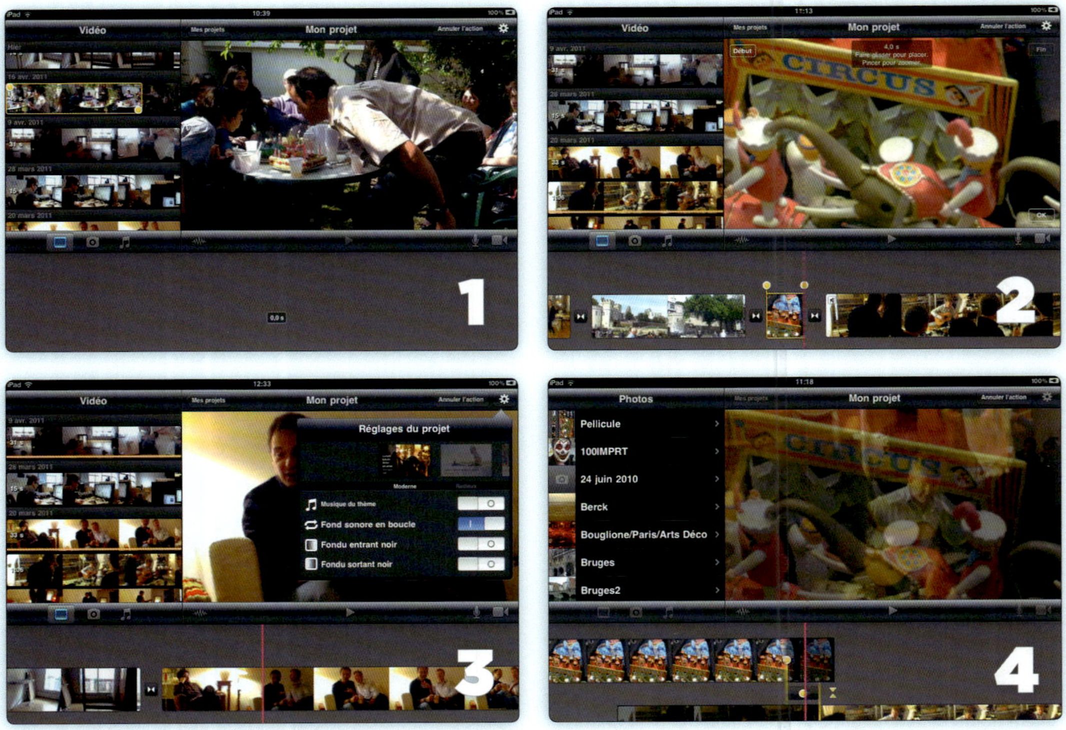

Montage vidéo de l'iPhone

Si vous disposez aussi d'un iPhone, vous pouvez récupérer ses vidéos pour les monter dans iMovie sur votre iPad. Utilisez pour cela l'Explorateur Windows sur PC pour parcourir le contenu de l'iPhone et copier les fichiers « .mov » qui s'y trouvent dans le dossier Images, par exemple dans un album intitulé Vidéos. Sur Mac, récupérez les vidéos de l'iPhone dans iPhoto. Puis synchronisez votre iPad via iTunes et dans l'onglet Photos cochez bien « Inclure les vidéos ».

4 EFFETS DE TRANSITION

Des effets de transition sont ajoutés automatiquement entre chaque clip. Touchez une fois le petit carré noir surmonté de deux triangles blancs, puis une fois sur les deux triangles jaunes apparus en dessous. Vous pouvez alors ajuster précisément l'emplacement de l'effet avec les points de sortie et d'entrée sur chaque clip. Touchez à nouveau les triangles jaunes pour sortir des réglages, puis touchez deux fois chaque bouton de transition dans la timeline pour définir le type et la durée de la transition. Recommencez pour chaque transition.

5 INSÉRER DES BANCS-TITRES

Double-tapez sur un clip, touchez « Style du titre » et choisissez si vous souhaitez insérer le banc-titre en début, au milieu ou en fin de clip. Puis touchez la zone « Titre ici » et saisissez votre texte. iMovie utilise vos données de localisation et inscrit automatiquement le lieu de prise de vue dans certains titres. Pour en changer, dans les Réglages du clip, touchez Lieu puis double-tapez sur la case du lieu et saisissez un texte de remplacement.

6 RÉGLER LE SON

Touchez l'icône de spectre sonore en bas de l'écran de visualisation. Pour modifier le volume sonore d'un clip, double-tapez sur ce dernier, et déplacez le curseur près du haut-parleur. Touchez le bouton au bout de la ligne pour rendre le clip muet. Pour ajouter une musique de fond, touchez l'icône des notes de musique puis choisissez un morceau ou un effet sonore. Celui-ci s'ajoute en fond dans la timeline. Touchez-le une fois pour afficher ses poignées et l'élaguer, une seconde fois pour régler son niveau sonore ou le supprimer.

7 COMMENTAIRES ET PRISES DE VUE

Pour ajouter un commentaire, placez la ligne de lecture rouge à l'endroit souhaité, touchez l'icône de microphone, puis le bouton Enregistrer. Touchez enfin Arrêter. En touchant l'icône de caméra, vous accédez à l'appareil photo pour filmer une séquence qui sera immédiatement ajoutée à la timeline.

8 NOMMER ET ENVOYER

Visionnez votre montage à tout moment en appuyant sur le bouton Lecture sous la fenêtre de visualisation. Une fois que vous êtes satisfait, touchez en haut Mes projets pour revenir à l'écran d'accueil. Commencez par renommer votre projet en double-tapant sur le gros « Mon projet » sur le fronton du cinéma afin d'éditer son nom. Appuyez ensuite sur le bouton lecture en dessous pour le voir en plein écran ou sur l'icône d'envoi juste à côté pour l'enregistrer dans la pellicule ou le partager sur Internet si vous disposez d'un compte YouTube, Facebook, etc.

Échanger les projets

L'application iMovie propose d'envoyer le projet dans iTunes. Un dossier regroupant tous les clips, morceaux de musique et enregistrements qu'il utilise est alors créé. Une fois l'iPad branché à l'ordinateur et iTunes lancé, le projet apparaît avec l'extension « .iMovieMobile » dans la fenêtre de partage de fichiers en regard de l'application iMovie. Le dossier peut alors être archivé sur le disque dur de l'ordinateur pour être ensuite importé via la même fenêtre d'iTunes dans un autre appareil iOS lui aussi équipé d'iMovie.

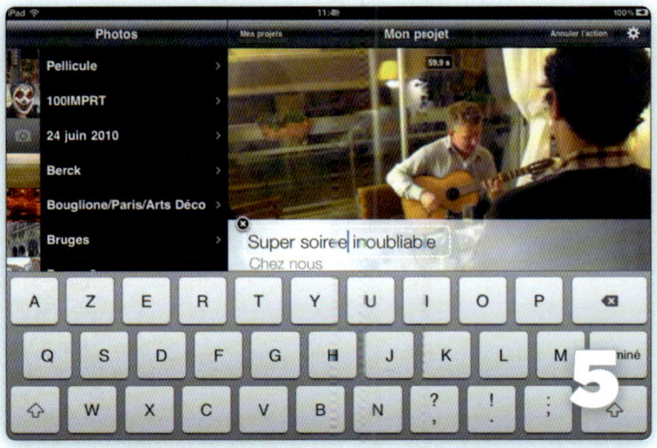

NE LAISSEZ PAS DORMIR VOS CRÉATIONS : EXHIBEZ-LES TELLES QUELLES SUR LES RÉSEAUX SOCIAUX OU VIA DE JOLIES APPLICATIONS CRÉATIVES.

Toutes les façons de partager ses créations en ligne

Dropbox bien présenté

Le nouveau service www.views.fm présente les fichiers postés en ligne sur un compte Dropbox de façon un peu plus graphique. Notamment les photos, visibles en vignettes et facilement téléchargeables par les internautes auxquelles vous communiquez leur adresse. Si vous avez ouvert un compte Dropbox, inscrivez-vous gratuitement sur views.fm en saisissant vos identifiant et mot de passe Dropbox. Et profitez ensuite de vos photos et vidéos simplement.

À quoi bon photographier ou filmer si ce n'est pour partager ensuite les souvenirs et émotions ? De fait la moindre application sur l'iPad propose au moins d'enregistrer une image retouchée ou une vidéo montée dans la photothèque… d'où elle pourra, au minimum, être jointe à un courriel. Mais il y a mieux !

GALERIE MOBILEME L'iPad propose d'abord d'envoyer les photos et vidéos de la photothèque sur MobileMe, le service en ligne d'Apple. Celui-ci offre 20 Go d'espace de stockage et les clichés ou vidéos qui y sont publiés sont visibles depuis un navigateur par tout le monde, ou uniquement par ceux à qui vous avez communiqué leur adresse. Malheureusement, MobileMe est payant et cher (79 € / an). L'application Galerie qui permet de voir le contenu des albums qu'on y a créés est en revanche gratuite. Mais MobileMe devrait changer en profondeur dans le courant 2011, Apple devant proposer de nouveaux services dans les nuages. Certains pourraient être gratuits, et l'iPad un des premiers à en profiter.

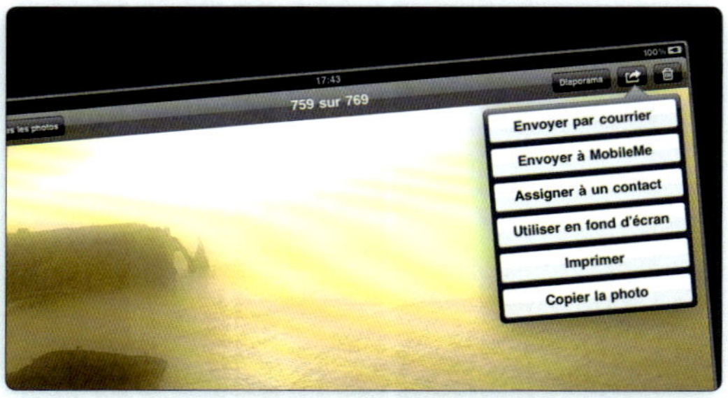

VIDÉOS SUR YOUTUBE Tout comme iMovie (voir p. 108), l'application Photos de l'iPad propose de publier les vidéos sur le service en ligne de Google, Youtube. Il suffit d'y avoir ouvert un compte, gratuit.

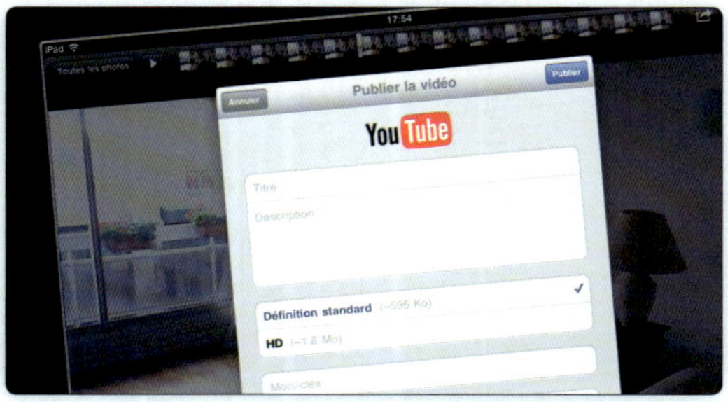

NUAGE DROPBOX C'est un service « dans les nuages » comme Dropbox qu'Apple devrait proposer : un espace de stockage gratuit pour commencer, facilement accessible depuis n'importe quel ordinateur, smartphone ou tablette, pour synchroniser les contenus entre les différents appareils qu'on possède, ou les partager avec son entourage en communiquant très simplement leur adresse URL. L'application Dropbox, pour y transférer vos œuvres, est gratuite. Et le service est devenu si populaire que de nombreuses applications proposent d'y publier leurs créations (voir p. 138).

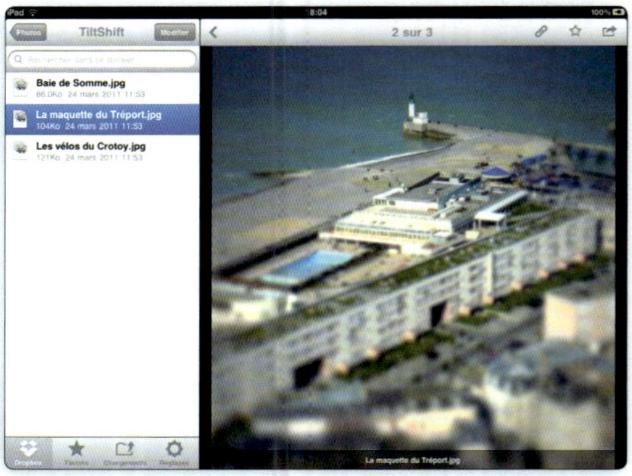

ALBUMS FLICKR, PICASA ET FACEBOOK Dans un genre voisin, les albums photos en ligne Flickr (Yahoo), Picasa (Google) et Facebook sont aussi accessibles directement depuis l'iPad. L'ouverture d'un compte sur l'un ou l'autre des services est gratuit et de nombreuses applications gratuites, parfois payantes, proposent d'y publier simplement photos ou vidéos.

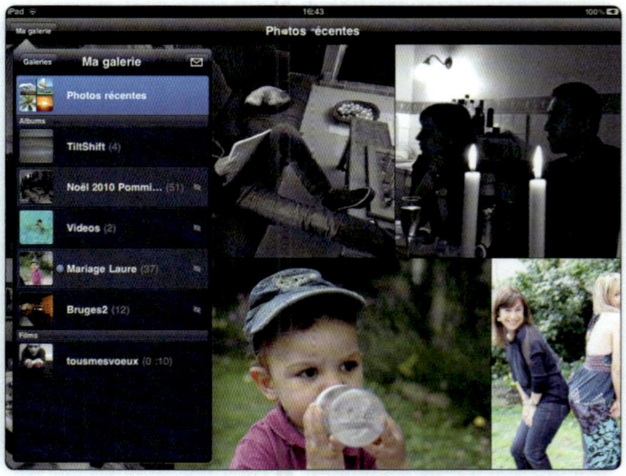

En ajoutant des mots clés (« tags ») à vos photos, elles auront plus de chance d'être vues et remarquées par des internautes autres que ceux que vous aurez invités.

AFFICHES AVEC PHOSTER Imaginez vos photos magnifiées sur des affiches conçues par des designers professionnels. C'est ce que propose l'application Phoster (0,79 € - Anglais), à la verticale seulement : une jolie gamme de maquettes avant-gardistes et prêtes à l'emploi, dans lesquelles vous importez vos clichés. Remplacez le texte d'exemple par le vôtre dans les couleurs de votre choix, puis choisissez un effet pour tacher, veillir ou plier le papier. Partagez enfin votre œuvre par e-mail, ou sur Facebook et Twitter.

ROMANS PHOTOS AVEC STRIP DESIGNER
Avec Strip Designer (2,39 € - Anglais), vos photos illustrent de vrais romans photos-BD, horizontaux ou verticaux en un rien de temps. Choisissez parmi les nombreux modèles de « planches » et importez une à une les photos depuis la Pellicule ou vos albums dans les différentes cases. Chaque photo peut être ajustée, agrandie, déplacée, pivotée dans le cadre de la case et retraitée avec de multiples effets. Ajoutez ensuite des pastilles de couleurs et autres onomatopées, ainsi que des phylactères de formes variées en y saisissant le texte de votre choix dans différentes polices, tailles et couleurs. Enfin, enregistrez ce roman-photo-BD comme une image dans votre photothèque, ou partagez-le par e-mail au format Jpg ou PDF. Ou mieux, publiez-le directement sur Facebook, Twitter, Flickr depuis l'application. Simple et terriblement créatif.

CARTES POSTALES AVEC LIFECARDS
Lifecards-Postcards (1,59 € - Anglais) permet de mettre en page jusqu'à quatre photos dans un large éventail de maquettes au choix. Ajoutez textes et légendes avec une foule d'options, et postez sur Facebook, Twitter ou Flickr.

PHOTOSHOP EXPRESS Adobe Photoshop Express est une application gratuite qui n'offre pas autant de fonctions pour traiter les images que Photogene (voir p. 106). Mais, elle se distingue par son service en ligne (sur www.photoshop.com) sur lequel chaque utilisateur est invité à se créer gratuitement un compte personnel pour profiter ensuite d'un espace de stockage pour ses photos, accessible sur le réseau à une adresse du type monnom.photoshop.com. Brutes ou retouchées, les photos peuvent y être organisées en albums, avec ou sans mots clés, envoyées par e-mail, partagées grâce à une adresse URL. Il est même possible d'en commander des tirages contre espèces sonnantes et trébuchantes. Les possibilités sont nombreuses, dommage que le service ne soit encore qu'en anglais, japonais ou allemand. À découvrir tout de même, ne serait-ce qu'à cause du grand nom.

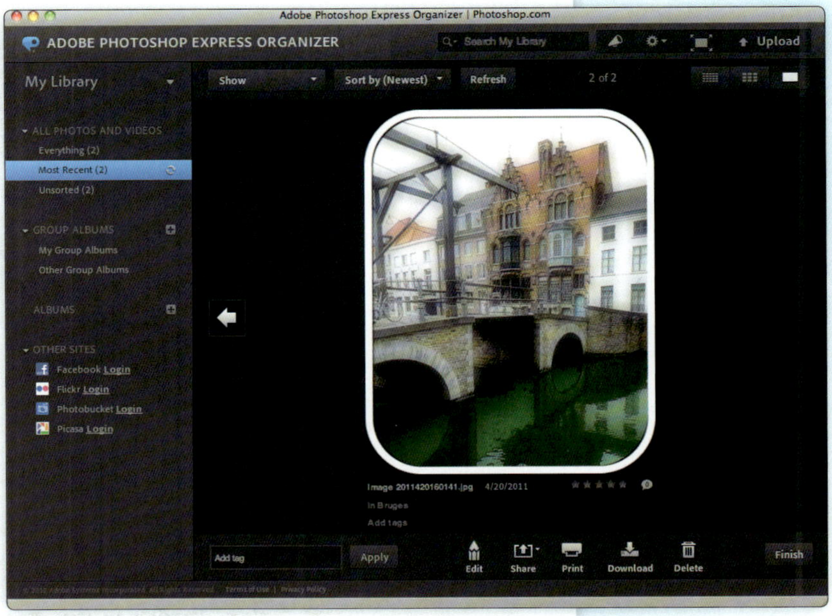

À LA FOIS CONSOLE DE SALON ET PORTABLE, LA TABLETTE S'IMPOSE COMME UNE PLATEFORME À PART ENTIÈRE POUR TOUS LES TYPES DE JEUX.

L'iPad, une console de jeux vraiment universelle

Il y avait les X-Box, Wii et PlayStation au salon, les PSP et Nintendo DS dans les poches ou les cartables. Entre les deux, il y maintenant l'iPad où tous les types de jeux ont cours : arcade, action, stratégie, simulation... Les grands classiques du jeu de société ou de plateau (Monopoly, Scrabble, etc.) y ont même trouvé une seconde jeunesse. Mais le mieux, ce sont tous ces jeux qui se sont appliqués à tirer parti des caractéristiques de la tablette, à commencer par son écran tactile. Pour lui, les éditeurs ont dû innover, réinventant une interface et parfois une nouvelle façon de jouer.

CAPTEURS DE SÉRIE L'iPad embarque en effet une série de capteurs (voir p. 20) qui calculent, en temps réel, l'inclinaison de l'appareil ainsi que ses déplacements sur les axes horizontaux et verticaux. Tous deux ont ouverts de nouveaux horizons et toutes sortes de jeux les utilisent. Essayez donc Zenga et déplacez-vous physiquement autour de la zone de jeu.

BIENVENUE AU GAME CENTER En même temps qu'iOS 4, Apple a créé un réseau social à vocation ludique, le Game Center. Symbolisée par un damier surmonté de quatre icônes de jeu, son application est un lieu de rencontres et de partage des scores dont profitent aujourd'hui près de 2 500 jeux de l'App Store. Une fois inscrit gratuitement, on s'y fait des amis comme sur Facebook, en invitant des contacts ou en acceptant des invitations. Votre profil affiche votre pseudonyme et les jeux compatibles avec le Game Center auxquels vous jouez ainsi que les trophées à votre actif. L'application permet aussi de consulter les classements des jeux que vous pratiquez, votre place et celle de vos amis.

REAL RACING 2 HD LES DEUX MAINS SUR L'ÉCRAN

Prenez l'écran... et le volant de vrais bolides ! Grâce à l'accéléromètre, les jeux de course automobile ont été parmi les premiers à démontrer le potentiel de l'iPad comme console. Pour attaquer les virages, tournez l'écran légèrement à droite ou à gauche. Maniabilité et précision sont au rendez-vous, mieux encore qu'avec le volant d'une console Wii.
Dans cette catégorie, Real Racing 2 HD est le titre le plus abouti du moment, plébiscité sur l'App Store. Il vous met au volant de voitures de série de plus en plus sportives sur des circuits célèbres. Avec mille et uns détails, des jeux d'ombres et de lumière, les courses sont d'un réalisme extraordinaire quand on réalise que c'est une tablette qu'on a entre les mains. Ce type de jeu prend toute sa mesure avec un adaptateur HDMI et un câble d'une longueur conséquente. La tablette branchée sur un téléviseur LCD devient un simple volant de jeu, les images de la route étant seulement affichées sur le grand écran du salon (7,99 € - Anglais).

Et aussi sur l'Appstore

✔ **Plants vs Zombies**
Défendez votre maison contre les attaques de zombies en faisant pousser des plantes aux vertus répulsives. Déjanté, addictif, et aussi culte qu'Angry Birds (5,49 € - Français).

✔ **Pinball HD**
Quatre flippers aux décors et missions variés, à manier avec les pouces dans les coins inférieurs de l'écran (0,79 € - Anglais).

✔ **Blokus HD**
Entre jeu de société et stratégie, l'adaptation d'un jeu de plateau intelligent créé il y a moins de dix ans. Pour jouer seul ou jusqu'à quatre sur le même iPad ou sur le réseau Wi-Fi (2,39 € - Français).

✔ **Assassin's Creed**
100 % action, ce hit sur PC et console gagne en jouabilité sur la tablette avec une manette (5,49 € - Français).

ANGRY BIRDS HD QUAND LES MOINEAUX ATTAQUENT

C'est un des plus grands succès sur l'iPad et l'iPhone. Au point d'avoir été décliné en une série d'épisodes additionnels et porté sur la plupart des autres appareils mobiles. Le principe est bête comme chou : de tableau en tableau, vous devez détruire des échafaudages de plus en plus complexes protégeant de drôles de cochons verts, avec une sorte de lance-pierres-catapulte et de drôles d'oiseaux en guise de projectiles. Chaque espèce a sa botte secrète : certains piafs lâchent des bombes, d'autres accélèrent, d'autres encore reviennent comme des boomerangs... Outre un univers un rien déjanté, le succès d'Angry Birds tient à une extrême simplicité d'action : glisser l'index pour tendre et orienter l'élastique du lance-pierre, le lever pour libèrer et catapulter le projectile, et taper pour déclencher la botte secrète du volatile... sur des centaines de tableaux. Du choix de l'angle de tir au moment de larguer la bombe du goëlan ou de faire revenir le toucan-bomerang, tout est affaire de précision ! (De gratuit à 3,99 € - Français).

MAX AND THE MAGIK MARKER DESSINE-MOI UNE SOLUTION

Max est un petit garçon qui aime dessiner, les monstres en particulier. Mais les monstres qu'il a imaginés ont pris vie et se sont échappés, et vous devez aider Max à les récupérer... en utilisant simplement son feutre magique et en dessinant ce qu'il lui faut pour traverser chaque tableau. Un concept idéal pour l'écran multipoint de la tablette et pas que pour les doigts d'enfant. Au contraire, car les solutions à imaginer du bout du doigt deviennent de réels casse-têtes au fil des niveaux. D'autant que l'encre s'épuise et qu'il faut donc collecter les bulles qui jalonnent le parcours pour recharger le stylo. On peut aussi double-taper sur un dessin qui vient d'être réalisé pour franchir un obstacle et récupérer l'encre et faire le plein du stylo. Une autre astuce consiste à arrêter le temps – et mettre en pause le personnage – afin de dessiner le nécessaire à la poursuite de l'aventure, ici un boulet pour activer un balancier, là un escalier pour franchir un mur ou un bateau à voile pour traverser la mer. À vous de griffonner (3,99 € - Français).

Manettes à ventouse

Dans les jeux de voiture, ou de façon plus générale, sur ceux qui exploitent accéléromètre et gyroscope, l'iPad est sa propre manette de jeu. Mais pour les jeux où il faut déplacer un personnage du pouce gauche dans un coin de l'écran, il existe une manette à coller avec des ventouses. Malin et très efficace ! Voir p. 152.

TROP SERRÉS EN FAMILLE OU ENTRE AMIS AUTOUR DE LA PETITE TABLETTE ? PROJETEZ-DONC PHOTOS ET VIDÉOS SUR UN TÉLÉVISEUR AVEC L'APPLE TV.

Profiter de votre iPad sur le téléviseur du salon

Pourquoi faire compliqué ? C'est un des credos d'Apple qui a toujours chercher à simplifier l'usage des technologies. Tandis que nombre de fabricants d'équipements multimédias tentent depuis des années de faire communiquer sans fil les lecteurs multimédia et les téléviseurs HD autour de normes aux noms barbares (UPnP et DLNA), Apple propose une fonction simple et efficace : AirPlay. Elle permet tout bêtement de diffuser un flux de contenu sans fil depuis un iPhone, un iPod Touch ou un iPad sur une télé HD par l'intermédiaire du boîtier Apple TV (voir encadré) ou d'un câble HDMI. Cela vaut pour les photos ou leurs diaporamas, la plupart des vidéos, où qu'elles se trouvent, mais aussi la musique. Dans toutes les applications où elle est disponible, la fonction AirPlay est facilement identifiable avec son icône : un rectangle avec un triangle à ses pieds, symbolisant l'écran de télévision vers lequel la vidéo est envoyée.

PHOTOS ET DIAPORAMAS Si vous disposez d'un boîtier Apple TV et que votre iPad est connecté au même réseau Wi-Fi, rendez-vous dans l'application Photos et affichez une image en plein écran d'une tape. Touchez l'icône AirPlay dans le coin supérieur droit de l'écran : une boîte de dialogue affiche la liste des appareils disponibles pour la diffusion des photos. C'est l'iPad qui y est coché par défaut, et il suffit de toucher la ligne Apple TV pour profiter aussi de l'affichage des photos sur le téléviseur, tandis que vous faites défiler les images du doigt sur la tablette. C'est à peu de choses près la même chose si vous touchez le bouton Diaporama. Vous pouvez au passage modifier quelques options (voir p. 102) avant de lancer la projection en touchant le bouton « Démarrer le diaporama ». Les photos disparaissent alors de l'écran de l'iPad où un écran noir signale juste que le diaporama est en cours de lecture sur l'Apple TV via AirPlay.

VIDÉOS Même comportement que les diaporamas pour les vidéos. En tous cas avec les vidéos encodées au format H.264 d'Apple. C'est simple : ce sont celles que vous transférez dans l'iPad en passant par iTunes, ou celles que vous filmez avec l'iPad (voir p. 104) et montez éventuellement avec iMovie (p. 107). Qu'elles se trouvent dans l'application Vidéos ou dans l'application Photos, le principe reste le même : touchez

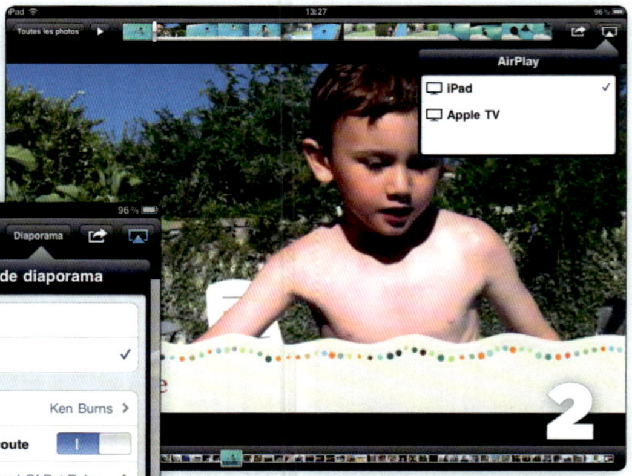

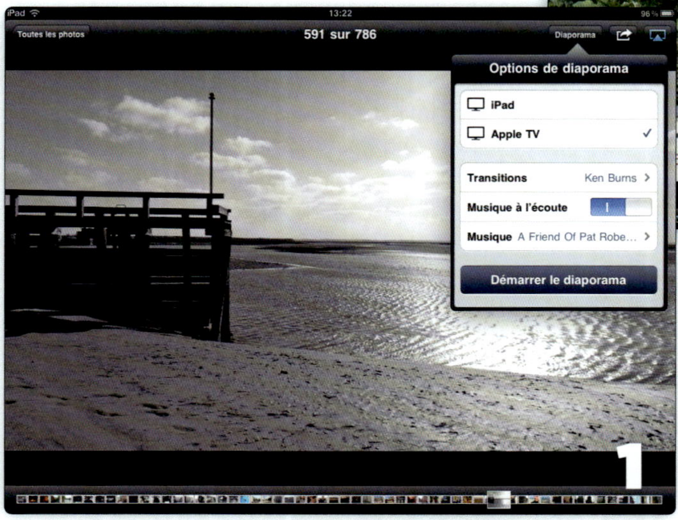

L'iPad réserve le même traitement aux diaporamas (1) et vidéos (2) regardés avec AirPlay : une fois le boîtier Apple TV choisi parmi les périphériques disponibles, les images disparaissent de la tablette. À la place, un message signale que la diffusion est en cours sur l'Apple TV (3). En revanche, les photos regardées une à une sont affichées en même temps sur le téléviseur et la tablette.

Le boîtier Apple TV

Pour profiter de la fonction Airplay et projeter sans fil les photos et vidéos de l'iPad sur votre téléviseur HD, il faut un boîtier Apple TV, vendu 99 €. Sans oublier un câble HDMI, seul moyen de le relier au téléviseur, et un câble optique connecté à un ampli Home-cinéma pour profiter du son 5.1. Car l'Apple TV est avant tout le portail d'accès aux films en location sur l'iTunes Store d'Apple.

l'icône Airplay et choisissez Apple TV pour en profiter sur l'écran HD du téléviseur.

DANS SAFARI AUSSI Lors d'une des dernières mises à jour d'iOS, AirPlay a fait son apparition dans Safari. Attention : n'allez pas croire que vous pouvez afficher les pages du navigateur en grand sur votre téléviseur ! La fonction concerne, là encore, les vidéos au format H.264, adopté par la plupart des services d'hébergement comme YouTube, DailyMotion ou Vimeo. Moralité : quand vous surfez sur un de ces sites, ou sur la page d'un site quelconque contenant une vidéo d'un de ces services, une icône AirPlay apparaît immanquablement en bas à droite de sa fenêtre, à gauche du bouton plein écran. Sans quitter Safari et sans forcément ouvrir préalablement la vidéo en grand sur l'iPad, vous pouvez l'envoyer sur l'Apple TV.

ENVOYEZ LA MUSIQUE Et la musique alors ? Même sans image, elle peut profiter elle aussi de la transmission sans fil d'AirPlay. Cela n'a vraiment d'intérêt que si vous avez pris soin de relier l'Apple TV à un amplificateur au moyen d'un cordon optique. Faute de quoi, vous ne profiterez de la musique de l'iPod que sur le haut-parleur de la télé… Pour mettre en œuvre AirPlay côté son, rendez-vous dans l'application iPod de votre iPad. Sélectionnez un morceau de musique et lancez la lecture. Puis tapez en haut, juste à côté du curseur de volume, sur l'icône AirPlay. Une boîte de dialogue affiche alors les deux périphériques de sortie disponibles : votre iPad, sélectionné par défaut, et l'Apple TV en dessous. Détail d'importance : au lieu du téléviseur affiché à gauche des appareils quand ce sont des vidéos ou des photos qui sont envoyées via AirPlay, c'est un haut-parleur qui figure – logiquement – ici devant chacun d'eux. On pourrait penser qu'Apple en fait parfois un peu trop, mais ce qui pourrait passer pour un simple détail a finalement son importance dans une utilisation confortable au quotidien.

L'application iPod profite aussi de la fonction Airplay pour diffuser la musique sur l'Apple TV.

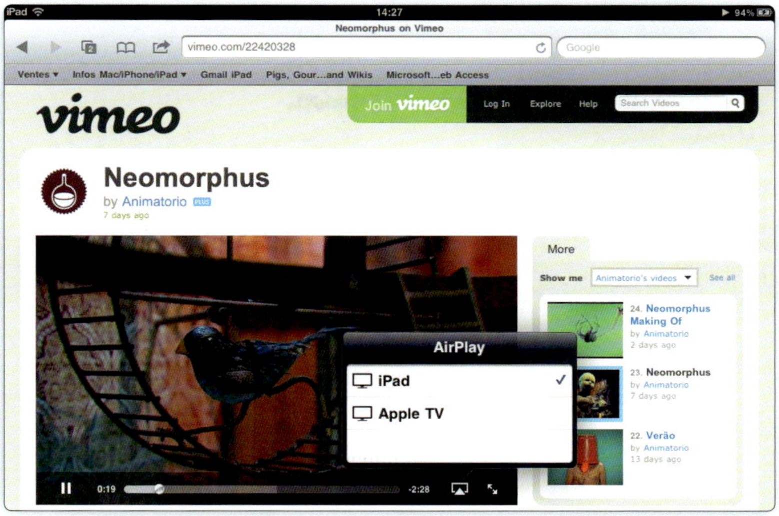

La fonction AirPlay est aussi fonctionnelle dans Safari sur les pages présentant un contenu vidéo encodé au format H.264. C'est le cas des vidéos hébergées sur des services comme YouTube, mais aussi Vimeo ou DailyMotion.

EN ATTENDANT L'OUVERTURE Apple n'ouvre pas facilement ses technologies, obligeant les éditeurs à adopter les standards qu'il a choisis. Nombreuses sont ainsi les applications pour l'iPad qui permettent de regarder des films dans un autre format que celui d'Apple, notamment les fameux DivX. Ces applications (voir p. 76) affichent les vidéos dans une fenêtre standard où apparaît la fameuse icône AirPlay. Hélas, les icônes figurant à gauche des périphériques de sortie disponibles dans la boîte de dialogue AirPlay sont sans appel : hormis pour le son, les vidéos DivX sont, pour l'heure, interdites de télévision !

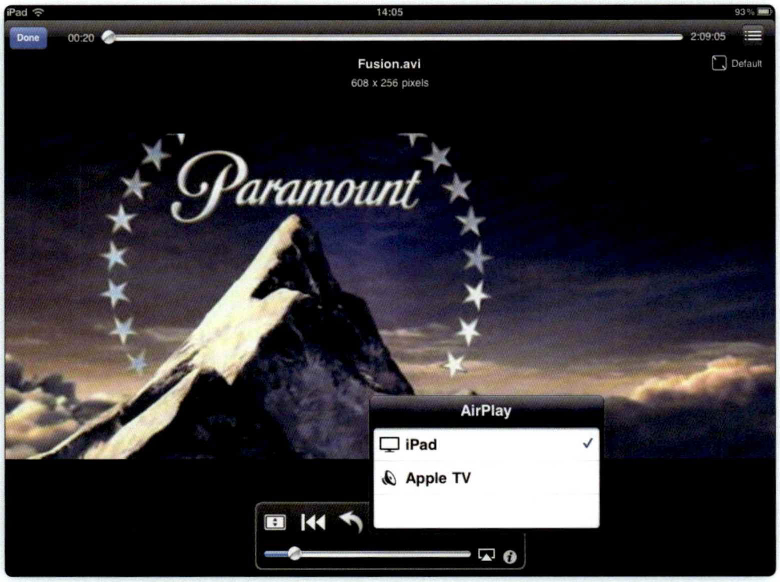

La présence de l'icône AirPlay ne garantit pas toujours qu'une vidéo puisse être diffusée sur l'Apple TV ! La preuve ici dans AirVideo, une application qui permet de regarder sur l'iPad et sans fil des films DivX au format .avi stockés sur le disque dur d'un Mac ou d'un PC sur le même réseau Wi-Fi. Les vidéos s'affichent en plein écran sur l'iPad, mais en touchant l'icône AirPlay on découvre, avec de petits haut-parleurs, que l'application n'est en mesure d'envoyer que leur son vers l'Apple TV. Parce qu'elles ne sont pas encodées dans le format de prédilection d'Apple.

9

Comment travailler avec l'iPad

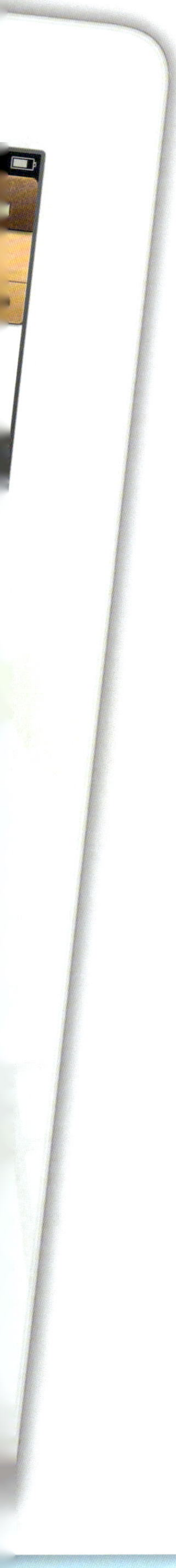

À DÉCOUVRIR DANS CES PAGES

Travailler avec un iPad ? Oui, c'est possible !

L'iPad est formidable pour regarder des films, jouer ou consulter le Web, bref pour se détendre, mais il sait aussi se transformer en compagnon de travail. Une fois les applications les plus adaptées installées sur la précieuse tablette, vous verrez que dans certains cas, elle pourra remplacer avantageusement votre ordinateur portable.

LE LOGICIEL ITUNES PEUT SE CHARGER DE SYNCHRONISER VOS CONTACTS ET VOTRE CARNET DE RENDEZ-VOUS ENTRE L'IPAD ET L'ORDINATEUR.

Utiliser son iPad pour ses adresses et ses rendez-vous

Et si l'iPad devenait votre carnet d'adresses et de rendez-vous ? Avec son grand écran, il peut avantageusement remplacer votre agenda papier !

ABANDONNER LE PAPIER Si vous aviez hésité à laisser tomber le Filofax, c'est le moment de le faire avec l'iPad, ne serait-ce que parce que vous n'aurez plus à penser à vous en procurer un nouveau à chaque fin d'année. Il ne vous reste plus qu'à commencer à utiliser les applications Contacts et Calendrier (voir p. 30).

NE PLUS JAMAIS PERDRE SA LISTE DE NUMÉROS DE TÉLÉPHONE Et ce n'est pas le seul avantage. En passant au numérique, vous pouvez aussi vous assurer de ne plus jamais perdre un numéro ou votre agenda dans lequel vous notez tant de choses indispensables. À condition bien sûr de prendre quelques précautions, dont celle de synchroniser régulièrement avec votre ordinateur. Grâce au logiciel iTunes, vous pouvez ainsi facilement assurer la duplication de vos données. De plus, outre la sauvegarde, cette synchronisation vous permettra de consulter votre liste de contacts et vos rendez-vous directement sur l'ordinateur.

PARTAGER ENTRE PLUSIEURS APPAREILS Mais le partage ne s'arrête pas là. Si vous êtes déjà un utilisateur d'iPhone, vous effectuez peut-être déjà une telle synchronisation avec le téléphone. Rien ne vous empêche de le faire également avec l'iPad, toujours via iTunes, afin de partager les mêmes informations entre tous vos appareils. iTunes se charge de tout. Lorsque vous ajoutez un rendez-vous sur l'iPad par exemple, il se retrouvera sur l'ordinateur, puis sur l'iPhone, dès que vous les aurez tous deux branchés et synchronisés. Et si jamais votre téléphone n'est pas un iPhone mais un autre smartphone, vous aurez probablement la possibilité de faire la même chose à l'aide, cette fois, d'une synchronisation sans fil via Google, sans passer par iTunes (voir p. 120).

Les éléments à synchroniser

Le logiciel iTunes de l'ordinateur vous sert aussi à transférer sur l'iPad tous vos éléments multimédia. Rendez-vous p. 42 pour une vue d'ensemble de la synchronisation et aussi p. 72 pour une revue de détail de la synchronisation des vidéos (films et série télé).

Branchez votre iPad à l'ordinateur, cliquez sur son nom dans le volet de gauche d'iTunes, puis sur l'onglet Infos dans la zone d'affichage principale. C'est ici qu'est gérée la synchronisation des contacts et des calendriers.

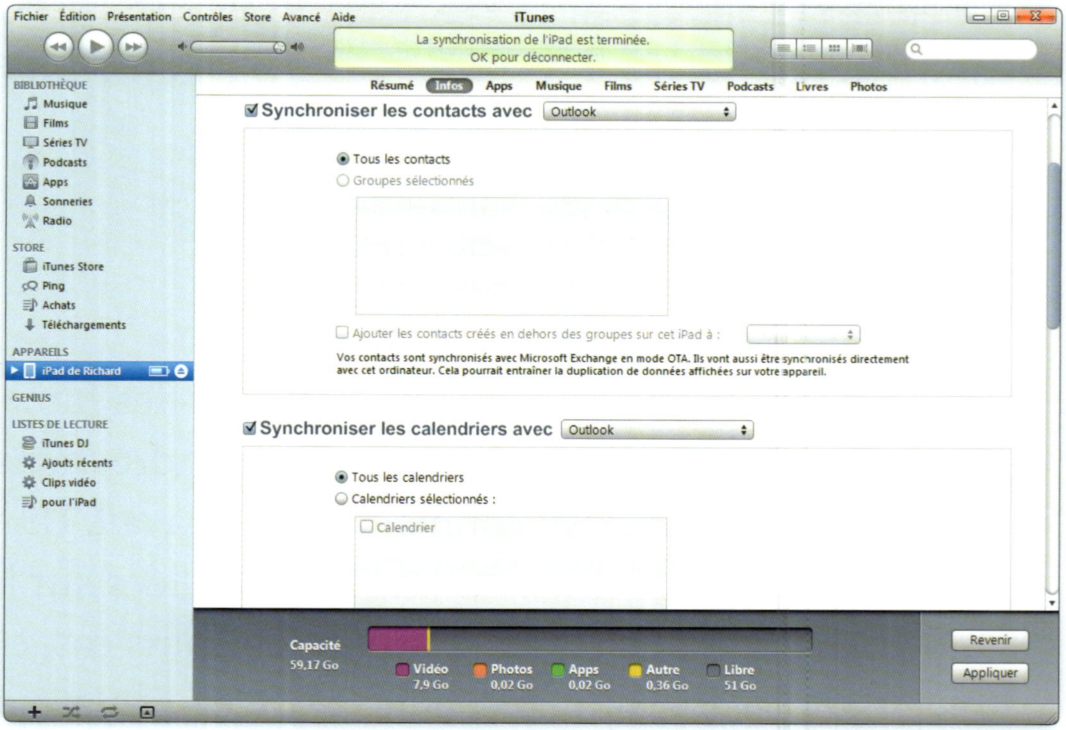

COMMENT... SYNCHRONISER SON AGENDA À L'AIDE D'ITUNES

1 CONTACTS, CALENDRIERS ET COMPTES DE MESSAGERIE L'onglet Infos de la fenêtre d'iTunes sur votre ordinateur vous permet de sélectionner précisément les données à synchroniser entre l'iPad et l'ordinateur (voir p. précédente). La première zone concerne les contacts. Cochez la case. La deuxième concerne les calendriers. Cochez la case également. Les deux menus déroulants vous permettent de choisir le logiciel sur le PC qui recevra les données de l'iPad, et inversement. Pour les contacts, vous avez le choix entre Outlook ou le carnet d'adresses de Windows. Pour les calendriers, seul Outlook est proposé. Le choix est donc limité et mieux vaut avoir installé le gestionnaire d'information personnelle de Microsoft au préalable. Notez que cette zone vous permet de sélectionner d'autres informations à synchroniser. Faites défiler la page pour atteindre la zone « Synchroniser les comptes de messagerie ». Cochez la case attenante. Ce faisant, tout compte e-mail que vous ajoutez à l'un de vos appareils se retrouvera automatiquement configuré sur l'autre ou les autres. Vous pourrez ainsi consulter vos messages sur tous.

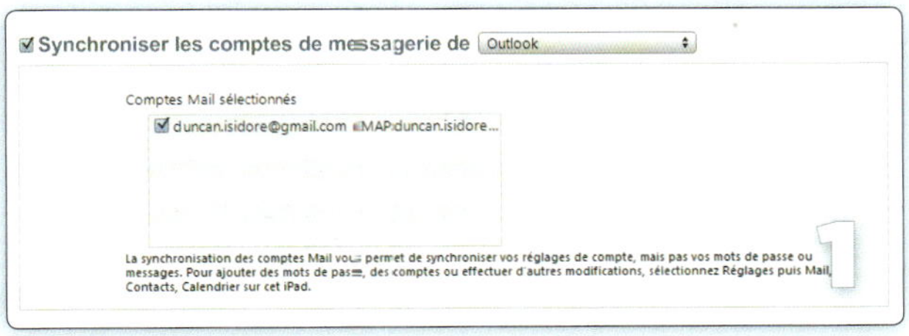

2 SIGNETS, NOTES ET AUTRES RÉGLAGES Continuez à faire défiler la page pour accéder aux deux dernières sections. Celle intitulée « Autre » vous permet également de synchroniser vos Favoris Internet et vos Notes (prises avec l'application iPad du même nom). Pour ce qui est des Favoris (ou Signets), vous pouvez choisir le navigateur Internet concerné, probablement Internet Explorer par défaut. Vous retrouvez ensuite vos Favoris dans le navigateur Safari de l'iPad. Une tape suffira pour vous rendre sur vos sites habituels.

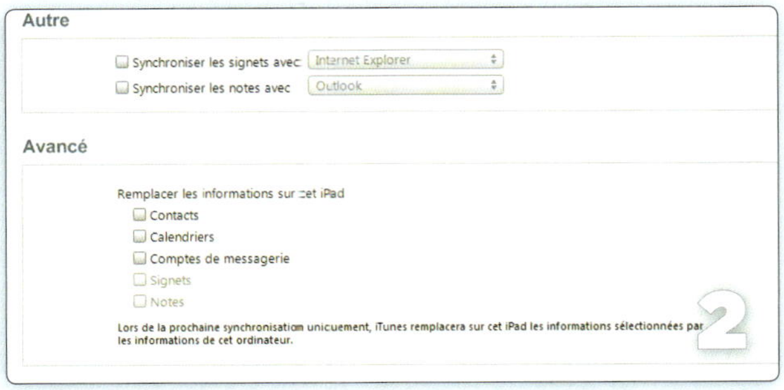

3 PROFITER DE LA SYNCHRONISATION DES CALENDRIERS Chaque fois que la synchronisation s'effectue, ce qui se produit automatiquement lorsque vous branchez l'iPad à votre ordinateur, les deux appareils s'échangent les nouvelles informations et vous vous retrouvez avec deux agendas identiques. Dans Outlook comme dans Calendrier sur l'iPad, vous pouvez gérer plusieurs calendriers (un perso et un professionnel par exemple). Et choisir de n'afficher les rendez-vous que de l'un ou de l'autre, ou bien des deux à la fois. Pour cela, tapez sur le bouton Calendriers en haut à gauche pour sélectionner celui ou ceux de votre choix.

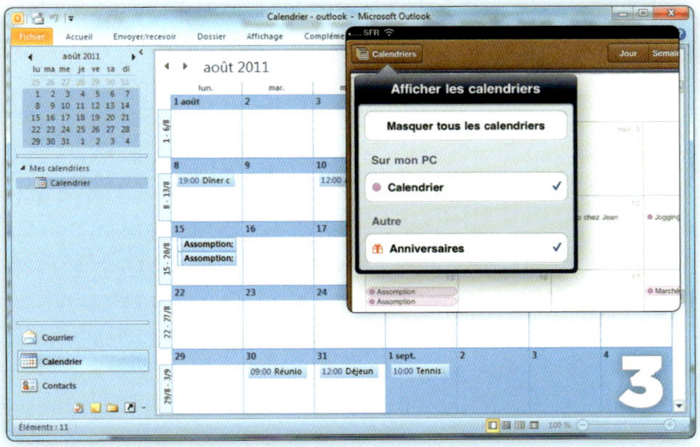

4 RETROUVER TOUS SES CONTACTS L'application Contacts sur l'iPad fait la différence entre les contacts synchronisés avec le PC et ceux synchronisés par d'autres moyens (voir p. 120). Pour vous assurer de bien consulter la bonne liste de contacts, tapez sur le marque-page rouge « Groupes » en haut à gauche, dans l'application Contacts. Vous pourrez ainsi consulter les différentes sources de contacts. Si le marque-page n'apparaît pas, c'est que vous n'avez qu'une seule liste.

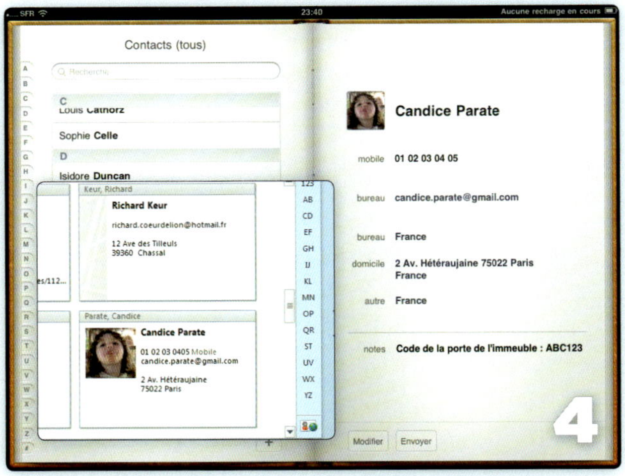

COMMENT... SYNCHRONISER SANS FIL VIA UN COMPTE GMAIL

Plutôt que de brancher votre iPad à l'ordinateur pour synchroniser vos contacts et calendriers, vous pouvez synchroniser sans fil en passant par un compte Gmail. Et vous entrez du même coup dans le « Cloud computing » !

S'il est un spécialiste des services en ligne, c'est bien Google. Et avec un compte Gmail, le service de webmail de Google, il est possible de gérer aussi ses contacts et ses calendriers, en plus de ses messages. Voici comment.

1 CRÉER UN COMPTE GMAIL Lancez votre navigateur et rendez-vous sur www.gmail.com. Dans la page qui s'affiche, cliquez sur le bouton « Créer un compte ». Remplissez le formulaire qui se présente. Utilisez votre adresse actuelle comme e-mail de récupération de mot de passe au cas où vous oublieriez celui que vous venez juste de choisir pour le compte Gmail. Cochez la case d'acceptation des conditions d'utilisation et validez d'un clic sur J'accepte. Cliquez ensuite sur « Accédez à mon compte » pour afficher votre nouvelle boîte de réception. Rien ne vous oblige à utiliser cette adresse e-mail que personne n'a à connaître. Ce compte peut parfaitement ne servir qu'à stocker vos contacts et calendriers.

2 LANCER LA CRÉATION D'UN NOUVEAU COMPTE SUR L'IPAD Il faut maintenant indiquer à l'iPad comment se connecter à ce compte Gmail. Rendez-vous dans les Réglages et sélectionnez « Mail, contacts, Calendrier ». Tapez ensuite sur « Ajouter un compte ». Il vous faut ensuite choisir le type de compte. Bien qu'il s'agisse d'un compte Gmail, sélectionnez l'option « Microsoft Exchange ». Seul ce type de compte vous permettra de synchroniser à la fois les contacts et les calendriers.

3 SE CONNECTER AU COMPTE Dans le premier formulaire qui s'affiche, indiquez l'adresse du compte Gmail que vous venez de créer. Tapez-la de nouveau dans la zone « Nom d'utilisateur », bien en entier, avec le « @gmail.com ». Indiquez ensuite le mot de passe dans la zone ad hoc. Pressez le bouton Suivant en haut à droite. Au bout de quelques secondes, le formulaire affiche une nouvelle zone « Serveur ».

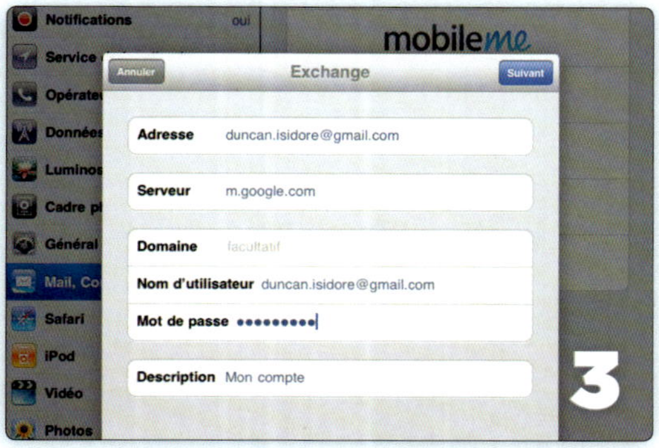

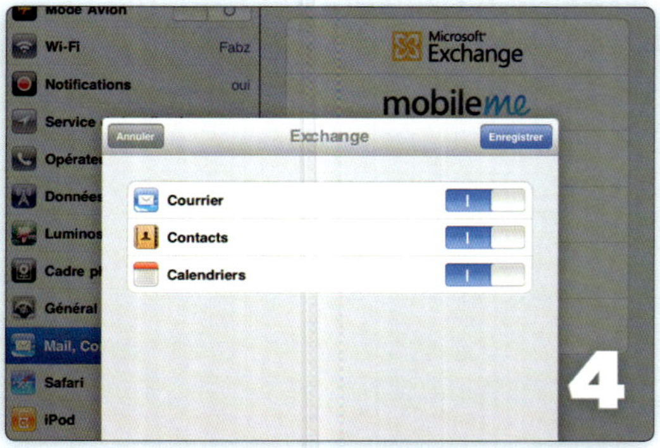

Pour garder les contacts

Si vous avez déjà des contacts stockés sur votre iPad lorsque vous créez la synchronisation avec votre compte Gmail, l'iPad vous demande ce que vous souhaitez en faire : les supprimer ou les conserver. C'est malheureusement une question à la Pyrrhus, car même si vous les conservez, ils ne seront pas fusionnés avec les nouveaux et tout se passera comme si vous aviez deux carnets d'adresses dans votre iPad. En réalité, pour vraiment passer à la synchronisation sans fil, mieux vaut repartir de zéro. Rendez-vous pour cela sur votre compte Gmail, choisissez Contact et recopiez-les un à un. C'est pénible mais vous n'aurez à le faire qu'une fois...

Tapez-y « m.google.com », sans les guillemets. Pressez de nouveau sur Suivant pour valider.

4 SÉLECTIONNER LES DONNÉES À SYNCHRONISER L'écran suivant vous demande ce que vous souhaitez synchroniser entre votre iPad et les serveurs de Google. Positionnez sur « I » les trois boutons. Vous vous assurerez ainsi de synchroniser Contacts et Calendriers et vous pourrez aussi, facilement, consulter les éventuels messages envoyés par Google à propos de votre compte.

5 CONSULTER LES BONS CONTACTS Rendez-vous dans l'application Contacts sur l'iPad. Notez le petit logo tournant tout en haut de l'écran qui indique que la synchronisation est en train de se faire (à condition bien sûr que vous soyez connecté à Internet). Pour être sûr que tous les Contacts que vous ajoutez sur l'iPad soient bien transmis vers les serveurs de Google, rendez-vous dans les Réglages, puis de nouveau dans « Mail, contacts, calendrier ». Dans la section, sélectionnez votre compte Gmail comme compte par défaut.

6 AFFICHER TOUS LES CALENDRIERS SUR L'IPAD Google ne facilite malheureusement pas les choses en ne synchronisant avec l'iPad que le calendrier principal. Si jamais vous en utilisez plusieurs, lancez Safari sur l'iPad et rendez-vous sur m.google.com/sync. Lorsque vous voyez s'afficher le message indiquant que ce service n'est pas compatible avec le français, tapez sur le lien « Changer la langue » et sélectionnez « English (US) ». Connectez-vous avec les identifiants de votre compte Gmail pour voir s'afficher la liste de tous les appareils utilisant ce compte Gmail. Vous pouvez en effet synchroniser votre iPhone et votre iPad en même temps, ou tout autre smartphone compatible avec un compte Google, tels les téléphones Android ou Windows Phone 7. Sélectionnez l'appareil concerné, puis cochez la case de tous les calendriers que vous souhaitez utiliser sur l'iPad.

7 AFFICHER LES CALENDRIERS De retour dans l'application Calendrier, pressez du doigt le bouton Calendriers et cochez les calendriers que vous souhaitez voir s'afficher dans les différentes vues.

8 CHOISIR UN CALENDRIER PAR DÉFAUT Rendez-vous de nouveau dans les Réglages, puis dans « Mail, contacts, calendrier ». Faites défiler la zone de droite pour atteindre la section Calendriers. Tapez sur « Calendrier par défaut » et choisissez-en un. Il sera choisi automatiquement lorsque vous créerez un rendez-vous, mais vous pourrez en changer au coup par coup, évidemment.

Synchroniser son ordi ?

Une fois que vos contacts et calendriers sont synchronisés avec Google, il suffit de vous rendre sur www.gmail.com, pour les consulter. Seulement, si vous aviez l'habitude d'utiliser Outlook, et que vous souhaitez le conserver, il va falloir synchroniser également Outlook avec votre compte Gmail. Pour la messagerie, rien de plus simple : il suffit d'ajouter un compte. Pour le reste, c'est malheureusement plus complexe. Vous pouvez faire confiance au service en ligne www.soocial.com pour les contacts et au module Google Calendar Sync pour les Calendriers (www.google.com/support/calendar/bin/answer.py?answer=89955). Sur Mac, la procédure est plus simple, car les applications Carnet d'adresses et iCal sont directement compatibles avec les services de Google.

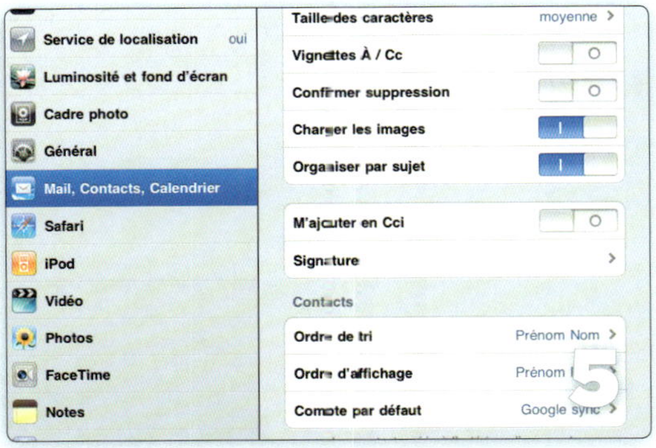

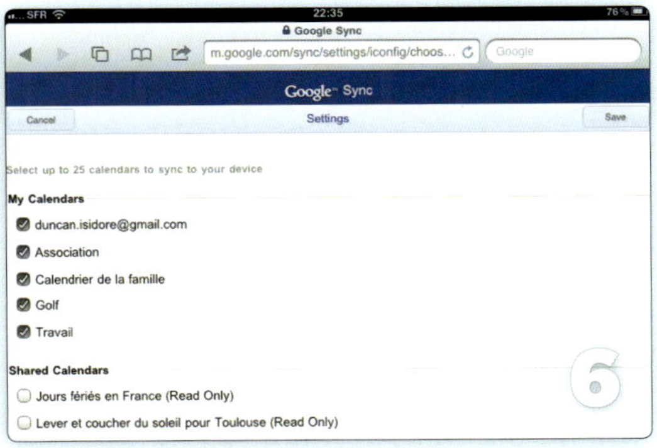

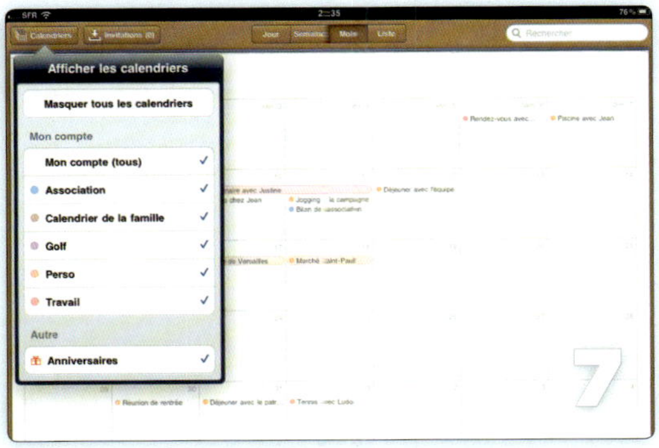

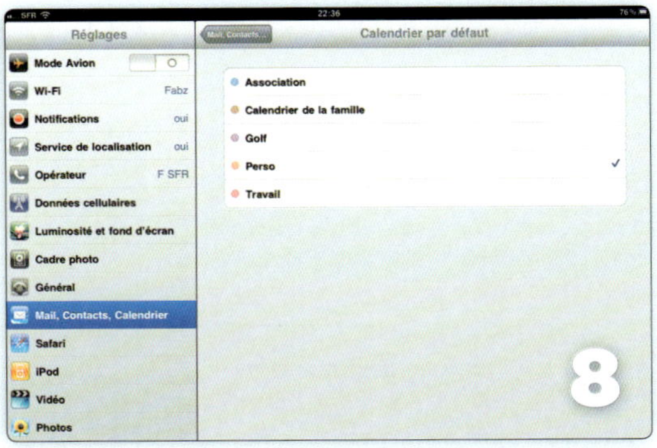

ÉCRIRE ET MÊME METTRE EN PAGES DIRECTEMENT SUR L'IPAD ? NON, CELA N'A RIEN DE SAUGRENU. L'APPLICATION D'APPLE EST UN MODÈLE DU GENRE.

Écrire et mettre en page avec Pages

Le premier outil bureautique indispensable, c'est le traitement de texte. Apple y a pensé en présentant en même temps que l'iPad une version spécialement dédiée à la tablette de son application Pages disponible sur Mac. Et, comme sur Mac, Pages pour iPad va bien au-delà de la simple saisie au kilomètre. Grâce à lui, vous pourrez composer des documents soignés, intégrant toutes sortes de sophistications graphiques.

ACHETER L'APPLICATION Pages est disponible sur l'App Store au prix de 7,99 €. Cela paraît cher par rapport aux tarifs courants sur le magasin applicatif d'Apple, mais vous ne regretterez pas l'investissement car vous disposerez d'un outil puissant et parfaitement adapté à une utilisation avec un écran tactile.

UN OUTIL FONCTIONNEL Pages propose toutes les fonctions nécessaires pour produire des documents de très bonne qualité. Vous disposez de modèles de documents personnalisables. Lettres, CV, lettre avec photo, affiches, invitation ou recette de cuisine, cliquez sur un modèle pour l'afficher dans Pages en vue de procéder à son adaptation, élément après élément, à vos besoins spécifiques.

PRISE EN MAIN L'utilisation de Pages sur un iPad ne nécessite que quelques minutes d'adaptation. Lorsque vous souhaitez modifier un élément au sein d'un document, touchez-le du doigt. Dans la barre d'outils, touchez l'icône « i » pour afficher toutes les options de mise en forme de l'élément sélectionné. Touchez une image et vous trouverez différents filtres graphiques à lui appliquer ou des effets (ombres, reflets, etc.). Sélectionnez un mot ou un bloc de texte et vous pourrez modifier la police et la taille des caractères, ou encore l'alignement du paragraphe. Chaque modification apportée peut être annulée très simplement à l'aide du bouton « Annuler l'action ». Un volet est alors déployé et vous propose soit de revenir sur une modification, soit de la rétablir.

Impression et mise en page

L'icône représentant une clé à molette permet d'accéder à différentes fonctions comme Rechercher, Imprimer ou encore les options de mise en page. Touchez la commande Mise en page. Vous pouvez ainsi ajuster en-tête et pied de page, et éventuellement modifier les marges.

Pages est un outil très performant pour travailler textes et présentations graphiques sans compétence technique particulière.

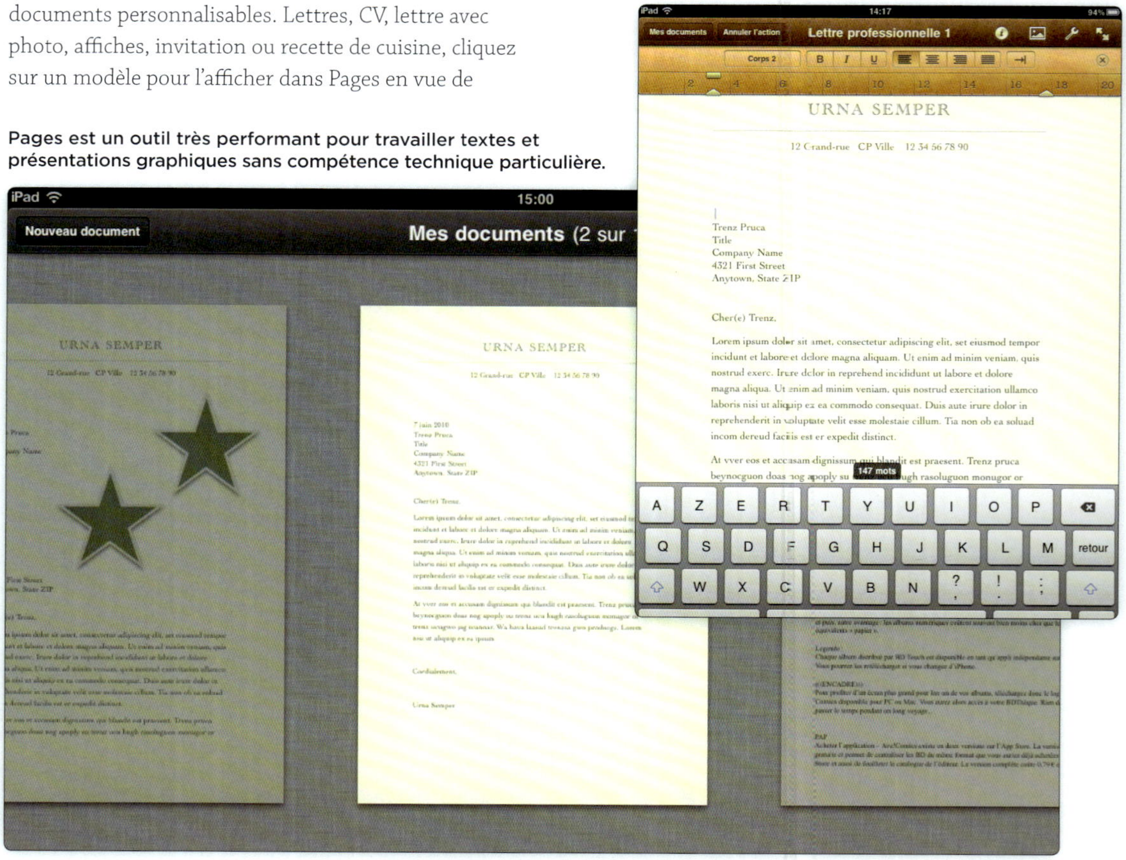

DIFFICULTÉ

COMMENT… CRÉER SES PREMIERS DOCUMENTS AVEC PAGES

1 **OUVRIR UN DOCUMENT EXISTANT** Pour ouvrir un document commencé avec Word par exemple, le plus simple consiste à passer, une fois de plus par iTunes. Connectez votre iPad, cliquez sur son nom dans le volet de gauche, puis cliquez sur l'onglet Apps. Faîtes défiler la page pour afficher deux zones, en dessous de la liste des applications que vous avez déjà téléchargées. Dans la zone de gauche, Apps, cliquez sur Pages. Il vous suffit maintenant de faire glisser les icônes des documents que vous voulez éditer sur l'iPad dans la zone Documents à droite. Ensuite, dans Pages sur l'iPad, pressez l'icône figurant une flèche pointant vers le bas et choisissez « Copier depuis iTunes » dans le menu qui s'affiche. Sélectionnez le document voulu. Le fichier est maintenant sur votre iPad et s'affiche en plein écran. Vous pouvez commencer à travailler. Plus tard, vous pouvez emprunter le chemin inverse pour renvoyer le fichier vers l'ordinateur. Tapez cette fois sur l'icône pointant vers l'extérieur dans la zone « Mes documents » de Pages et choisissez « Envoyer à iTunes ».

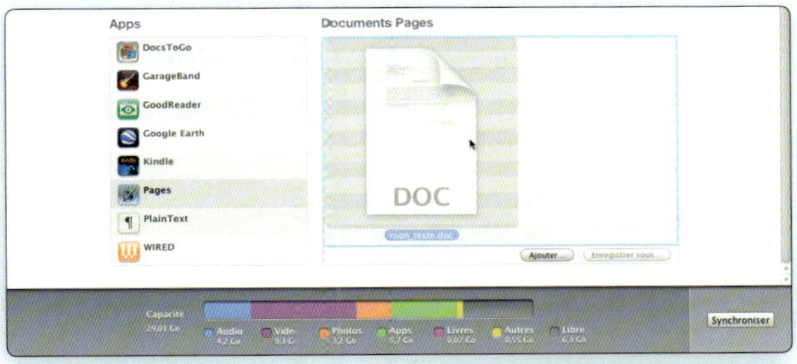

2 **CRÉER UN DOCUMENT À PARTIR D'UN MODÈLE** Touchez le bouton Nouveau Document. La fenêtre « Choisir un modèle » apparaît à l'écran. Quinze modèles sont disponibles. La seizième icône permet quant à elle d'ouvrir un document vierge.

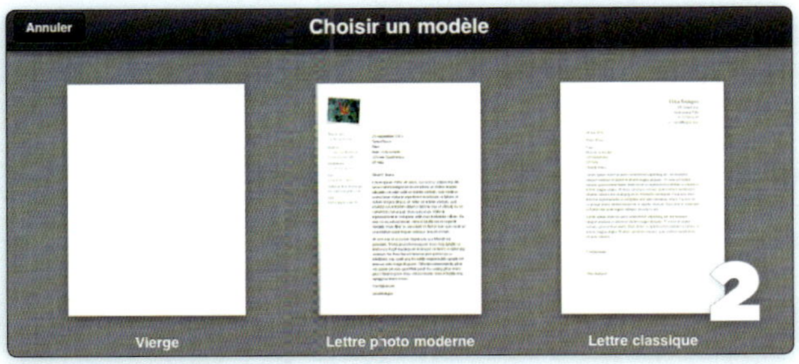

3 **ÉDITER LE TEXTE** Touchez du doigt une zone de texte. Elle apparaît alors en surbrillance. Dans la barre d'outils, le premier bouton vous indique le style de texte par défaut. Touchez ce bouton pour attribuer un nouveau style à l'élément sélectionné. Vous pouvez également modifier les attributs du texte manuellement en utilisant les boutons B, I et U qui permettent respectivement la mise en gras, l'italique ou le soulignement. Les trois boutons suivants agissent sur l'alignement du texte (Gauche, centré, droite, ou justifié). Pour modifier ces paramètres plus globalement, touchez le bouton « i » de la barre d'outils et parcourez les onglets. Vous pouvez par exemple écrire sur plusieurs colonnes.

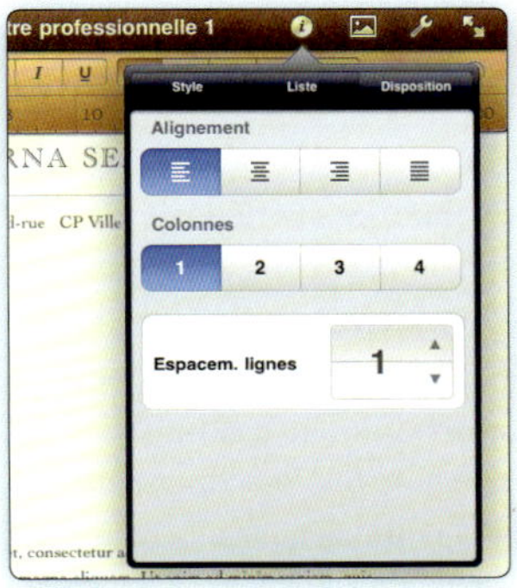

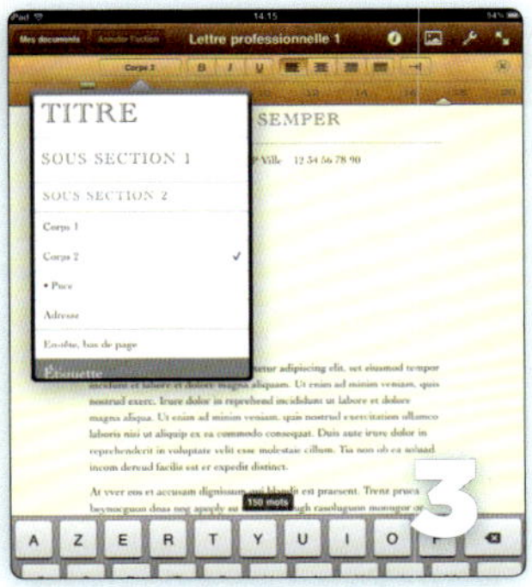

4 **INSÉRER DES ÉLÉMENTS** Touchez l'icône Insertion (à droite du bouton « i »). Grâce à elle et à ses différents intitulés, vous insérez des images, des graphiques, des tableaux etc., au sein de votre document. Touchez l'élément à insérer. Pour en modifier les propriétés, touchez à nouveau l'icône « i ».

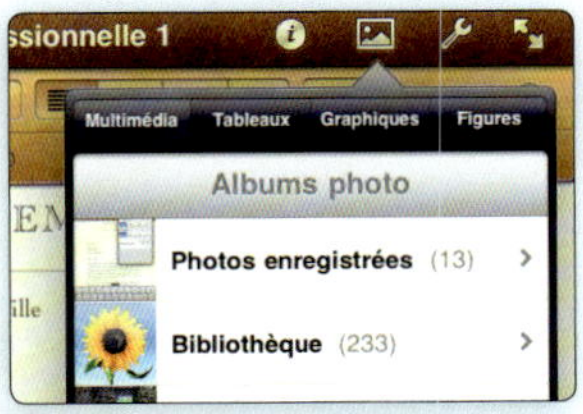

COMPAGNON INDISPENSABLE DE PAGES, NUMBERS EST UN VÉRITABLE TABLEUR POUR L'IPAD. APPLE A DÉCIDÉMENT BIEN FAIT LES CHOSES.

Composer des tableaux avec Numbers pour iPad

Comme la plupart des applications de productivité, commercialisées par Apple sur l'App Store, Numbers vous coûtera 7,99 €. Tapez Numbers dans le champ Rechercher puis, dans la liste des résultats, touchez le bouton Installer l'App.

UNE COMMANDE CLÉ L'ergonomie de Numbers permet même aux débutants de trouver aisément leurs marques. Par ailleurs, un didacticiel très clair vous est proposé à l'ouverture de l'application. S'il y a une commande à connaître absolument, c'est le bouton « i » qui figure dans la barre d'outils et permet d'agir de manière globale sur l'élément que vous souhaitez modifier. Sélectionnez la cellule, la plage de données, l'étiquette de colonne ou encore le graphique sur lequel vous souhaitez apporter une modification. Une fois sélectionné, touchez l'icône « i ». Un volet se déploie. Il contient quatre boutons : Tableau, En-têtes, Cellules, Format. Passez en revue les commandes associées, et vous êtes certain de trouver celle qu'il vous faut.

AJOUTER DES FEUILLES DE CALCUL
L'application peut gérer des feuilles de calcul complexes, intégrant des milliers de cellules, assurant des calculs entre des données figurant dans différentes feuilles de calcul au sein d'un même classeur. Pour ajouter des feuilles de calcul au sein d'un classeur, il suffit de toucher l'onglet « + ». Vous pouvez ainsi, selon le modèle, ajouter une feuille ou un formulaire.

PARTAGER LE TRAVAIL Vous êtes plusieurs à travailler une même feuille de calcul ? N'hésitez pas à faire circuler les infos. Affichez l'écran d'accueil de Numbers. Faites défiler vos feuilles de calcul. La feuille au centre de l'écran est considérée comme active. Touchez le bouton Envoyer symbolisé par une flèche orientée vers la droite. Choisissez soit un envoi par e-mail, via iTunes, ou vers iDisk. Numbers vous propose trois formats : Numbers (le format propriétaire), PDF pour que le fichier soit lisible par tous mais pas éditable, et Excel (XLS).

Affichage plein écran

Pour profiter d'un affichage en mode plein écran et vous défaire des onglets des différentes feuilles de calcul, touchez le bouton représentant deux flèches en diagonale. Pour revenir à un affichage normal, une simple pression rapide du doigt sur n'importe quelle zone de l'écran suffit.

L'interface de Numbers est proche de celle de Pages (voir p. 122).

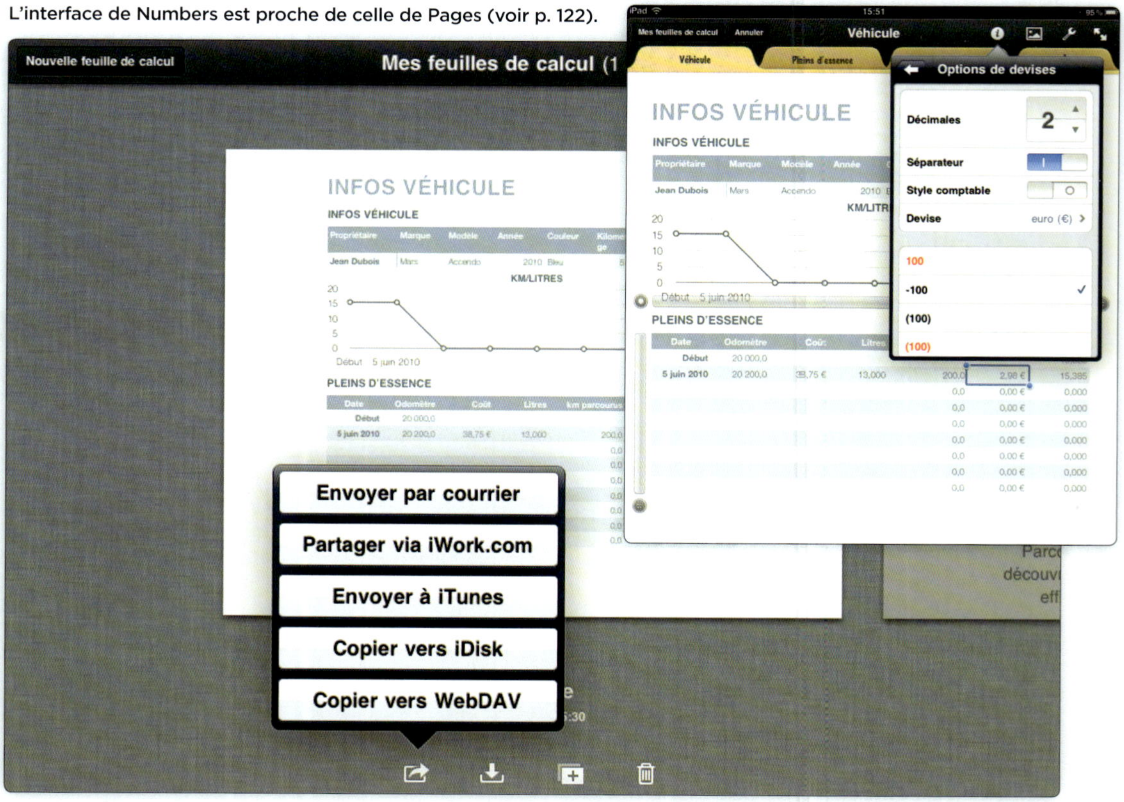

COMMENT… TRAVAILLER SES PREMIERS TABLEAUX AVEC NUMBERS

1 OUVRIR UN MODÈLE Numbers pour iPad n'a rien à envier à un tableur classique. Il met en effet à votre disposition toutes les fonctions auxquelles vous êtes habitué. Pour créer un nouveau tableau, utilisez les modèles disponibles, depuis les comparateurs de prêts en passant par les tableaux de suivi de budget. Touchez le bouton Nouvelle feuille de calcul. La liste des modèles s'affiche sur l'écran. Faites défiler la liste du doigt et sélectionnez, par exemple, Véhicules pour suivre les dépenses liées à l'utilisation de votre automobile. Trois onglets composent la feuille de calcul. Passez-les en revue l'un après l'autre pour adapter les contenus des cellules à vos besoins propres. La saisie des données s'effectue très simplement.

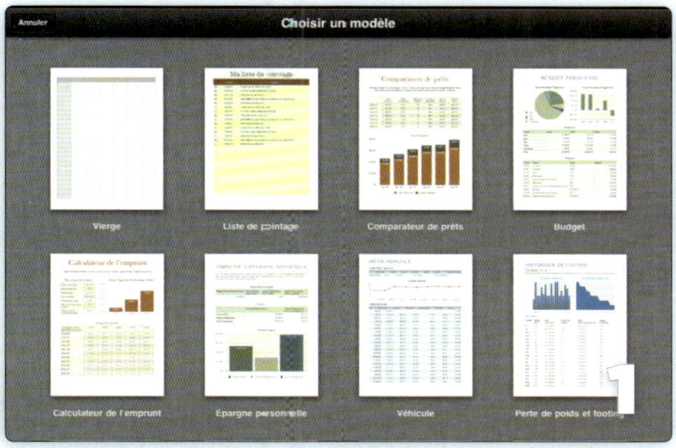

2 SAISIR DES DONNÉES DANS LES CELLULES Lorsque vous utilisez un tableur sur un ordinateur, vous saisissez des données après avoir sélectionné la cellule dans laquelle celles-ci doivent prendre place. Avec Numbers, rien ne change. Pour entrer des données dans un tableau, touchez la cellule du doigt à deux reprises (à la manière d'un double clic avec une souris) pour activer l'affichage de la zone de saisie.

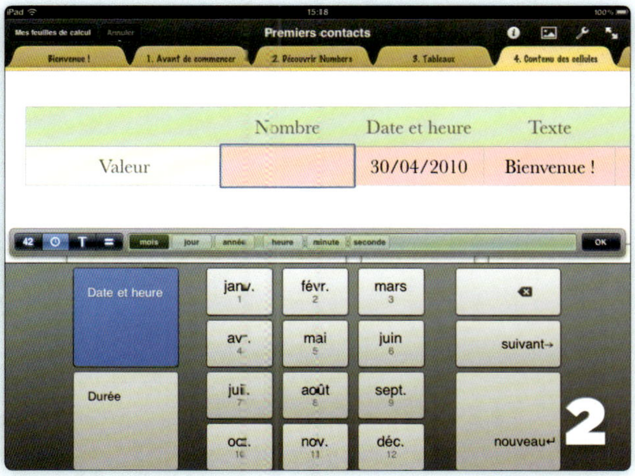

3 DÉFINIR LE FORMAT DES DONNÉES Quatre icônes précèdent cette zone de saisie : la première affiche le chiffre 42 et permet de saisir des données chiffrées. Touchez le bouton symbolisant une horloge et les données seront des dates, des heures, des jours, des mois, etc. Touchez le bouton T pour saisir du texte et le bouton « = » pour entrer une formule de calcul.

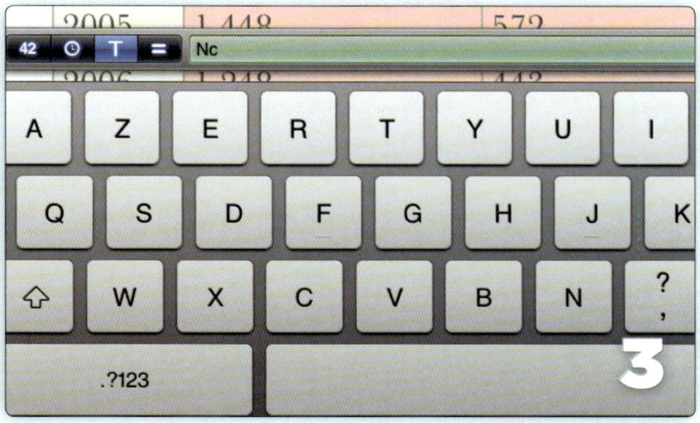

4 INSÉRER UN GRAPHIQUE À l'aide de votre index, sélectionnez, au sein du tableau, une plage de données. Touchez une cellule du doigt pour la mettre en surbrillance, puis placez le doigt sur le point bleu du coin inférieur droit de la cellule. Étirez-le pour couvrir la plage de cellules utilisée pour produire le graphique. Touchez l'icône Insertion, puis le bouton Graphiques. Dans la liste, touchez le type de graphique désiré. Ce dernier prend alors place dans la feuille de calcul. Vous pouvez en ajuster la position, ou encore les couleurs, en utilisant le bouton « i » figurant dans la barre d'outils.

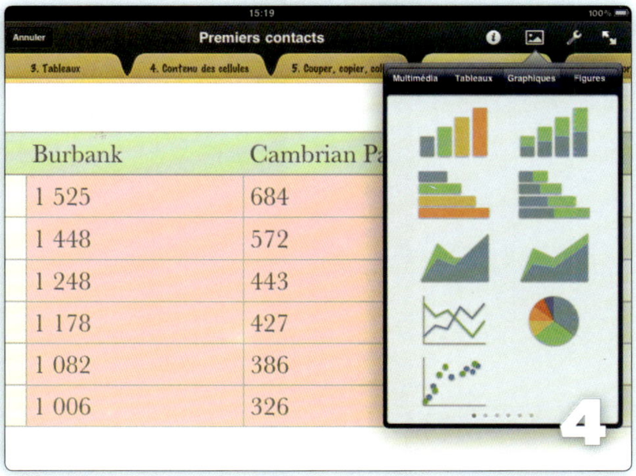

VOUS PRÉPAREZ UN EXPOSÉ ? UNE CONFÉRENCE ? OU VOUS VOULEZ TOUT SIMPLEMENT RÉALISER UN DIAPORAMA SOIGNÉ ? KEYNOTE EST LÀ !

Préparer des présentations facilement avec Keynote

Véritable alternative à Powerpoint de Microsoft, Keynote vous permet de composer des diaporamas ou des présentations sous forme de diapositives associées les unes aux autres par des animations, des effets de transition. En toute simplicité.

MANIABILITÉ OPTIMALE Keynote vous propose d'ouvrir une présentation fournie par défaut, qui offre un tour d'horizon des différentes fonctionnalités. Le volet de gauche affiche les diapositives qui composent la présentation. Vous pouvez en modifier l'organisation en déplaçant les vignettes du bout du doigt. Lorsque vous souhaitez modifier le contenu, touchez le bloc de texte ou le bloc image pour le sélectionner. Deux points bleus permettent le redimensionnement. Touchez le centre du bloc pour le déplacer, touchez deux fois pour modifier le texte en faisant apparaître le clavier virtuel.

PENSER ANIMATION La clé d'une présentation, c'est l'équilibre entre l'affichage des informations et la gestion de leur défilement. Pour cela, Keynote vous propose une riche bibliothèque d'effets. Pour appliquer une transition, touchez le bouton représentant deux losanges imbriqués, puis touchez la vignette de votre choix. Un volet s'affiche. Si aucun effet n'est associé à la diapositive, il porte la mention Aucun. Touchez la flèche bleue pour afficher le volet qui contient les effets classés par type (défilement, balayage, etc.). Lorsque l'effet est désigné, sélectionnez Options et ajustez la vitesse d'affichage de l'effet ou l'action qui va l'activer. Soyez raisonnable et évitez de multiplier les effets : le plus important reste le contenu !

APERÇU PERMANENT Pour visualiser votre travail, il suffit de toucher le bouton Aperçu au sommet de la fenêtre de composition. Il se présente sous la forme d'une flèche orientée vers la droite (identique au bouton lecture d'un lecteur de CD/DVD). Pour n'afficher qu'une partie de votre diaporama, touchez une vignette dans le volet de gauche, puis le bouton aperçu. Le diaporama apparaît alors en plein écran. Pour quitter l'aperçu, touchez l'écran à deux reprises.

Exportation multi-format

L'application Keynote pour iPad est en descendance directe de son équivalent sur Mac. Vous pouvez donc facilement échanger vos fichiers entre les deux. Si vous utilisez Powerpoint sur un PC, exportez votre travail en touchant le bouton Partager sur l'écran d'accueil. Dans le volet, sélectionnez Envoyer par e-mail et optez pour un envoi au format Powerpoint. Le fichier peut alors être retravaillé sur une autre machine Windows.

Composer un diaporama du bout des doigts est une expérience étonnante. Difficile de revenir ensuite à la souris !

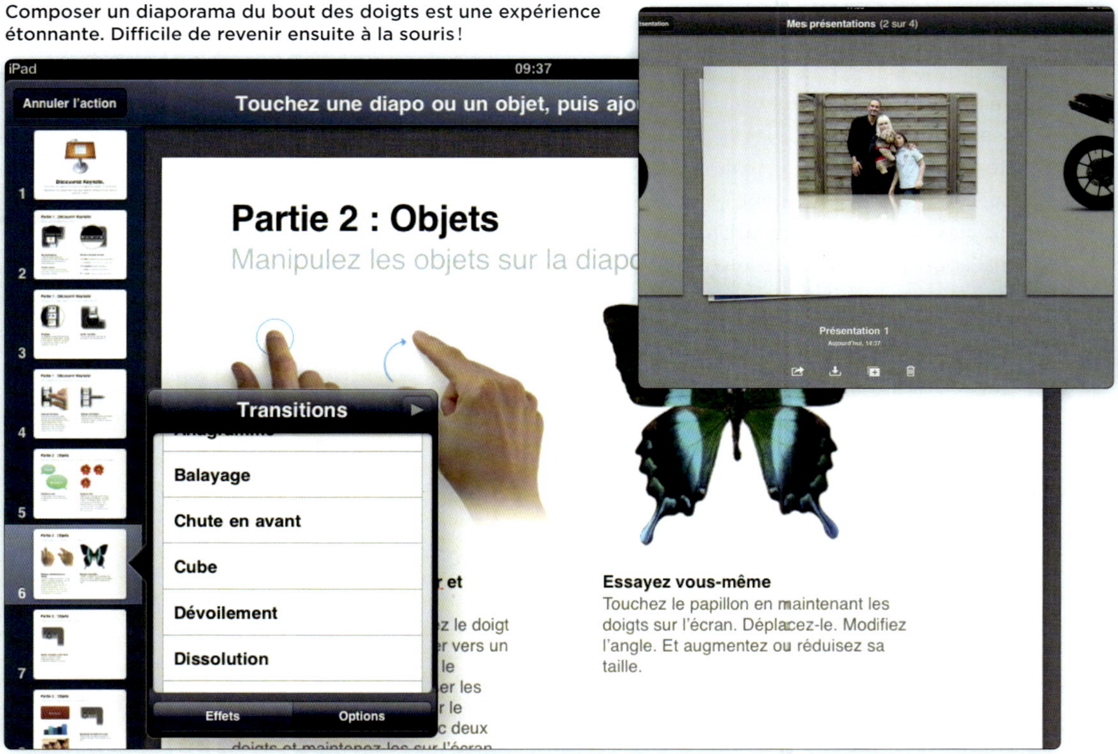

COMMENT... TRAVAILLER DEPUIS UN MODÈLE DE PRÉSENTATION

1 ADAPTER UN MODÈLE Il est temps de vous amuser un peu avec Keynote en créant une première présentation. Sur la page d'accueil de Keynote, touchez le bouton « Nouvelle présentation ». La page « Choisir un modèle » s'affiche. Parcourez la liste et optez par exemple pour le modèle Exposition qui met en scène une moto sportive. Le diaporama affiche l'unique diapositive dont il se compose pour le moment. Notez que la personnalisation de cette première diapositive est facilitée par des indications fournies par Keynote lui-même, qui vous indique qu'il faut toucher deux fois une zone de texte pour la modifier, etc. Commencez par remplacer la photo par défaut par un visuel de votre choix. Pour cela, touchez l'icône Insertion placée sous l'image.

2 INSÉRER UNE IMAGE Le contact avec l'icône Insertion a affiché une liste déroulante qui vous propose de parcourir le contenu de la photothèque de votre iPad afin de choisir l'image qui sera intégrée dans la diapositive. L'item Bibliothèque rassemble toutes les images disponibles. Naviguez par date d'enregistrement de l'image pour retrouver plus facilement celle qui convient. Touchez du doigt un intitulé pour accéder à son contenu. Un volet additionnel apparaît dans lequel s'affichent vos images sous forme de vignettes.

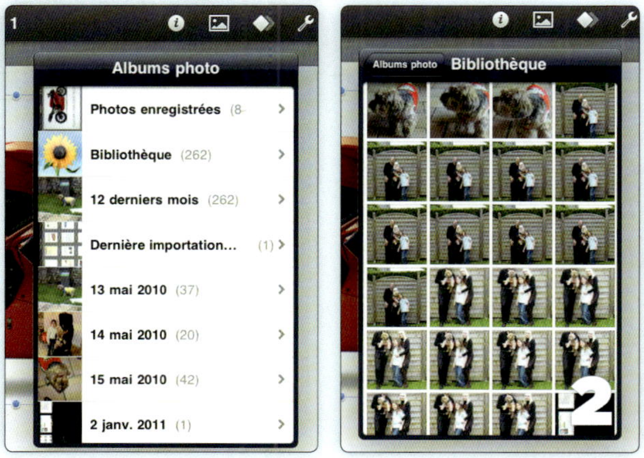

Touchez l'image à deux reprises pour qu'elle soit insérée. Ajustez les propriétés de l'image à l'aide des options rassemblées sous le bouton « i ».

3 AJOUTER DES DIAPOS Dans le volet de gauche, vous trouvez un bouton « + ». Touchez pour faire apparaître les différents types de diapo disponibles. Dans le menu, touchez deux fois la diapositive et répétez l'opération autant de fois que nécessaire.

4 ANIMER LA PRÉSENTATION Il faut maintenant gérer les effets et animation. Touchez le bouton de gestion des animations (deux losanges imbriqués). Grâce à lui, vous pouvez animer les transitions entre les diapos, mais aussi animer des objets (textes ou images) présents sur les diapositives. Touchez l'élément à modifier. Touchez le bouton Aucun Entrée et sélectionnez l'effet. Répétez cette opération avec le bouton Aucun Sortie. L'image ou le bloc de texte s'affiche selon le paramètre défini.

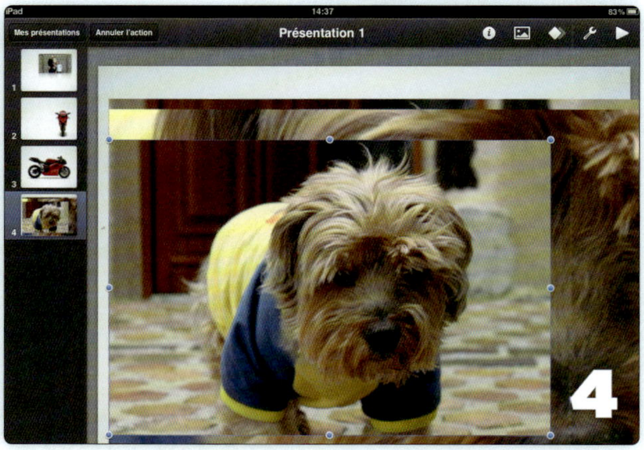

9

Comment travailler avec l'iPad

AVEC DOCUMENTS TO GO, TRAVAILLEZ DIRECTEMENT SUR LES FICHIERS AUX DIFFÉRENTS FORMATS DE LA SUITE MICROSOFT OFFICE : WORD, EXCEL, ETC.

Tous les documents Office grâce à Documents to Go

Les trois applications de productivité d'Apple que sont Pages (voir p. 122), Numbers (voir p. 124) et Keynote (voir p. 126), utilisent d'abord leur propre format de fichier, tout en étant capables de travailler avec des fichiers au format Word, Excel et Powerpoint. Cela dit, au delà du côté peu pratique d'avoir à convertir ses fichiers continuellement lorsque l'on partage ses fichiers entre l'iPad et un ordinateur Windows, il arrive parfois que l'on perde des informations lors du transfert. Pour éviter ce désagrément, il est alors peut-être plus adapté de travailler directement avec une application totalement compatible avec la suite Office. C'est le cas de Documents To Go.

BUREAU Pour utiliser au mieux l'application, il vous faut également installer le programme Bureau sur votre ordinateur. Ainsi, vous pourrez assurer la synchronisation de vos documents entre votre PC et votre iPad. Pour récupérer ce module gratuit, remplissez le formulaire que vous propose l'application iPad à son premier lancement en indiquant votre e-mail puis, touchez le bouton Envoyer. Vous recevrez alors un lien pour télécharger le programme.

INSTALLER L'APPLI DE BUREAU Lorsque vous recevez l'e-mail sur votre ordinateur, cliquez donc sur le lien qu'il contient. Cliquez sur le système d'exploitation utilisé sur votre ordinateur (Mac ou Windows), puis sur le bouton « Download Now ». L'installation de l'application de bureau ne prend que quelques minutes, suivez les consignes de l'assistant d'installation. Pour fonctionner, vous devez avoir installé iTunes sur votre machine ou le protocole Bonjour d'Apple. Ce dernier permet à l'iPad et au PC d'échanger des données sans besoin de paramétrages complexes.

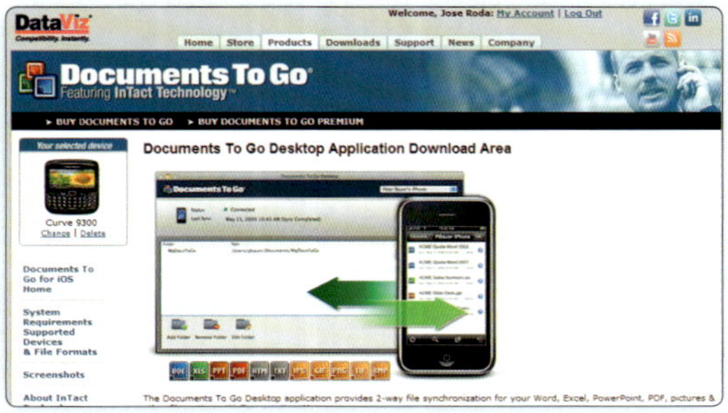

COUPLER IPAD ET ORDINATEUR Pour que vos documents puissent être synchronisés, utilisez l'assistant qui s'ouvre automatiquement. Cliquez sur Suivant. Ouvrez DocsToGo sur votre iPad. L'assistant détecte automatiquement la tablette tactile dans la liste des périphériques, cliquez sur iPad, puis sur Suivant.

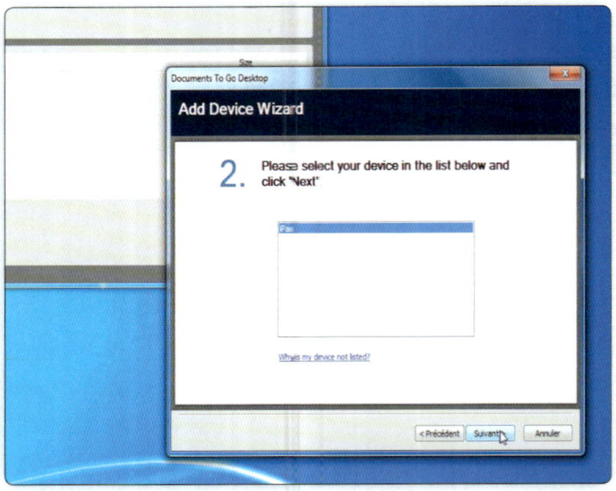

MOT DE PASSE Sur l'iPad, touchez le bouton Bureau, puis « Ajouter un bureau ». L'application affiche un mot de passe composé de quatre chiffres. Saisissez ce mot de passe dans l'assistant sur votre PC et cliquez sur le bouton Terminer. L'iPad vous informe alors que le couplage est réussi.

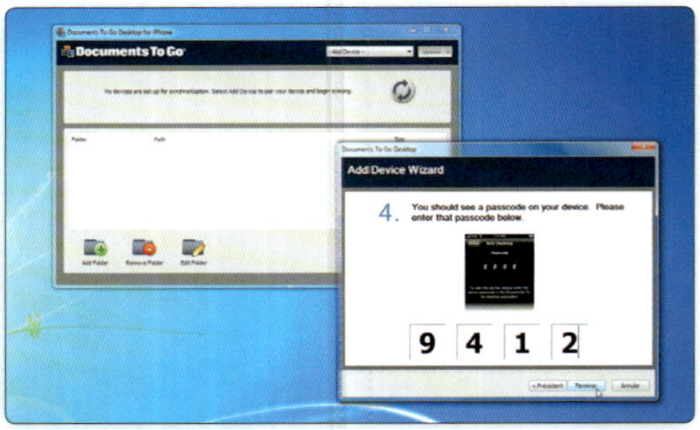

SYNCHRONISER LES FICHIERS Sur votre ordinateur, cliquez sur le bouton « Add from Documents » pour synchroniser tous les fichiers présents dans le répertoire « Mes documents ». Sélectionnez les sous-dossiers à utiliser pour la synchronisation, puis validez votre choix en cliquant sur OK. Enfin, cliquez sur Done. La synchro est lancée.

Deux modes d'édition

Deux icônes vous permettent d'accéder aux deux modes de fonctionnement de DocstoGo. Touchez Local pour modifier et travailler les fichiers créés et enregistrés directement sur l'iPad. Touchez Bureau pour accéder aux fichiers présents sur votre ordinateur via la connexion Wi-Fi.

Et aussi sur l'AppStore

✔ **Office² HD**
Permet d'éditer des fichiers Word et Excel (5,99 € - Français).

✔ **Quick Office Mobile Suite**
Une autre suite compatible Office très complète, permettant en plus de créer des fichiers PDF (11,99 € - Français).

OUVRIR LES FICHIERS SUR L'IPAD Touchez l'icône Bureau puis rafraîchissez la liste des documents en touchant le bouton Actualiser dans le coin inférieur gauche de l'écran. La liste des dossiers synchronisés s'affiche. Touchez l'icône du dossier à ouvrir. La liste des fichiers qu'il contient s'affiche à l'écran.

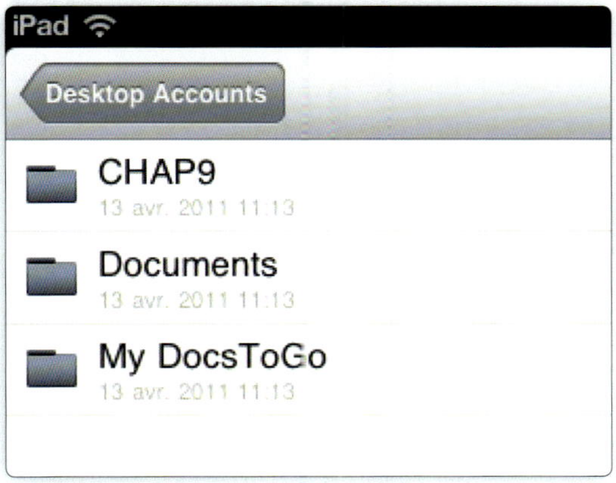

MODIFIER UN FICHIER Une fois le fichier ouvert, vous pouvez le modifier comme bon vous semble. La barre d'outils présente au bas de l'écran offre toutes les options d'édition du texte et de mise en page.

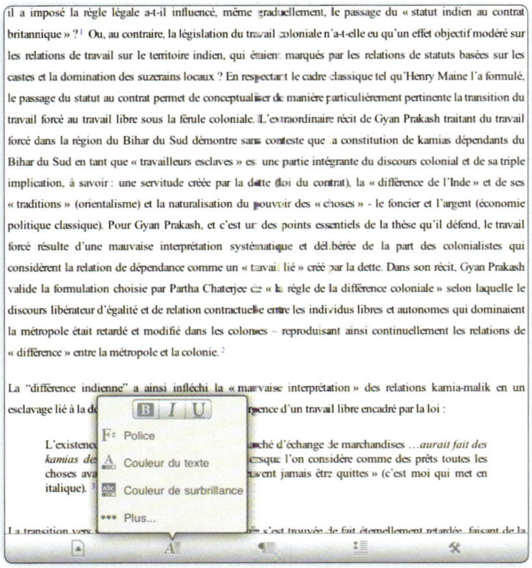

AJUSTER LA COMPATIBILITÉ Pour optimiser le fonctionnement de Documents To Go, sélectionnez le format par défaut de vos documents. Touchez l'icône Paramètres. Dans la section Général, touchez l'intitulé « Nouveau format de fichier ». Sélectionnez le format le plus couramment utilisé sur votre ordinateur. Vous pouvez revenir sur ce réglage quand bon vous semble.

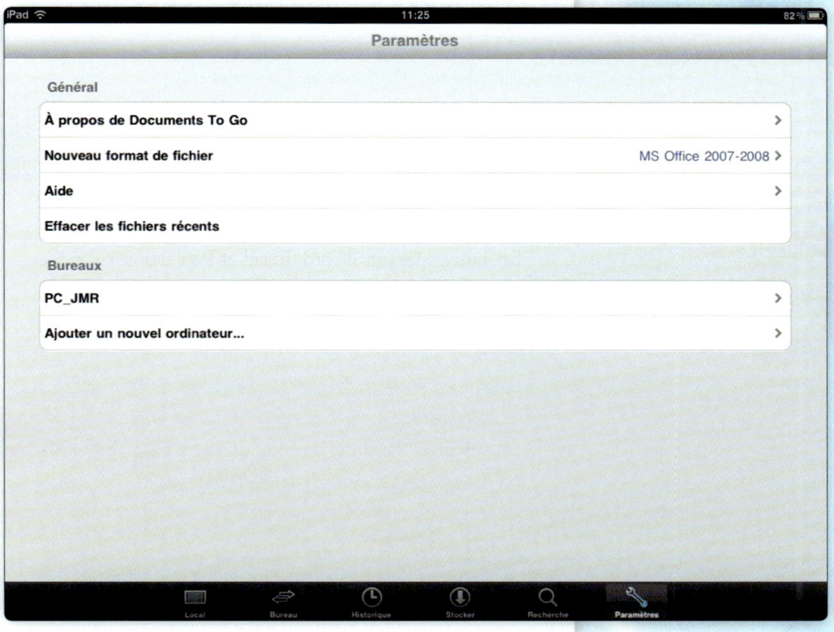

LES TABLEAUX EXCEL AUSSI Documents To Go sait aussi créer et modifier des tableaux au format « .xls ». Vous pouvez ainsi, par exemple, commencer un tableau sur votre ordinateur, le transférer vers l'iPad pour vous rendre à une réunion qui vous permettra de récupérer les derniers chiffres, puis retourner sur votre ordinateur pour mettre le tableau en forme. Dans certains cas, l'iPad peut ainsi remplacer un portable.

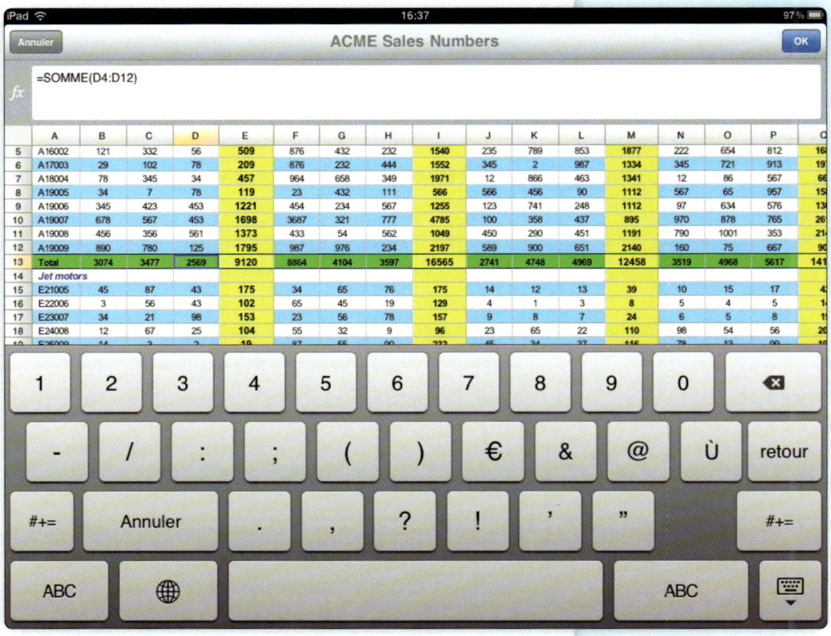

AVEC GOOGLE DOCS, VOUS POUVEZ TRAVAILLER SUR DES DOCUMENTS OFFICE GRATUITEMENT... À CONDITION D'ÊTRE CONNECTÉ À INTERNET.

Tout ce qu'il faut pour travailler avec Google Docs

Et aussi sur l'AppStore

✔ **Zoho Docs** : Cette application gratuite vous permet d'accéder aux documents que vous avez stockeés et/ou créés à l'aide des outils disponibles sur www.zoho.com, le concurrent de Google Docs, qui propose un ensemble de services bien plus complet, dont certains sont payants (Gratuit - Anglais).

Google Documents est une solution idéale pour disposer d'un outil bureautique complet sans pour autant remplir la mémoire de l'iPad et sans même débourser un centime. Avec Google Documents, vous accédez à un espace personnel qui dresse la liste des documents que vous y stockez. Vous pouvez également partager certains fichiers avec d'autres utilisateurs qui, selon les privilèges que vous leur octroyez, peuvent soit consulter soit modifier les fichiers. Ce service en ligne s'utilise via le navigateur Safari. Pour en bénéficier et gérer, importer ou créer des documents texte ou des tableaux, il suffit de créer un compte Gmail par exemple.

S'IDENTIFIER Rendez-vous sur docs.google.com. Si vous possédez déjà un compte Gmail, saisissez vos identifiants. Sinon, cliquez sur le lien « Besoin de créer un compte ? ». Il suffit alors de remplir le formulaire et en quelques minutes, le compte Gmail (ainsi que Google Document et Tableur) est actif (voir p. 120).

CRÉER UN DOCUMENT La création d'un document avec Google Documents est d'une simplicité déconcertante. Dans la barre qui présente les onglets Accueil, M'appartenant et Suivis, se trouve une dernière commande représentée par un icône symbolisant une feuille surmontée d'un stylo. Touchez ce bouton.

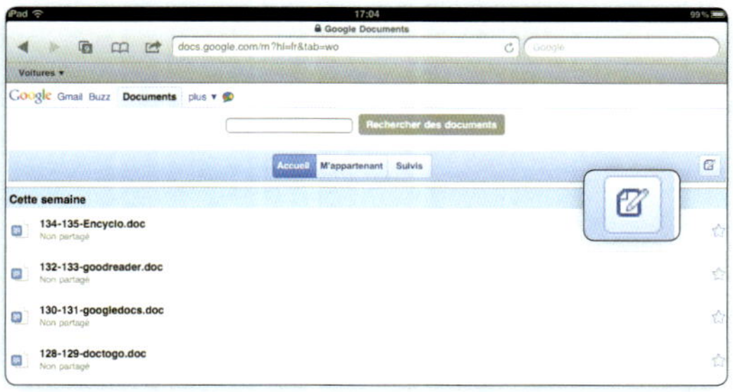

DÉFINIR LE TYPE DE DOCUMENT Du doigt, cochez le bouton permettant de créer soit une feuille de calcul, soit un document texte. Dans le champ Titre, nommez le fichier. Touchez ensuite le bouton Créer.

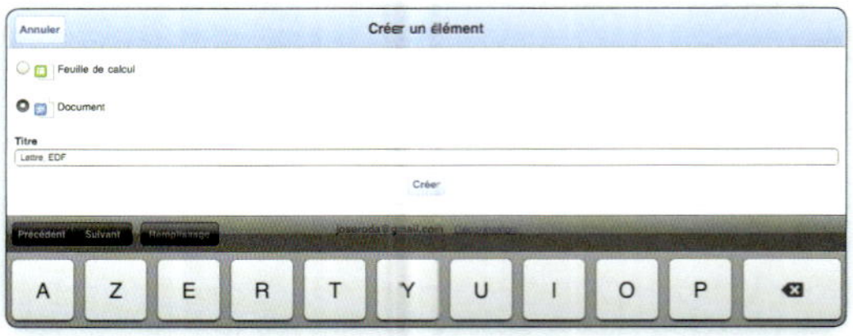

ÉDITER LE DOCUMENT Pour saisir votre texte et le mettre en forme, il est nécessaire d'utiliser le Mode Ordinateur. Touchez le bouton représentant deux flèches orientées vers le bas et dans le volet qui s'affiche, touchez la commande « Utiliser la version Ordinateur ». Le document s'affiche alors dans le navigateur. La barre de menu affiche toutes les commandes habituelles d'un logiciel de traitement de texte.

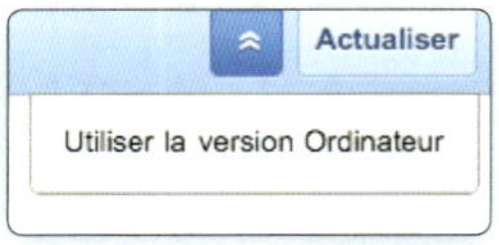

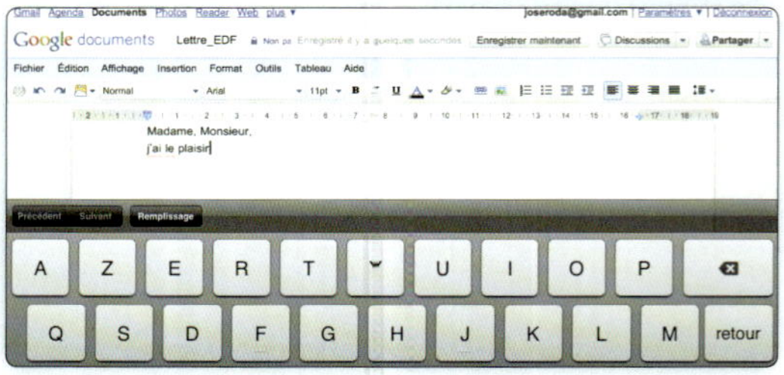

METTRE EN FORME Si vous avez déjà utilisé un logiciel tel que Word ou Writer, les commandes vous sont familières. Vous trouverez dans les barres d'outils présentes la liste des styles, les polices, les attributs des caractères (taille, couleur, alignement, etc.). Procédez à

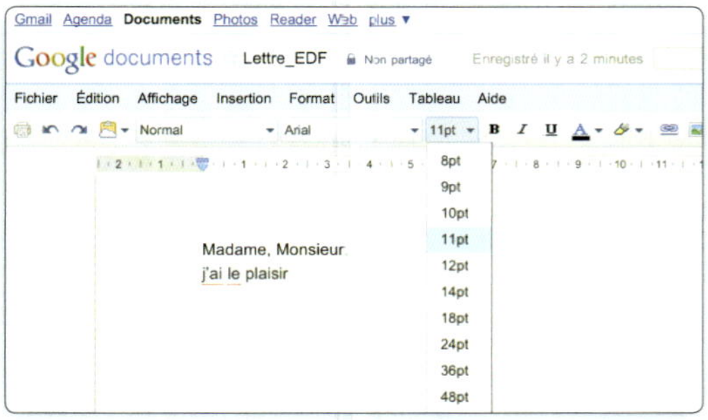

tous les enrichissements de votre choix, jusqu'à ce que le document présente l'apparence désirée.

ENREGISTRER ET EXPORTER L'un des atouts de Google Document et Tableur, c'est l'enregistrement automatique de toutes les modifications que vous effectuez. Malgré tout, pour enregistrer un changement, vous pouvez aussi toucher le bouton Enregistrer. Par ailleurs, vous apprécierez sa très large compatibilité avec la plupart des formats et standards bureautiques. Touchez le menu déroulant Fichier et sélectionnez la commande Télécharger au format. Dans le volet latéral qui se déploie, sélectionnez le format désiré (ODF - OpenOffice, PDF, RTF, Document Word), à votre convenance. Le fichier est ensuite téléchargé sur l'iPad.

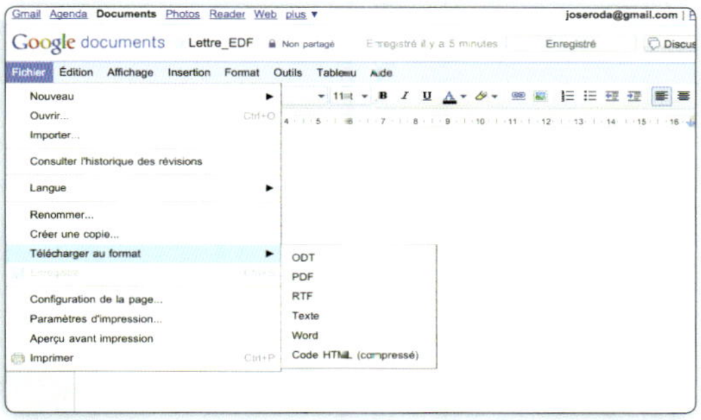

OUVRIR LE FICHIER Lorsque le téléchargement de votre document est terminé, il s'ouvre dans une nouvelle fenêtre de Safari. Dans le coin supérieur droit, touchez le bouton Ouvrir dans. Dans le volet, touchez DocsToGo ou Pages pour ouvrir votre texte dans une des applications installées sur l'iPad.

INSÉRER UNE IMAGE Le service de Google permet également d'insérer des images dans vos documents texte. Touchez l'icône Insérer. Vous ouvrez la fenêtre d'importation. vous pouvez alors sélectionner une image disponible sur Google Documents, ou bien saisir une URL (adresse Web d'un fichier graphique), ou encore utiliser votre compte Picasa Web album si vous en possédez un.

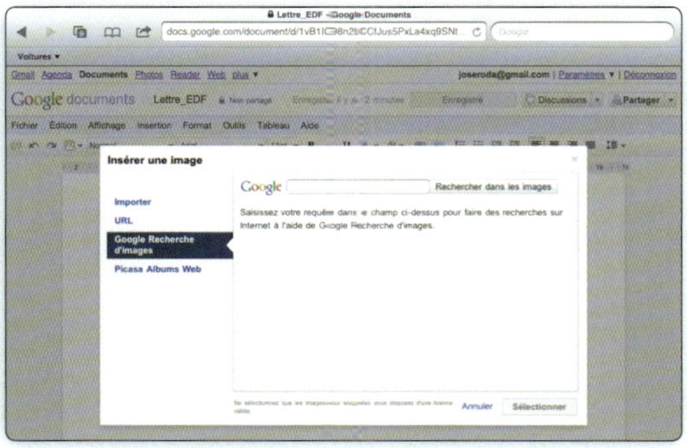

TRAVAILLER À PLUSIEURS Vous pouvez autoriser d'autres utilisateur de Google Documents à consulter ou à modifier les fichiers que vous créez. Pour cela, touchez le bouton Partager et sélectionnez Paramètres de partage dans la liste déroulante.

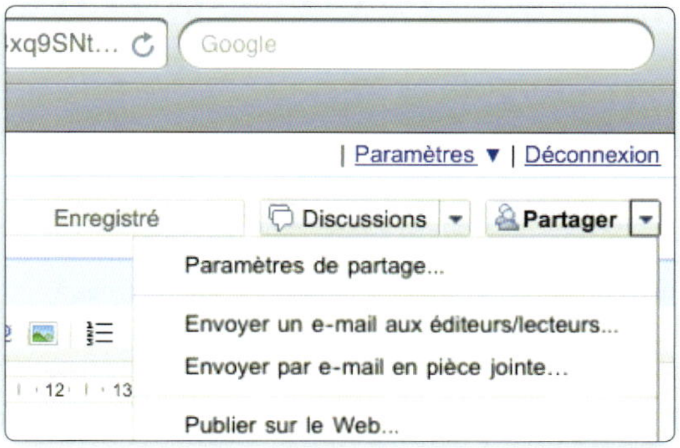

GÉRER LES AUTORISATIONS Par défaut, les documents sont créés en mode privé. Vous êtes le seul à pouvoir y accéder. Dans la fenêtre Paramètres de Partage, sous Autorisations, touchez le lien Modifier.

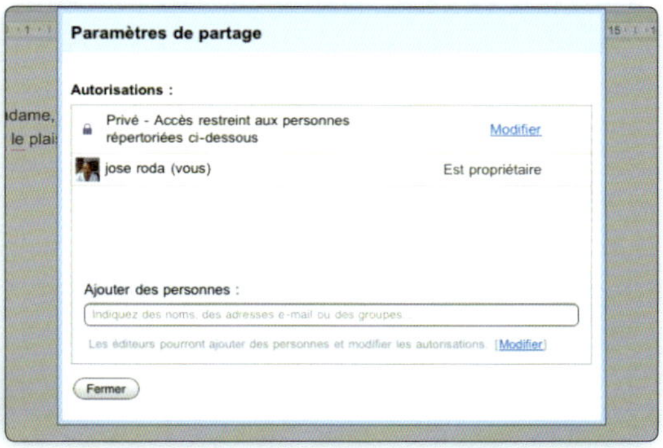

CHOISIR UN STATUT Dans la fenêtre Paramètres de partage, sélectionnez Public pour que tout internaute puisse accéder à votre document, Privé pour n'autoriser qu'un petit nombre de contacts à lire et modifier le fichier. Pour un niveau de sécurité intermédiaire, cochez Tous les utilisateurs disposant du lien. Cliquez sur Enregistrer pour entériner vos choix.

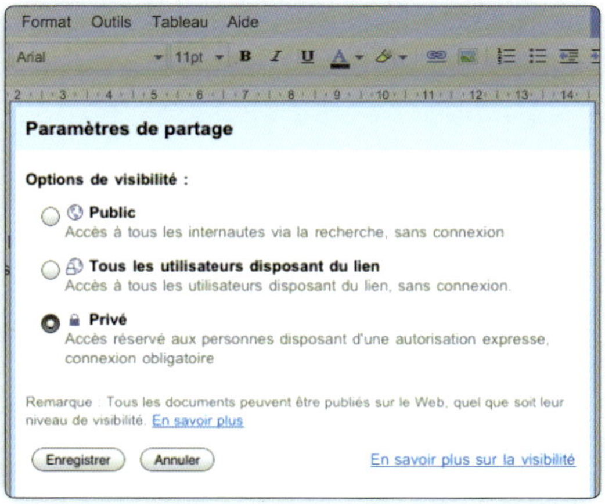

Accès direct aux services

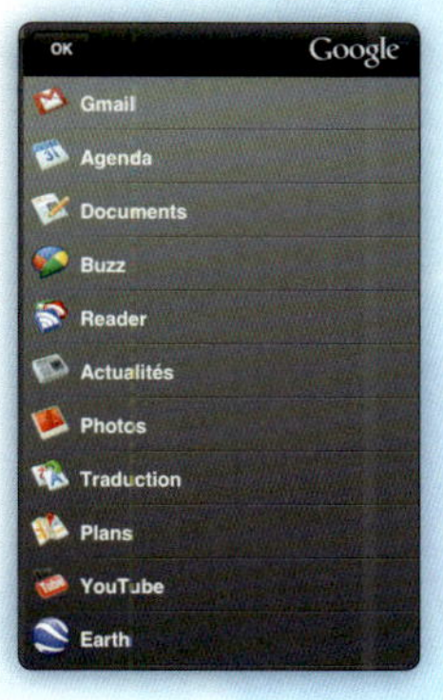

Pour faciliter l'accès à l'ensemble des services Google, lancez l'App Store et tapez Google dans le champ Rechercher. Installez l'application gratuite Google Mobile App. Grâce à elle, vous disposez d'une interface qui centralise l'accès à toute la galaxie Google : Maps, Documents, moteur de Recherche, Agenda, Buzz, Reader, Photo ou Youtube. Lancez l'application. Touchez le bouton Apps, vous pouvez accéder rapidement à toutes les fonctionnalités Google. En touchant le bouton Modifier, ajustez la liste des services en fonction de vos besoins.

GOODREADER PERMET DE CONSULTER QUASIMENT TOUS LES TYPES DE FICHIERS, MAIS S'AVÈRE PARTICULIÈREMENT UTILE AVEC LES PDF.

Lire et éditer des documents PDF avec GoodReader

Le format PDF est devenu le standard incontournable pour échanger des documents via Internet. Son premier atout, c'est bien sûr son universalité. Quel que soit le système utilisé, quel que soit l'ordinateur ou son arsenal logiciel, toutes les machines peuvent ouvrir un document PDF. Sur un iPad, l'une des meilleures solutions pour lire, travailler et modifier des documents PDF s'appelle GoodReader. Cette application ne se limite pourtant pas aux fichiers PDF. Elle vous donne accès, en consultation mais pas en édition, aussi bien à des documents Word qu'à des images ou même à la lecture de fichiers audio ! Rendez-vous sur l'App Store pour l'acheter et la télécharger pour 3,99 €.

CHERCHER DES FICHIERS Lancez GoodReader. Sur la page d'accueil de l'application, le volet de droite propose de nombreuses fonctions. Touchez l'intitulé Find Files. Vous êtes face au moteur de recherche de GoodReader qui est en mesure de sonder l'iPad à la recherche de documents à ouvrir. Dans la zone de saisie, tapez les premières lettres du nom du fichier convoité. Pour filtrer les résultats, activez les boutons By name (par nom), Rec. Read (Récemment ouverts), Rec. Added (Récemment ajoutés) ou Starred (Marqués).Touchez du doigt le résultat correspondant à votre requête pour l'afficher dans GoodReader.

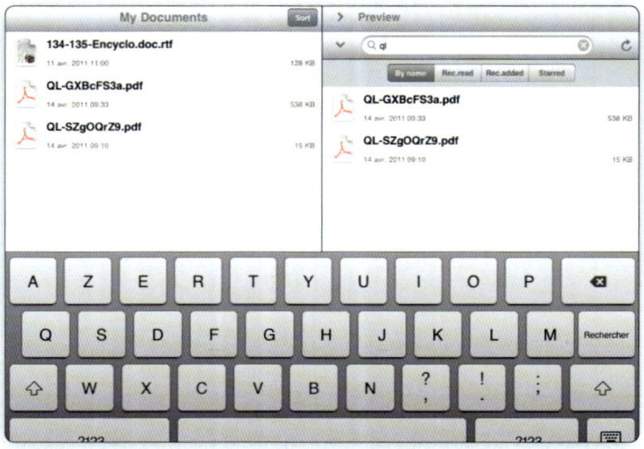

LIRE LE PDF Lorsque le document PDF s'affiche, une barre d'outils prend place au bas de l'écran. Grâce à elle, vous allez pouvoir interagir avec le document en toute liberté. Le premier bouton vous permet d'ajuster le contraste de l'affichage, indépendamment du réglage de luminosité général, afin de faciliter la lecture si vous vous trouvez dans une pièce sombre par exemple. La barre d'icônes disparaît au bout de quelques secondes. Tapez sur l'écran pour la faire réapparaître.

LISIBILITÉ OPTIMALE En fonction des propriétés du document, ajustez le sens d'affichage pour obtenir la meilleure lisibilité possible. Touchez l'icône « A » dans la barre d'outils. Dans le volet qui apparaît, sélectionnez l'option d'orientation adaptée au document.

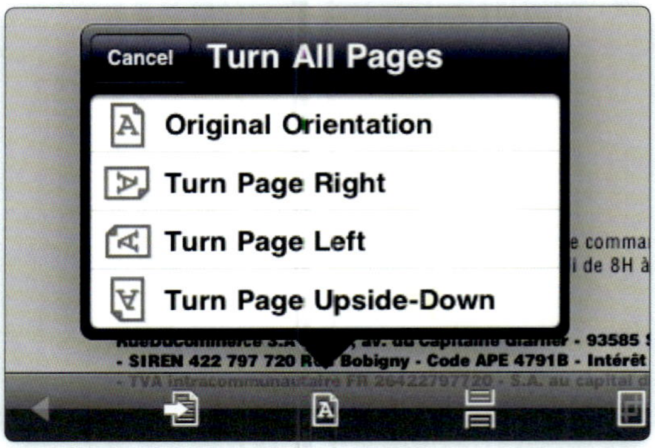

SURLIGNER Vous travaillez à plusieurs sur un document PDF ? Pour interagir avec les autres utilisateurs, GoodReader propose notamment de surligner des éléments. Pour cela, touchez du doigt l'élément à placer en exergue. Dans le menu contextuel qui apparaît, touchez le bouton Highlight.

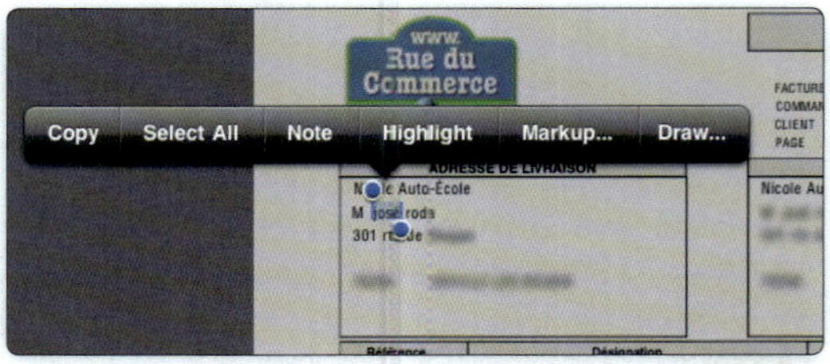

COMMENTER Vous pouvez aller plus loin et insérer des commentaires et des annotations sur un élément particulier du document. Tout commence par la sélection d'un bloc de texte ou d'une image (voir p. 27).

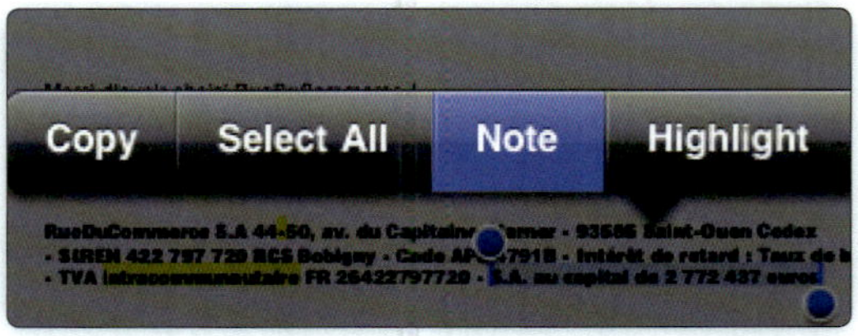

Et aussi sur l'AppStore

✔ **ReaddleDocs**
C'est le concurrent le plus direct de GoodReader. Les fonctions proposées sont similaires, dans une interface différente. Il faut probablement essayer les deux pour choisir celui que l'on préfère (3,99 € - Anglais).

✔ **PDF Reader Pro**
Lisez et annotez des fichiers PDF, et, plus fort encore, créez des PDF via l'appareil photo de l'iPad 2 ou de l'iPhone (0,99 € - Anglais).

✔ **Le lecteur intégré de l'iPad**
N'oubliez pas que l'iPad sait déjà lire les fichiers PDF. Si vous n'avez besoin que de visualiser des PDF de temps en temps, sans les annoter, la fonction de base vous suffira (Gratuit - Français).

Dans la barre contextuelle, touchez le bouton Note. Une nouvelle fenêtre apparaît. Saisissez le commentaire. Lorsque la note est rédigée, touchez le bouton Save.

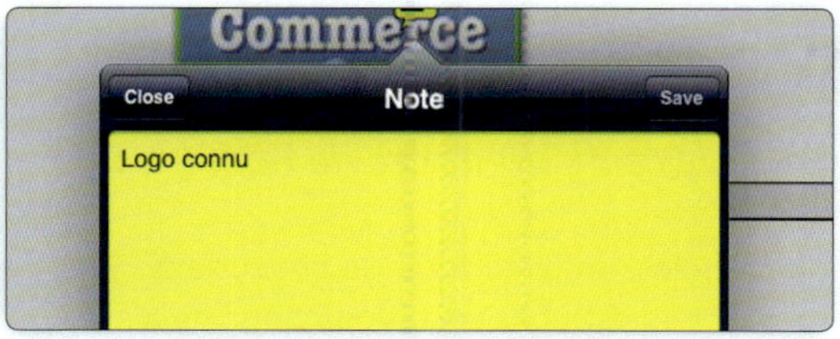

LIRE LE COMMENTAIRE Quand un commentaire est inséré sur un texte ou une image, il est représenté par un « Post-it » jaune. Touchez ce repère avec le doigt. La fenêtre de lecture s'affiche. Vous pouvez, en tant que lecteur, modifier le contenu du commentaire. Touchez deux fois la zone de saisie et entrez vos propres mots. Une fois la saisie terminée, touchez le bouton Save pour enregistrer les modifications.

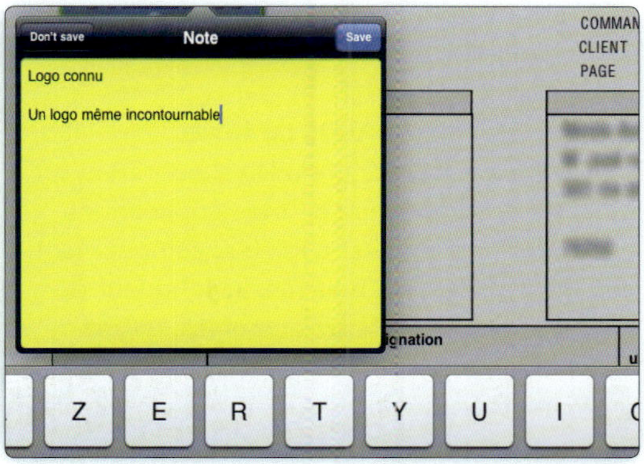

RECADRER Vous pouvez recadrer le document PDF pour redimensionner la page active, ou toutes les pages du document. Touchez dans la barre d'outils le bouton Rogner, à gauche de l'icône en forme de livre ouvert. Le PDF s'affiche alors en plein écran. À chaque coin de la page figurent des poignées à « saisir » du bout du doigt. Utilisez-les pour recadrer le document en les déplaçant sur la surface de celui-ci. Quand le résultat vous convient, touchez le bouton Done pour valider. Pour annuler, touchez le bouton « No Crops ».

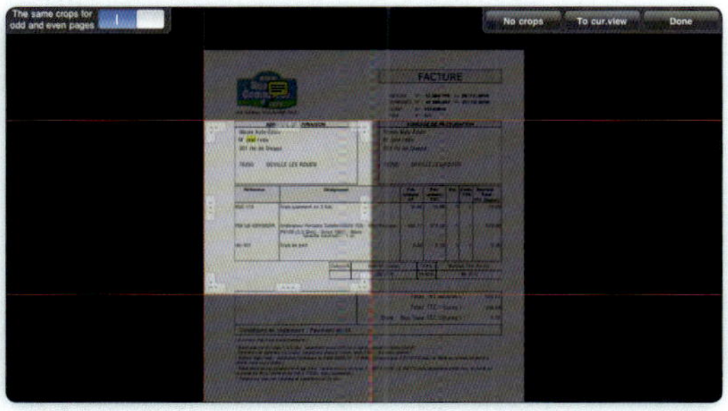

RECADRAGE SYSTÉMATIQUE Si le document PDF contient plusieurs pages, vous pouvez appliquer le recadrage à toutes les pages simultanément. Pour cela, placez l'interrupteur « The same crops for odd and even pages » sur la position « 1 ».

NAVIGUER Pour vous déplacer aisément au sein d'un PDF contenant de nombreuses pages, un navigateur est présent dans GoodReader. Il est représenté par une icône surmontée de deux symboles #. Touchez cette icône dans la barre d'outils. Le navigateur de documents s'affiche. Dans le champ, saisissez le numéro de la page à afficher puis touchez Go.

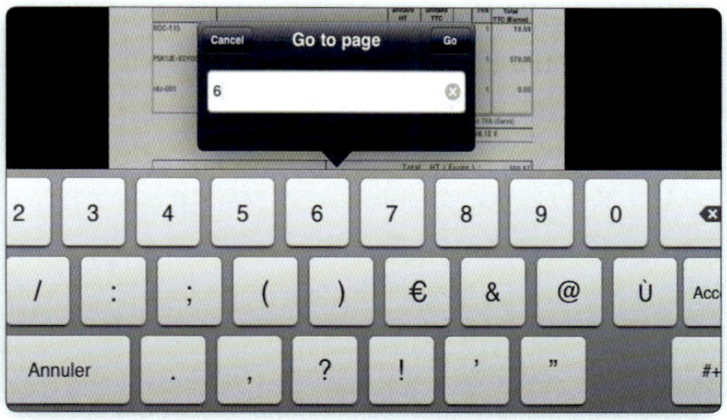

DESSINER Dans la barre contextuelle, touchez le bouton Draw dans la nouvelle barre qui s'affiche, et sélectionnez la forme à dessiner. Pour insérer une flèche, sélectionnez Arrow. À chaque extrémité, des plots sont présents pour ajuster la taille et la position de la flèche. Touchez Done pour valider.

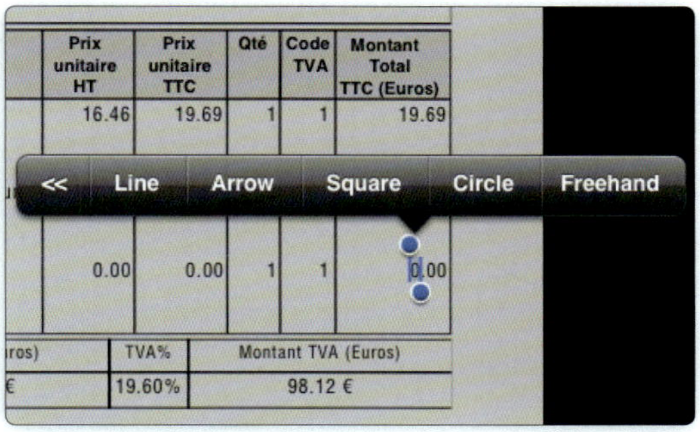

EXPORTER Après avoir travaillé sur le PDF, GoodReader vous propose d'échanger le fruit de vos efforts avec d'autres personnes. Touchez l'avant-dernier bouton de la barre d'outils. Dans le volet qui apparaît, choisissez l'envoi par e-mail. Vous pouvez aussi l'imprimer, sous certaines conditions (voir ci-contre).

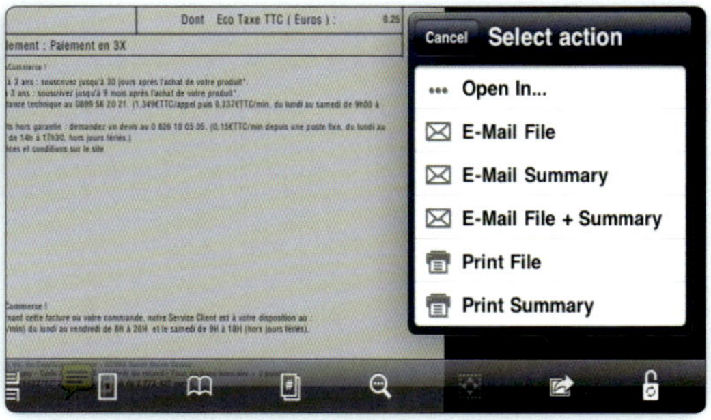

Imprimer depuis l'iPad

De nombreuses applications, dont GoodReader, permettent d'imprimer directement depuis l'iPad. Cette solution est toutefois loin d'être universelle puisqu'elle nécessite que l'imprimante soit elle-même reliée au réseau pour que l'iPad la détecte. De plus, cette imprimante doit impérativement être de marque HP...

DIFFICULTÉ

COMMENT... EXPLOITER LA VERSION IPAD DU DIXEL

Le dictionnaire illustré, alias le Robert illustré devenu le Dixel, est disponible sur iPad pour 7,99 €. Profitez au mieux de ce dictionnaire de référence.

1 ACCÉDER AU CONTENU Pour trouver l'information désirée dans les quelque 150 000 définitions, 240 cartes géographiques et historiques, 5 500 liens vers les contenus associés rassemblés dans le Dixel, utilisez le moteur de recherche. Au lancement touchez la commande Dictionnaire. Dans le champ « Chercher le mot », tapez votre requête. Les suggestions de correspondance s'affichent au fur et à mesure. Touchez le résultat pour consulter la fiche.

2 NAVIGUER D'UNE DÉFINITION À L'AUTRE Face à une telle profusion d'informations, il fallait que le Dixel tire le meilleur profit des technologies embarquées sur l'iPad. L'ensemble des contenus peut être consulté en mode hypertexte : quand vous lisez un article encyclopédique et qu'un terme complexe est employé, il suffit de le toucher du doigt à deux reprises pour activer le lien hypertexte et basculer vers la définition qui lui est associée. Pour faciliter la consultation des articles, un historique de chacune de vos recherches est conservé. Vous pourrez ainsi retrouver des traces de tous les éléments consultés ou recherchés.

3 CONSULTER LES ILLUSTRATIONS L'une des richesses du Dixel, ce sont ses illustrations et ses infographies. Vous pouvez aisément les agrandir et afficher des zones détaillées en zoomant sur une image à deux doigts. En tapant deux fois rapidement l'écran, vous basculez en affichage plein écran de l'illustration.

4 S'AMUSER AVEC LE DIXEL La version 2011 du Dixel pour iPad est accompagnée de trois applications ludiques dont l'une est dédiée spécifiquement aux cruciverbistes. Choisissez la longueur du mot et indiquez les lettres connues. Filtrez ensuite votre recherche en indiquant la nature grammaticale du mot. Vous affinez ainsi la liste des suggestions.

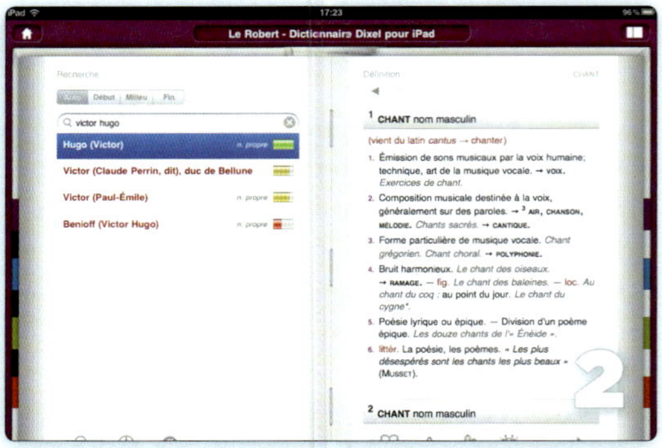

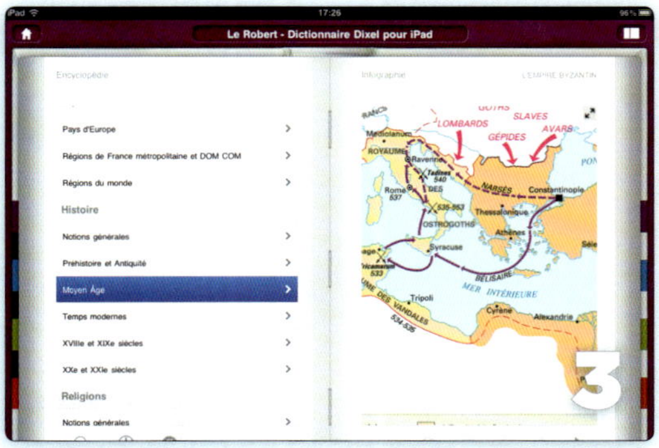

Et aussi sur l'AppStore

✔ **Dictionnaire Larousse**
Un excellent outil, sans fioritures, pour vérifier l'orthographe d'un mot ou trouver un synonyme notamment (4,99 € - Français).

✔ **Dictionnaire de Samuel de Backer**
Accédez au Trésor de la langue Française Informatisé (TLFI) et à ses 270 000 définitions. Peu d'illustrations mais très complet (1,59 € - Anglais).

✔ **Ultralingua Dictionnaire et thésaurus Français**
À réserver aux puristes exigeants. La dernière version abandonne le mode livre au profit du défilement vertical. (15,99 € - Français).

PROFITER… DU DICTIONNAIRE HACHETTE ILLUSTRÉ

Le dictionnaire Hachette illustré 2011 version iPad est bon marché. À 3,99 € pour plus de 83 000 définitions, 3 000 illustrations et 600 articles encyclopédiques, vous ne regretterez pas votre achat. Soyez patient lors de l'installation, le téléchargement prendra plusieurs minutes !

1 RECHERCHER UN TERME Au premier lancement de l'application, ne vous étonnez pas. Le dictionnaire Hachette ne fonctionne qu'à la verticale. Cela peut paraître frustrant, mais à l'usage, c'est assez commode pour faire défiler le contenu. Par défaut, vous accédez automatiquement au moteur de recherche. À l'aide du clavier, entrez l'objet de votre requête. À mesure que vous avancez dans la saisie du mot, la liste des suggestions s'affine.

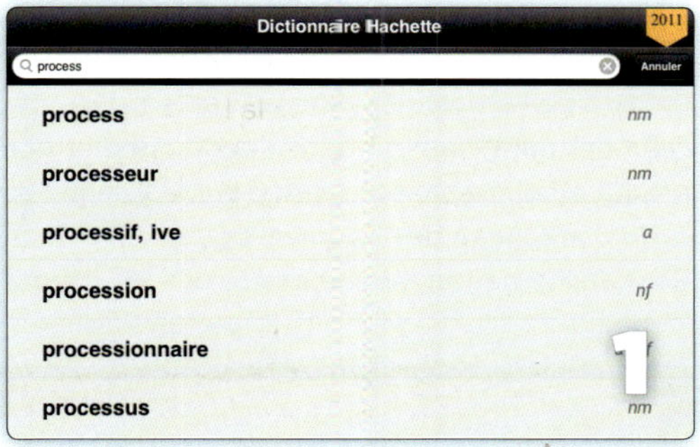

2 ACCÉDER À L'ENCYCLOPÉDIE Lorsque vous consultez une définition, vous pouvez toucher un terme à deux reprises. Si un contenu encyclopédique est disponible, il s'affiche alors instantanément. Les articles encyclopédiques peuvent être illustrés. Dans ce cas, un pictogramme (un compas sur un diagramme) vous indique la présence d'un contenu additionnel. Touchez ce pictogramme du doigt. L'illustration s'affiche. Vous pouvez y zoomer à loisir. Pour revenir à la définition, touchez le bouton Retour.

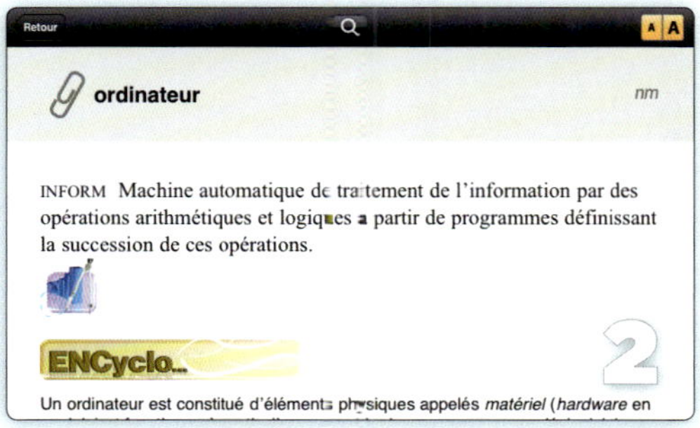

3 CONSULTER UNE RÈGLE DE GRAMMAIRE Touchez le bouton Annexes au bas de l'écran. Sur la page qui s'affiche, touchez l'intitulé « Règles d'orthographe et de grammaire ». Vous accédez ainsi à un index thématique. Sélectionnez par exemple l'accord du participe passé pour avoir toutes les explications.

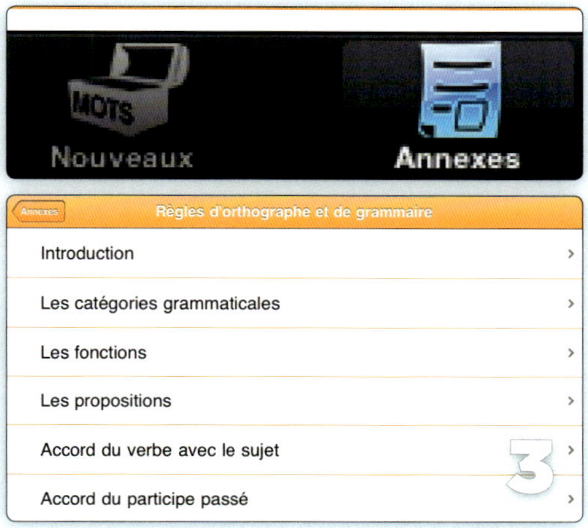

4 CONNAÎTRE LES ABRÉVIATIONS Comme tout dictionnaire, le dictionnaire Hachette propose de nombreux compléments informatifs à base d'abréviations. Si les plus courantes sont faciles à mémoriser, d'autres en revanche sont plus exotiques et restent obscures en dépit de tous ses efforts. Dans ce cas, touchez l'icône Annexes, puis le bouton Abréviation. Elles sont classées par ordre alphabétique. Pour revenir à la notice consultée précédemment, touchez le bouton Dictionnaire.

Et Wikipédia sur iPad ?

Vous pouvez accéder à une version de Wikipédia sur votre iPad sans être connecté à Internet et ce, gratuitement. Pour cela, ouvrez l'App Store et saisissez Wikipédia Offline. La version grauite (Lite) rassemble 1000 articles. Pour emporter toute l'encyclopédie collaborative avec soi, il faudra débourser 7,99 €.

9

Comment travailler avec l'iPad

DIFFICULTÉ

SUIVRE L'ACTUALITÉ VIA DES FLUX RSS DANS REEDER

L'application Reeder, 3,99 €, rassemble tous vos flux RSS et les présente dans une interface agréable et efficace. Ne ratez plus aucune actu !

Vos flux RSS sur Google Reader

Reeder, comme d'autres applications du même genre (voir ci-dessous et p. suivante), accède aux flux RSS que vous rassemblez au sein de votre espace Google Reader. Pour y accéder, rendez-vous sur reader.google.com, identifiez-vous et ajoutez les flux RSS de votre choix. Vous pouvez aussi lire les flux depuis la page Web, mais les applis proposent une interface bien plus agréable.

Et aussi sur l'AppStore

✔ NewsRack

C'est le concurrent le plus direct de Reeder. Quelques différences d'interface vous le feront peut-être préférer. NewsRack ne vous oblige pas à stocker vos flux RSS sur votre compte Google (voir ci-dessus), mais vous vous rendrez compte que c'est la méthode la plus pratique (3,99 € - Anglais).

1 PARAMÉTRER L'ACCÈS Au premier lancement de Reeder sur votre iPad, l'application vous demande de vous connecter à votre compte Google (ou Gmail). Au bout de quelques secondes, la liste de vos flux RSS s'affiche sous forme de vignettes. Si vous avez créé des dossiers pour les classer, posez deux doigts sur l'un d'eux et écartez doucement les doigts pour voir la liste des sources. Tapez sur l'une d'elles pour voir la liste des articles.

2 PASSER D'UN ARTICLE À L'AUTRE Si vous tenez l'iPad à l'horizontale, la liste des articles s'affiche dans une colonne à gauche, les plus récents en haut. Faites-la défiler d'une pichenette pour consulter tous les articles. Tapez sur un sujet qui vous intéresse pour le lire dans la zone de droite. Selon les choix de l'éditeur, la totalité de l'article s'affiche ou seul un extrait vous est proposé. Si tout l'article est lisible, un glissement du doigt vous permet de poursuivre la lecture. Tapez sur un autre sujet à gauche pour passer à un autre article.

3 LIRE L'ARTICLE COMPLET SUR LE SITE WEB Lorsqu'un extrait seulement vous est proposé, il vous suffit de taper sur le titre de l'article en haut de la zone de droite pour afficher la page Web dont il est extrait à l'intérieur même de Reeder. Vous pouvez même suivre des liens si vous le souhaitez. Notez les triangles pointant vers la gauche et la droite pour naviguer dans les pages Web. Tapez ensuite sur la flèche dans le coin en haut à gauche de l'écran pour revenir à la liste des articles.

4 AFFICHER SEULEMENT LE TEXTE DE L'ARTICLE Pour éviter d'afficher la page Web complète, Reeder propose le mode Readability. Tapez sur l'icône « R » en haut à droite. Reeder se rend alors sur la page Web sans l'afficher et tente d'en extraire uniquement le texte de l'article qui vous intéresse pour l'afficher normalement dans Reeder. Une option pratique pour rester concentré sur la lecture et éviter l'affichage des bannières publicitaires. Readability ne fonctionne pas à tous les coups.

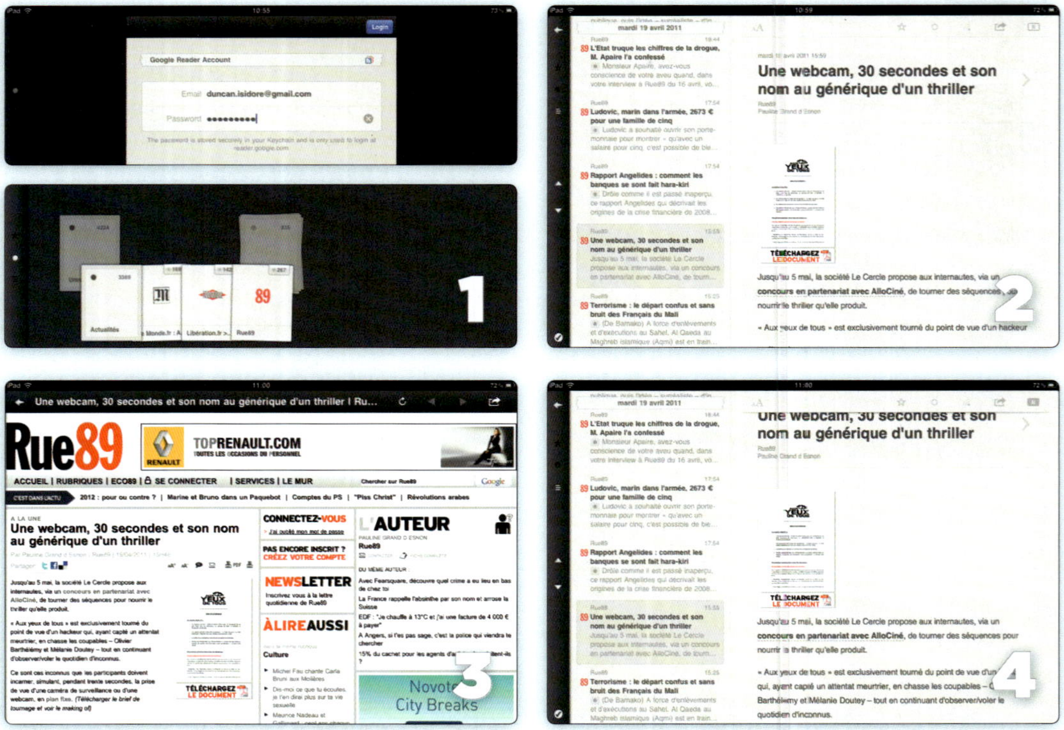

COMMENT... DÉCOUVRIR D'AUTRES ACTUS AVEC ZITE

Comme Reeder (voir p. précédente), Zite affiche les articles de vos flux RSS. Mais en plus de le faire dans une interface vraiment agréable et originale, Zite fait un pas de plus en vous proposant des articles venant de sources que vous n'aviez pas sélectionnées auparavant, en se basant sur vos centres d'intérêt. Et l'application est gratuite.

1 CONNECTER ZITE À VOTRE COMPTE GOOGLE READER

La première fois que vous lancez Zite, l'application vous demande de vous connecter à vos sources d'information. Il peut s'agir, donc, de vos flux RSS stockés sur votre espace Google Reader, mais aussi, par exemple de votre compte Twitter. Dans ce dernier cas, l'application tentera de vous proposer des articles en fonction des « tweets » de vos relations sur Twitter. Tapez d'abord sur le bouton Google Reader et identifiez-vous. Une fenêtre vous demande d'accepter que Zite accède à votre compte Reader.

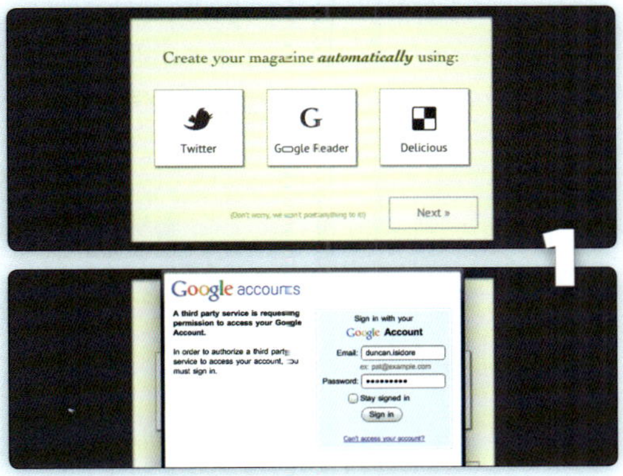

2 CONSULTER VOTRE « JOURNAL »

Zite prend quelques secondes pour composer votre collection d'articles.

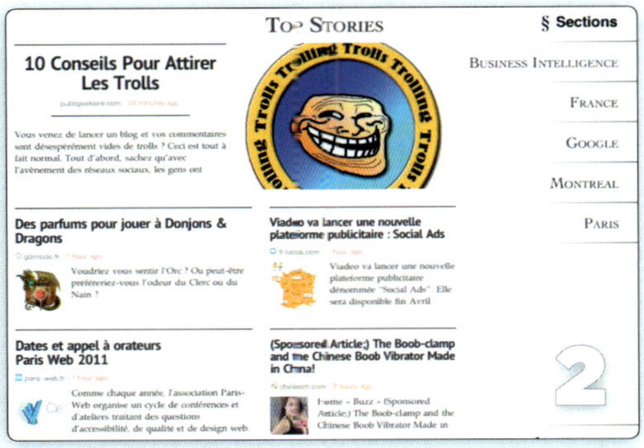

Faites glisser la « couverture » vers la gauche pour y accéder. Remarquez la mise en page soignée et très claire. Faites glisser vers la gauche page après page pour consulter les titres et les quelques premiers paragraphes. Vous noterez tout de suite que certains articles viennent de publications que vous ne connaissez pas. Les sources utilisées par Zite sont essentiellement en anglais. Notez à droite la liste des sections pour ne consulter que les articles autour d'un sujet spécifique.

3 LIRE ET APPRÉCIER UN ARTICLE

Tapez sur un article pour le lire dans son intégralité. À la manière du mode Readability de Reeder (voir p. précédente, étape 4), seul le texte de l'article est présenté dans une fenêtre s'affichant par dessus le reste. Dans certains cas, cette fenêtre affichera le site Web dont l'article est extrait. Notez à droite les deux boutons « Yes » et « No ». Choisissez l'un ou l'autre en fonction de votre intérêt pour l'article. Cela influera ensuite sur la sélection.

4 AJOUTER DES CENTRES D'INTÉRÊT

Dans le volet Sections, tapez sur Customize. Sélectionnez parmi les mots-clés proposés ou faites glisser vers la gauche pour taper directement vos mots-clés et demander à Zite de les prendre en compte.

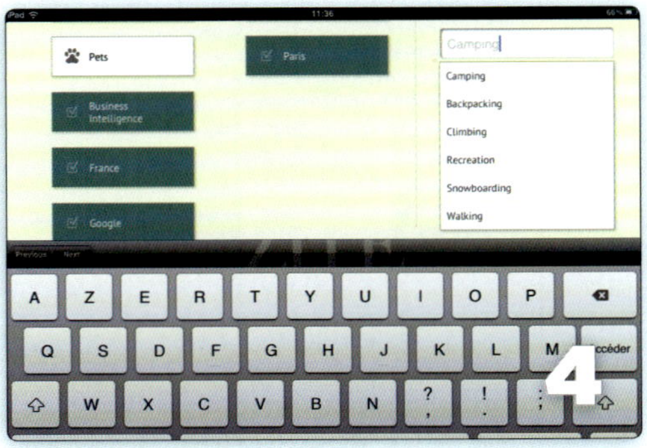

Et aussi sur l'AppStore

✔ **Flipboard** Consulter vos actus centralisées dans une interface proche du « papier », vous permettant de feuilleter des articles pages après pages. Et profiter des sources pré-sélectionnées par Flipboard vous assurant un affichage optimal (Gratuit - Anglais).

✔ **Pulse News Reader** Une autre façon de présenter vos flux dans une interface belle et originale (Gratuit - Anglais).

DIFFICULTÉ

COMMENT… ACCÉDER À TOUS SES FICHIERS VIA DROPBOX

Grâce au service en ligne DropBox, synchronisez gratuitement jusqu'à 2 Go de fichiers entre plusieurs ordinateurs et votre iPad.

1 OUVRIR UN COMPTE DROPBOX Rendez-vous sur www.dropbox.com depuis votre ordinateur. Cliquez sur Télécharger Dropbox et installez le logiciel. Indiquez que vous souhaitez créer un compte et bouclez la procédure. Sur votre iPad, installez l'application Dropbox gratuite depuis l'App Store. Au premier lancement, indiquez les identifiant et mot de passe que vous venez de créer. Tapez sur le bouton « Se connecter ».

2 CONSULTER SES FICHIERS EN MODE CONNECTÉ OU NON Pivotez votre iPad en mode horizontal. La liste des dossiers contenus dans votre répertoire Dropbox apparaît. Tapez sur l'un d'eux pour afficher les fichiers qu'il contient. Puis, tapez sur un des fichiers pour en afficher le contenu dans la zone de droite. Dropbox ne vous permet que de visualiser, mais pas d'éditer. Si vous avez besoin de modifier un fichier Word, par exemple, tapez alors sur le bouton de partage en haut à droite et choisissez une application pour l'ouvrir et l'éditer, Documents To Go par exemple (voir p. 128). Contrairement à la version pour ordinateur (voir encadré ci-contre), l'application Dropbox de l'iPad ne stocke pas les fichiers dans la mémoire de la tablette. Vous devez donc être connecté à Internet pour y accéder. À moins de marquer un fichier comme Favori, à l'aide de l'étoile. Tous les fichiers Favoris sont alors stockés sur l'iPad.

3 SAUVEGARDER UNE PHOTO Vous avez pris une photo avec l'iPad que vous souhaitez mettre en lieu sûr ? Tapez sur le bouton Chargements en bas du volet de gauche et choisissez le cliché à envoyer vers votre Dropbox.

4 EFFACER UN FICHIER Pour vous débarrasser d'un fichier, faites glisser votre doigt latéralement sur son nom pour faire apparaître le bouton Supprimer. Tapez dessus et confirmez dans la fenêtre qui apparaît. Attention, ce fichier disparaîtra de tous les ordinateurs connectés à votre compte Dropbox.

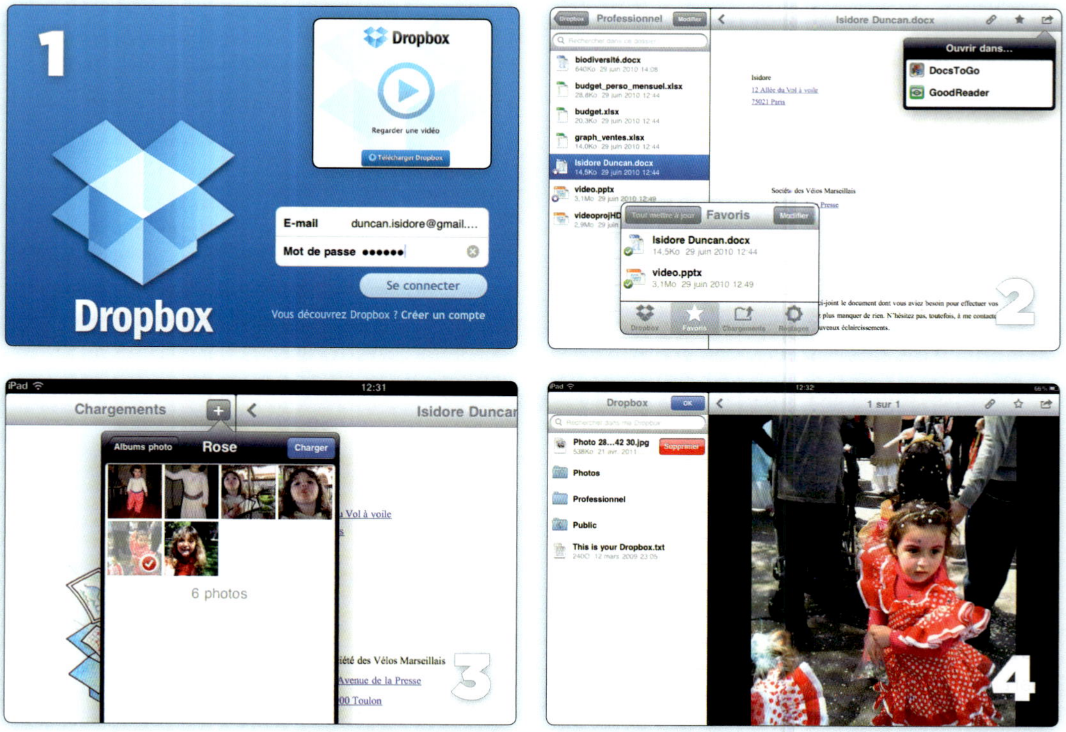

La synchro selon Dropbox

Le principe de Dropbox est simple. Une fois installé sur l'ordinateur, le logiciel crée un répertoire un peu spécial. Dès que vous y glissez un fichier, ce dernier est automatiquement répliqué sur votre espace personnel de stockage en ligne. Il existe donc en deux exemplaires : sur votre ordinateur et sur les serveurs de Dropbox. Chaque fois que vous modifiez le fichier en question, en l'ouvrant dans Word par exemple s'il s'agit d'un « .doc », le fichier est mis à jour sur Dropbox. Les fichiers étant stockés en ligne, ils sont donc aussi accessibles via le navigateur Web ou bien via une application comme celle du service Dropbox lui-même. N'hésitez donc pas à utiliser le répertoire Dropbox pour y stocker vos travaux en cours par exemple : ils seront sauvegardés de manière efficace et accessibles en permanence.

ACCÉDER À DROPBOX DEPUIS D'AUTRES APPLICATIONS

Le service Dropbox est devenu si populaire que de nombreuses applications vous permettent de vous connecter directement à votre répertoire Dropbox, afin d'accéder à vos fichiers sans avoir à quitter l'appli. En voici quelques exemples.

1 DOCUMENTS TO GO Pour accéder directement aux fichiers stockés dans votre Dropbox depuis la suite de productivité compatible avec les documents Office (voir p. 128), touchez le « En ligne » de la barre d'outils inférieure. Choisissez Dropbox dans la liste des services en ligne avec lesquels DocsToGo est compatible et connectez-vous à l'aide de vos identifiant et mot de passe. La liste de vos dossiers apparaît. Tapez une fois sur un fichier pour le télécharger dans la mémoire de l'iPad, et une nouvelle fois pour l'ouvrir et commencer à travailler dessus. Ensuite, lorsque vous enregistrez un fichier ou que vous quittez un répertoire pour afficher le contenu d'un autre, DocsToGo vous demande si vous souhaitez synchroniser les modifications avec votre Dropbox. Acceptez et vous pourrez reprendre votre travail au même endroit depuis votre PC si ça vous chante.

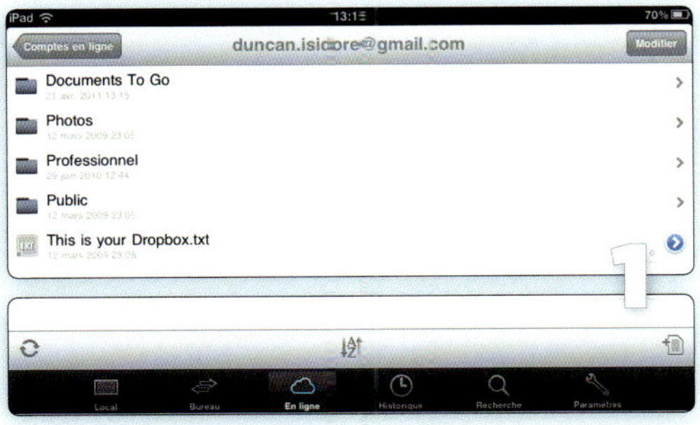

2 GOODREADER L'application qui vous sert à lire et annoter des fichiers PDF (voir p. 132) et à bien d'autres choses, sait également aller chercher vos fichiers dans votre Dropbox. Dans le volet de droite, touchez la section « Connect to Servers » pour la dérouler. Touchez ensuite le bouton Add et choisissez Dropbox dans la liste. Connectez-vous avec vos identifiant et mot de passe. Tapez maintenant sur votre Dropbox pour naviguer dans son contenu dans un volet à part. Lorsque vous avez trouvé le fichier qui vous intéresse, tapez sur la flèche à droite de son nom pour le transférer vers la mémoire de l'iPad. Vous devrez faire l'opération inverse pour transférer un fichier reçu par e-mail par exemple et ouvert dans GoodReader.

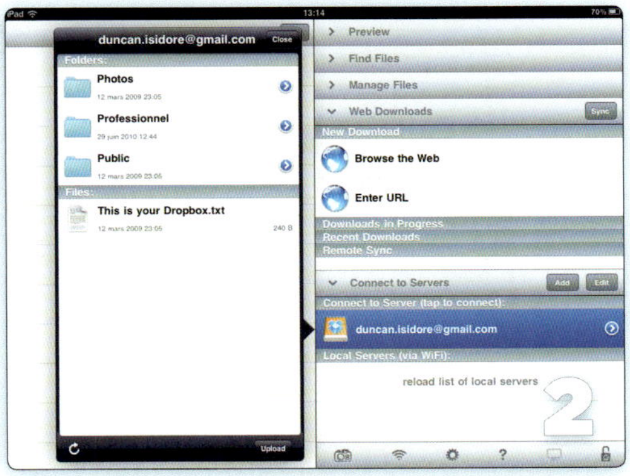

3 IA WRITER Cet éditeur de texte se connecte très facilement à votre Dropbox pour y sauvegarder vos écrits. Touchez pour cela l'icône « Dossier » en haut à gauche et choisissez « Link Dropbox » en bas à gauche du volet qui s'est ouvert. L'intérêt principal de IA Writer est sa simplicité. L'interface se fait oublier pour vous laisser vous concentrer sur votre création littéraire. Et son clavier virtuel se complète de quelques touches pratiques, notamment pour déplacer le curseur sans avoir à pointer avec le doigt.

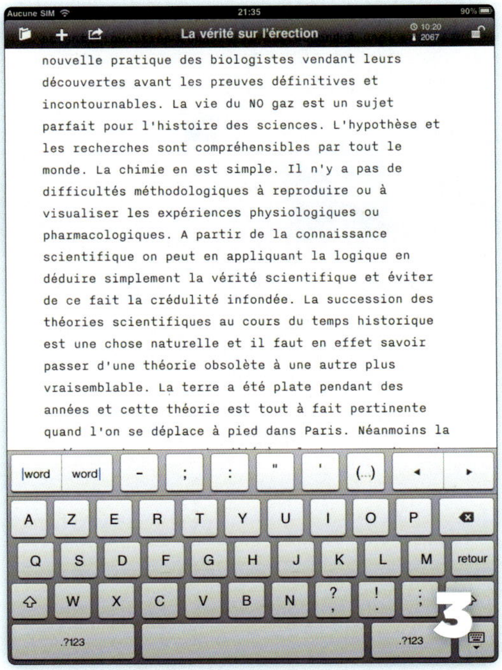

Et aussi sur l'AppStore

✔ **Plain Text**
Vous cherchez un éditeur de texte simple? PlainText est fait pour vous. Tapez votre texte au kilomètre et synchronisez vos fichiers avec Dropbox. D'ailleurs, PlainText ne sait faire que ça: c'est le seul moyen de sauvegarder vos fichiers (Gratuit avec publicités - Anglais).

✔ **CameraSync**
Sauvegardez automatiquement sur votre compte Dropbox les photos stockées sur votre iPad, que vous les ayez prises directement depuis l'iPad 2 ou que vous les ayez récupérées de votre appareil photo grâce au Camera Connection Kit, voir chapitre 11 - Les meilleurs accessoires pour l'iPad (1,59 € - Anglais).

10
Aller plus loin avec votre iPad

À DÉCOUVRIR DANS CES PAGES

Aller plus loin avec votre iPad

Maintenant que vous maîtrisez votre iPad au quotidien, c'est le moment d'aller plus loin et de le pousser dans ses retranchements. Découvrez ainsi les paramètres les plus pointus de l'iPad pour en contrôler précisément l'utilisation. Ajoutez-lui les outils qui lui font défaut. Et si cela ne suffit pas, sautez le pas du *jailbreak* pour dépasser les limites imposées par Apple. Avec prudence tout de même : n'oubliez jamais de réaliser une sauvegarde complète de l'iPad avant de vous lancer.

PLONGEZ DANS LES RÉGLAGES DE L'IPAD POUR LE PERSONNALISER ET MIEUX LE CONTRÔLER. DÉCOUVREZ LES PARAMÈTRES AVANCÉS.

Découvrir les paramètres cachés de l'iPad

Piloter l'iPad à 4 ou 5 doigts

L'écran de l'iPad est capable de détecter le contact de neuf doigts simultanément. Si vous avez un Mac, vous pouvez activer sur l'iPad des gestes à 4 et 5 doigts. Il vous faut pour cela installer l'application XCode, via le Mac App Store (pour 3,99 €), puis connecter votre iPad pour le déclarer comme outil de développement. Retournez alors dans les Réglages, section Général, sur l'iPad, et vous verrez apparaître la nouvelle option « Gestes pour le multitâche ». Si vous l'activez, il vous suffira de faire glisser 4 doigts vers le haut pour faire apparaître la barre de permutation rapide entre applications. Et vous pourrez aussi pincer l'écran avec 5 doigts en même temps pour sortir d'une application et revenir à l'écran d'accueil.

L'application Réglages est l'une de celles que vous utiliserez le plus souvent sur votre iPad puisqu'elle regroupe tous les paramètres utiles comme le passage en mode avion, la sélection d'un nouveau réseau Wi-Fi auquel vous souhaitez vous connecter, le réglage de la luminosité, etc. Mais il est certains réglages auxquels on ne pense pas et qui vous permettent pourtant d'aller plus loin dans la maîtrise de votre iPad. En voici une sélection des plus importants.

RÉGLAGES DES APPLICATIONS Le réglage des paramètres de chaque application est l'un des rares aspects de l'iPad pouvant parfois porter à confusion. Ainsi, la plupart des applications intègrent un écran d'options vous permettant de choisir parmi les réglages qui leur sont propres : le volume de la musique par exemple ou encore la connexion à un compte externe. Mais il en est d'autres qui regroupent leurs options au sein de la section Réglages de l'iPad lui-même. Et on en compte même qui font les deux... Autant dire que vous avez toujours intérêt, après avoir installé une application, à regarder du côté des réglages de l'iPad. Faites défiler la colonne de gauche afin d'atteindre la zone réservée aux applications installées. Notez ici, par exemple, que vous pouvez choisir au bout de combien de temps l'application Skype doit se déconnecter lorsqu'elle est en tâche de fond. Ne la laissez pas connectée en permanence de peur de vider la batterie de votre iPad trop vite !

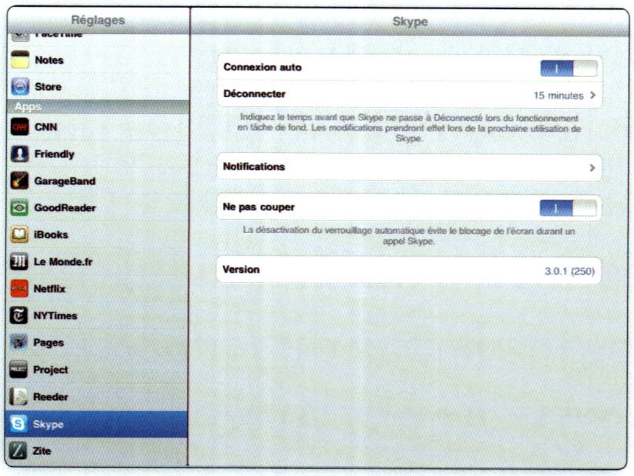

LOCALISATION Grâce à sa puce GPS, un iPad 3G est capable de se situer sur une carte de manière très précise. Quant à l'iPad Wi-Fi, il fait de son mieux en utilisant les signaux des réseaux Wi-Fi. Cette localisation est très utile pour l'application Plans ou pour les photos, mais d'autres applications tentent de connaître votre position alors qu'elles n'en ont pas vraiment besoin. Ou vous n'avez peut-être tout simplement pas envie de leur dire où vous êtes. La section « Service de localisation » des réglages vous permet de choisir une par une les applications auxquelles vous permettez d'accéder à vos informations de position. Notez l'icône boussole de couleur violette qui indique les applications ayant utilisé ces informations dans les dernières 24 heures.

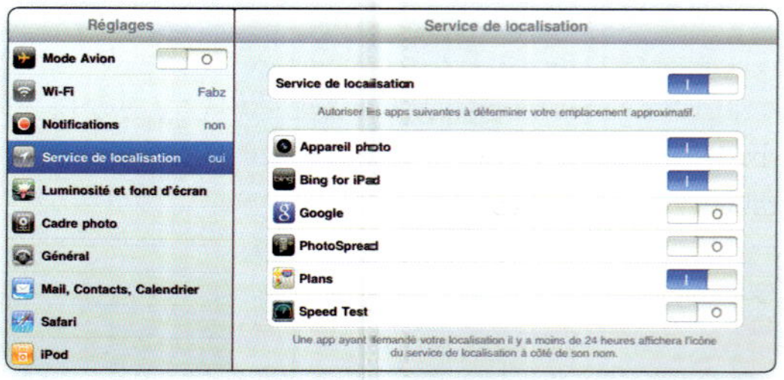

NETTOYER SAFARI La section Safari des Réglages vous permet de vider la mémoire du navigateur Internet, à savoir l'historique des sites visités, les cookies et la mémoire cache (celle qui stocke les pages que vous avez visitées). Cela peut être utile lorsque vous prêtez votre iPad à quelqu'un et que vous ne souhaitez pas que cette personne puisse connaître vos habitudes en ligne. Dans la même veine, pensez à placer l'option « Auto-remplissage » sur « Non », afin que personne d'autre que vous ne puisse se connecter à vos services en ligne.

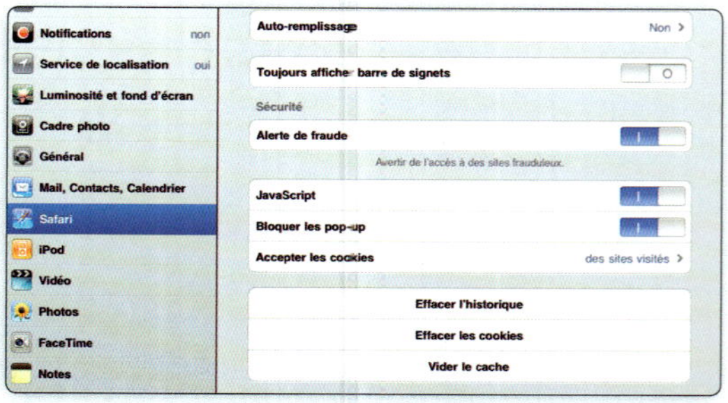

CONTRÔLER L'USAGE DE L'IPAD De la même façon, si vous prêtez souvent votre iPad, à vos enfants par exemple, mieux vaut vous assurer que vous maîtrisez ce qu'ils en font. Pour éviter, par exemple, des factures iTunes dépassant la mesure à force d'achats d'applications ou de musique. Dans la section Général des Réglages, tapez sur Restrictions. Puis sur « Activer les restrictions » dans la colonne de droite. Choisissez un code d'accès aux paramètres de restrictions, différent de celui qui protège peut-être déjà l'accès de votre iPad (voir ci-contre) et positionnez ensuite sur « 0 » les éléments dont vous voulez interdire l'usage sur votre iPad. Le code sera demandé à chaque fois que quelqu'un, vous y compris, voudra utiliser l'un de ces éléments. Désactivez les restrictions au même endroit.

VERROU ÉCRAN En standard, l'interrupteur placé au dessous des deux boutons de réglage de volume place l'iPad en mode muet. Rendez-vous dans la section Général des Réglages et cochez « Verrouiller la rotation » sous le titre « Le bouton latéral sert à ». Ensuite, chaque fois que vous placerez l'interrupteur en position basse, rendant le point rouge visible, l'écran de l'iPad restera fixe quelle que soit l'orientation que vous donnerez à la tablette. Indispensable pour lire allongé !

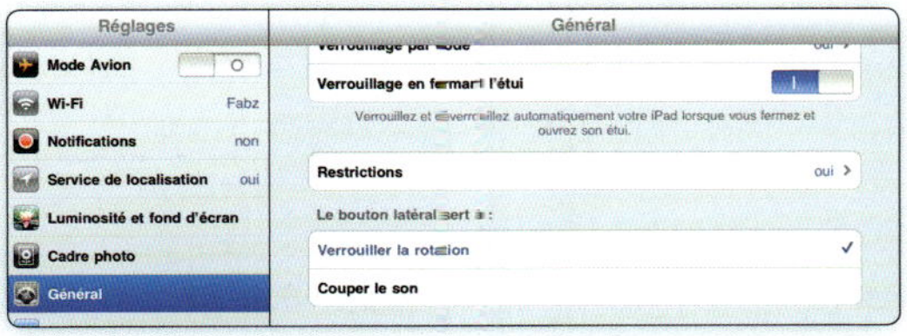

AGRANDIR LE TEXTE Vos yeux fatiguent un peu et les caractères affichés par l'iPad vous paraissent un peu petits ? Rendez-vous dans Général, puis Accessibilité et enfin dans Grande police. Là, vous pourrez choisir la taille des caractères de certaines applications. Attention, cela n'agrandira pas automatiquement le texte d'une page Web, par exemple. Mais dans ce dernier cas, vous pourrez toujours recourir au zoom à deux doigts.

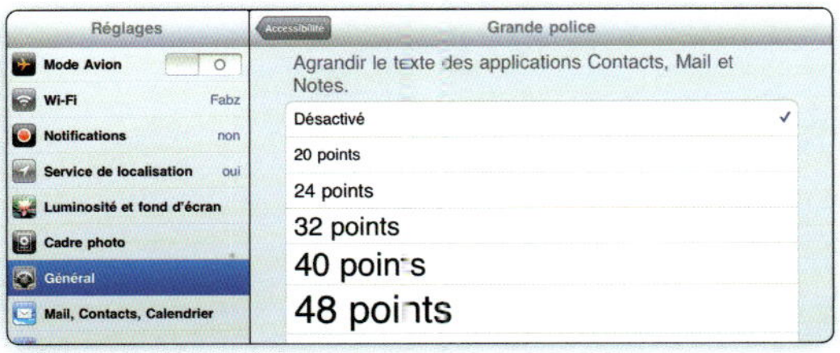

ACCESSIBILITÉ Les options d'accessibilité sont d'ailleurs toutes intéressantes à considérer. L'option VoiceOver aidera les moins-voyants à se repérer sur l'écran, l'iPad prononçant à haute voix le contenu de chaque écran. L'option Zoom, lorsqu'elle est activée, agrandit tout l'écran comme avec une loupe lorsque vous double-tapez dessus avec trois doigts. Notez également l'option « Énonciation auto ». Placez-la sur « 1 » pour que l'iPad prononce à haute voix les suggestions de corrections qui s'affichent lorsque vous tapez au clavier (voir p. 24).

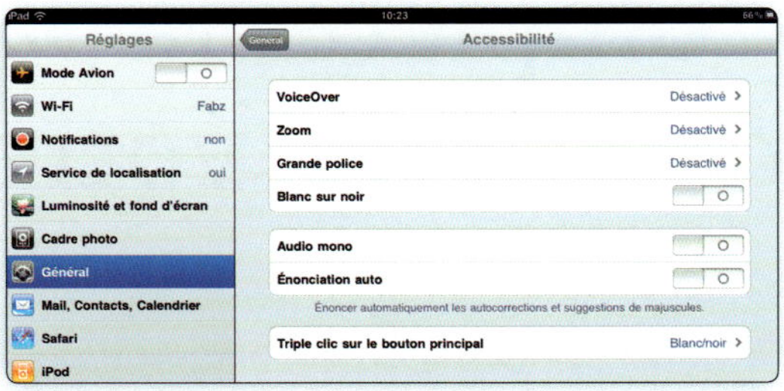

GÉRER LES NOTIFICATIONS De nombreuses applications vous permettent de recevoir automatiquement des notifications, c'est-à-dire des messages à l'écran accompagnés le cas échéant d'un signal sonore, afin d'être prévenu d'un événement quelconque, tel que l'arrivée d'un nouveau message ou d'une actu importante. Rendez-vous dans les paramètres de réglages de notifications, afin de choisir quelles applications vous autorisez à vous notifier et de quelle façon. Rendez-vous aussi dans les réglages propres aux applications (voir plus haut) pour choisir les événements devant entraîner une notification (très utile avec l'application Facebook, par exemple).

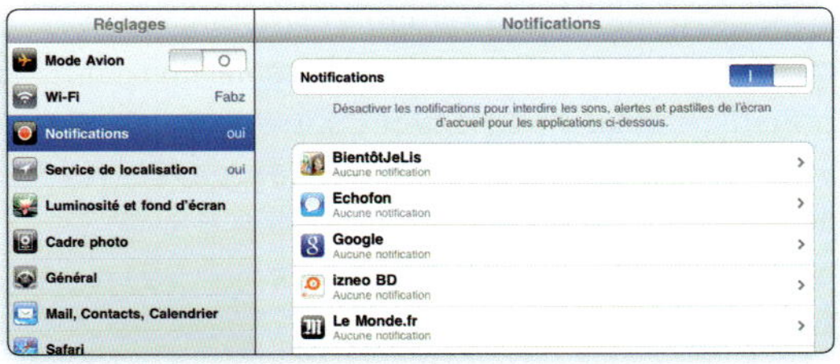

CHOISIR CE QU'ON TROUVE Si vous utilisez régulièrement Spotlight, le moteur de recherche intégré à l'iPad (voir p. 29), sachez que vous pouvez choisir l'ordre d'affichage des différentes sections contenant les données que vous cherchez. Rendez-vous dans Général, puis dans Recherche Spotlight. La liste des sections s'affiche. Tapez sur celles qui vous intéressent le moins pour les décocher : elles n'apparaîtront plus dans les résultats. Pour en modifier l'ordre, posez et maintenez le doigt sur la poignée à droite (les trois petites lignes parallèle). L'étiquette de la catégorie se soulève. Faites glisser le doigt pour positionner l'étiquette à la position voulue, les autres se déplaçant automatiquement pour laisser la place. Relevez le doigt pour garder cet ordre.

Protéger son iPad

Ne laissez pas votre iPad en accès libre. Pour en protéger l'accès par un code, rendez-vous dans Général, puis Verrouillage par code. Touchez le bouton « Activer le code » et tapez deux fois celui que vous avez choisi. Afin d'éviter que l'iPad ne vous demande ce code à chaque fois que vous le rallumez, touchez ensuite le bouton « Exiger le code » et choisissez, par exemple, « après 5 minutes ». Ainsi vous n'aurez plus à taper le code à chaque fois, mais seulement si vous avez laissé l'iPad inactif plus de 5 minutes. Faites bien la différence avec l'option « Verrouillage auto » de la section Général, qui définit le laps de temps au bout duquel l'écran de l'iPad va s'éteindre automatiquement si vous ne l'utilisez pas.

QUE CE SOIT POUR COMBLER LE MANQUE D'OUTILS EN STANDARD OU POUR COMPLÉTER LA PANOPLIE, VOICI QUELQUES UTILITAIRES INDISPENSABLES !

Compléter la panoplie d'outils de votre iPad

Si vous possédez également un iPhone en plus de votre iPad, vous avez sans doute remarqué que, bizarrement, les deux appareils ne sont pas équipés en standard des mêmes applications, alors qu'ils utilisent pourtant le même système iOS. Manquent ainsi à l'appel les applications Météo et Horloge. Impossible donc d'être réveillé par son iPad le matin et d'y consulter les prévisions pour déterminer ce que l'on va porter. Sauf que, bien sûr, impossible n'est pas iPad et de nombreuses applications permettent de combler les manques. Et, tant qu'à faire, prenez donc le temps d'installer en plus quelques applications vraiment utiles.

CALCULATRICE Pas moyen de faire un petit calcul rapide avec son iPad... à moins d'installer cette application gratuite : **Calculator LCD**. Pas question de calculs scientifiques ici, mais tout simplement les quatre opérations simples plus la racine carrée et les calculs de pourcentage. L'unique menu de configuration, via le petit bouton « i », vous permet d'indiquer un taux de TVA pour calculer les prix hors taxe ou toutes taxes comprises, et de choisir si vous souhaitez entendre le son des touches. Grâce à la grande taille de ces dernières, aucun risque de vous tromper !

MÉTÉO Envie d'une application de prévision météo sur votre iPad ? Ne ratez pas **Weather HD** qui vous informe du temps qu'il fait et fera au sein d'une interface animée de toute beauté. La version payante (0,79 €) propose un plus grand nombre d'animations et permet de créer une plus longue liste de villes sur la météo desquelles vous souhaitez conserver un œil. Et elle est également dépourvue de bannières publicitaires.

De nombreuses autres applications météo sont disponibles sur l'App Store : cherchez avec le mot-clé « météo » (sans les guillemets) pour en obtenir quelques-unes en français.

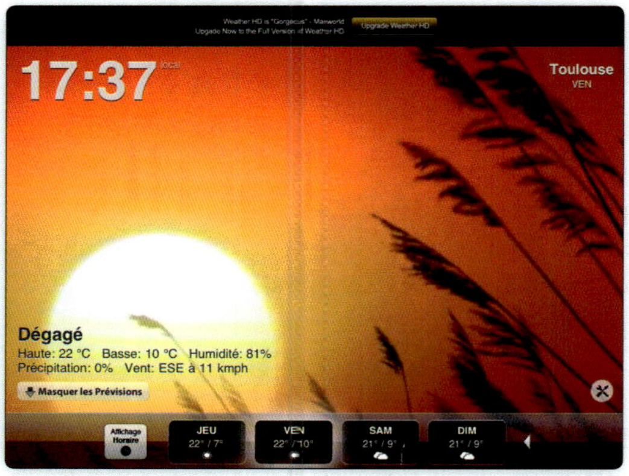

RADIO-RÉVEIL Pas moyen de créer une alarme sur son iPad. Et tant qu'à se faire réveiller par sa tablette le matin, autant que ce soit au son de sa radio favorite plutôt que par un simple « bip ». L'application gratuite **RadioMee** vous permet de le faire et bien plus, comme par exemple de réécouter les derniers bulletins d'information de différentes stations et d'écouter des radios du monde entier. L'interface est très originale et demande un peu de pratique.

ENREGISTREUR Une idée vous passe par la tête et vous préférez la dire à haute voix plutôt que de la taper ? Pour pouvoir le faire sur l'iPad, il vous faut d'abord installer une application d'enregistrement telle qu'**AudioMemos**, disponible en version payante (0,79 €) ou gratuite sur l'App Store.

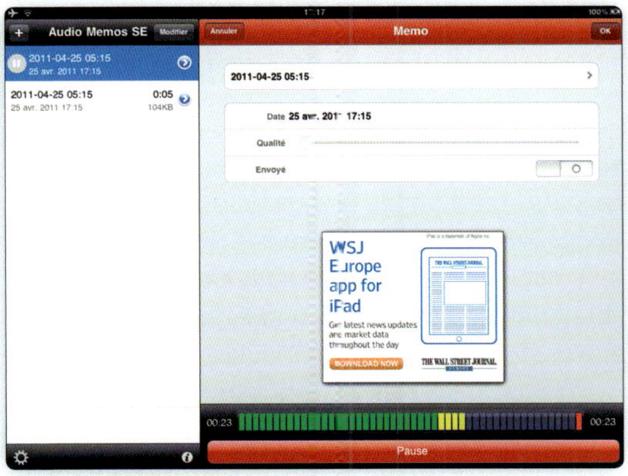

LIRE PLUS TARD S'il vous arrive souvent de tomber sur des pages Web que vous souhaitez lire plus tard, alors **Instapaper** est fait pour vous. Cette application (3,99 €) est liée à un service en ligne, qui lui est gratuit (www.instapaper.com). Une fois le marque-page spécial installé dans Safari, la démarche un peu complexe étant expliquée pas à pas dans l'application, une simple pression vous permet de sauvegarder le texte de l'article dans votre espace personnel Instapaper, que vous pouvez consulter aussi bien depuis l'application que depuis le site Web.

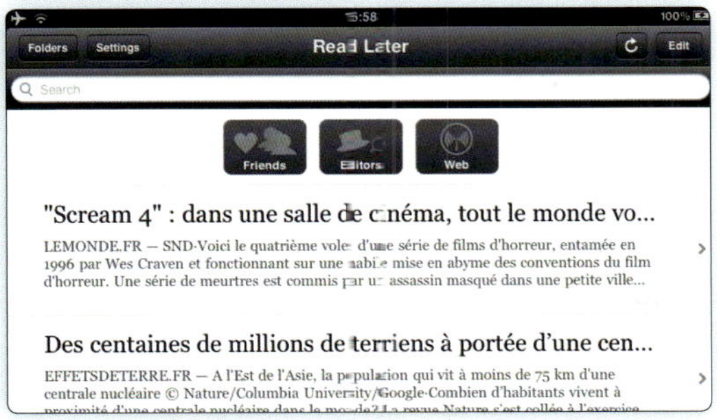

TESTER LA CONNEXION Grâce à l'application **Speedtest**, vous pourrez tester la « santé » de la connexion Internet que vous êtes en train d'utiliser, que ce soit en Wi-Fi ou en 3G. Cela vous permet par exemple d'expliquer pourquoi tout à coup les pages Web se mettent à traîner ou l'image de la télé à devenir grossière. Attention, il s'agit d'une application iPhone, qui ne prendra donc pas tout l'écran. Mais elle fonctionne parfaitement.

VIDÉOS EN FLASH On reproche souvent à l'iPad de ne pas être compatible avec les animations Flash et, notamment, de ne pas savoir afficher les vidéos diffusées via cette technologie sur de si nombreux sites Web. Si cela vous manque, essayez donc le navigateur alternatif Skyfire pour iPad (3,99 €). Il ne rend pas l'iPad tout à fait compatible Flash, mais il saura afficher la plupart des vidéos.

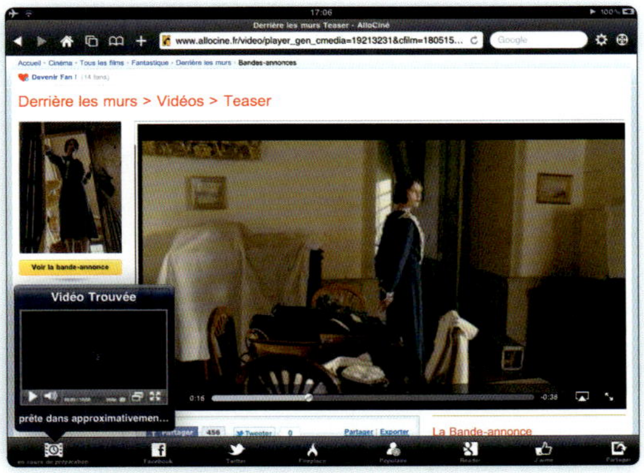

L'IPAD COMME DEUXIÈME ÉCRAN Vous êtes devant votre ordinateur et ne vous servez pas de votre iPad ? Transformez le donc en écran secondaire grâce à une application comme Air Display (7,99 €). Pas besoin de câble : il suffit d'installer l'application sur l'iPad et son pendant sur votre ordinateur, puis de connecter les deux au même réseau Wi-Fi. Tout à coup, votre ordinateur se retrouve équipé de deux écrans !

Photos en 360°

Maintenant que l'iPad 2 est muni de caméras, on a envie de faire des photos avec ! Malheureusement, la faible qualité des capteurs ne permet pas de réaliser de beaux clichés. Autant les utiliser pour s'amuser un peu et pourquoi pas pour réaliser des panoramas en 360° grâce à une application comme Photosynth. Lancez-la et commencez à tourner autour de vous, en pointant, lentement, l'iPad dans toutes les directions. L'application prend automatiquement les photos et s'occupe de les « attacher » ensemble pour créer une bulle de photo au milieu de laquelle vous vous trouvez. Essayez, c'est bluffant !

10

Aller plus loin avec votre iPad

COMMENT… EFFECTUER LE JAILBREAK DE VOTRE IPAD

Le jailbreak est une procédure permettant de passer outre certaines des restrictions imposées par Apple sur ses appareils, comme installer des applications qui ne sont pas acceptées par l'App Store (voir p. 124).

Est-ce bien légal ?

Bien qu'Apple tente de lutter pied à pied avec les « pirates » développant les méthodes de jailbreak, la procédure a été déclarée légale par une cour de justice américaine, indiquant notamment qu'un utilisateur doit conserver son droit de faire ce qu'il veut d'un matériel qu'il a acheté. Attention cependant, cela n'empêchera pas Apple de vous refuser d'appliquer la garantie pour utilisation « anormale » de l'appareil, en cas de panne. À vos risques et périls donc. D'autant que les outils de jailbreak évoluent constamment pour s'adapter aux nouvelles versions du système d'exploitation des iPad (voir p. suivante). La méthode décrite ici ne fonctionne que pour les iPad 1, munis de la version 4.3.2 du système.

Apple garde un contrôle très strict sur les applications disponibles sur son App Store. Et bien qu'il en existe des dizaines de milliers pour l'iPad, il en manque certaines qui pourraient pourtant être bien pratiques. Avant de pouvoir les installer, il faut d'abord « libérer » son iPad des verrous posés par Apple, c'est la procédure de « jailbreak », que l'on pourrait littéralement traduire par « s'échapper de prison ». Attention, seul l'iPad de première génération est pour l'instant « jailbreakable ». N'essayez pas sur votre iPad 2 avant de vous être assuré qu'une nouvelle procédure est disponible pour lui.

1 TROUVER LES OUTILS DU JAILBREAK En utilisant les mots-clés « jailbreak » sur Google vous trouverez de nombreux articles de blogs pointant vers les différents outils disponibles pour « libérer » votre iPad ou iPhone. Dans le cas qui nous intéresse, c'est-à-dire le jailbreak de l'iPad 1 équipé du système 4.3.2, rendez-vous sur www.spiritjb.org et consultez l'article contenant les liens vers les outils nécessaires. Il vous faudra récupérer Redsn0w (oui, avec un zéro à la place du « o ») et le fichier système de l'iPad. Ce dernier est librement téléchargeable depuis le site d'Apple et c'est tout bêtement celui qui est téléchargé par iTunes lorsqu'il vous propose de mettre à jour votre appareil. Il s'agit d'un fichier portant l'extension « .ipsw ». Le site SpiritJB vous fournira un lien direct vers le fichier stocké par Apple.

2 TÉLÉCHARGER LA BONNE VERSION DU SYSTÈME DE L'IPAD Pour jailbreaker votre iPad, il vous faut récupérer la version 4.3.2/8H7 pour votre iPad 1. Lancez le téléchargement et enregistrez le fichier dans un dossier dédié au jailbreak.

3 RÉCUPÉRER REDSNOW 0.9.6RC14 L'application RedSn0w existe pour Mac et Windows. Téléchargez la version qui vous concerne et enregistrez-la dans le même

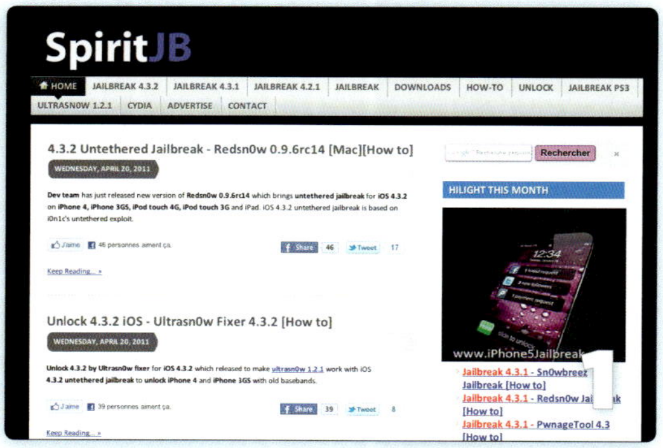

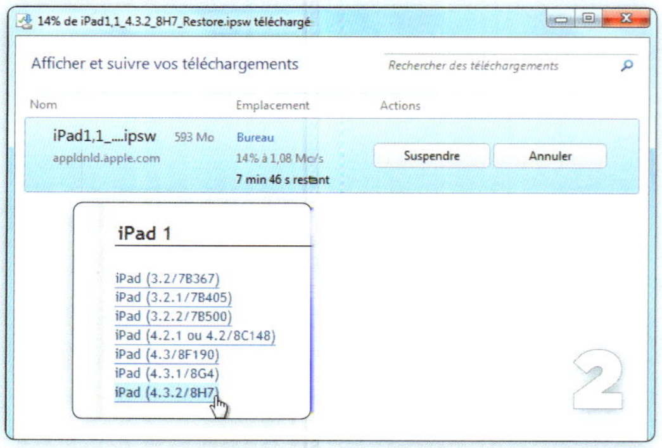

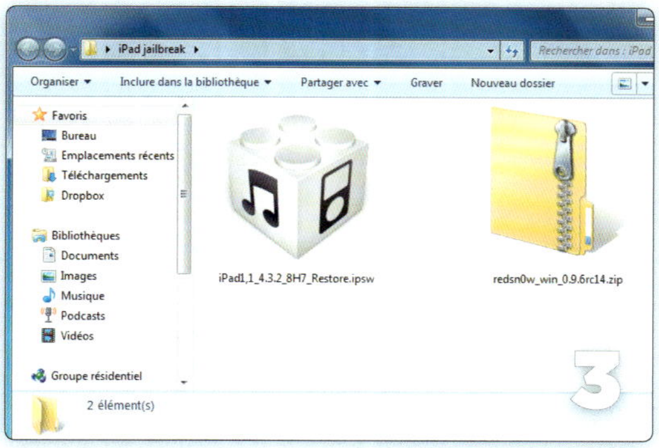

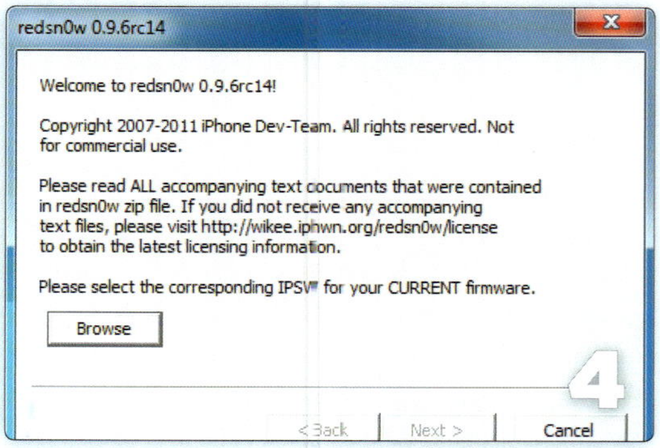

répertoire que le fichier «.ipsw». La version évoquée ici est la première à être capable de jailbreaker le système 4 3.2. Une version plus récente saura le faire également.

4 INDIQUER L'EMPLACEMENT DU SYSTÈME Lancez l'application RedsnOw pour commencer la procédure. La première étape consiste à lui indiquer où se trouve le fichier «.ipsw». Cliquez sur Browse et trouvez-le.

5 MODIFIER LE SYSTÈME Cliquez sur Next pour que RedsnOw effectue les modifications nécessaires. C'est ce système modifié qui sera ensuite installé sur votre iPad. Son mode de fonctionnement restera identique et toutes les applications standard seront installées, plus une: Cydia (voir plus loin).

6 PASSER EN MODE DFU Une fois les modifications effectuées, RedsnOw vous demande de passer votre iPad en mode DFU, c'est-à-dire un mode démarrage spécial permettant à votre iPad de recevoir un nouveau système. Suivez pas à pas ce qui vous est dit à l'écran: éteignez complètement l'iPad, puis appuyez trois secondes sur le bouton marche/arrêt. Maintenez ensuite les deux boutons enfoncés pendant 10 secondes, puis, enfin, le bouton d'accueil uniquement pendant 10 secondes. Dès que RedsnOw détecte que l'iPad est en état de réception, l'installation du nouveau système jailbreaké commence.

7 PATIENTER Il ne faut que quelques minutes à RedsnOw pour installer le nouveau système modifié sur votre iPad. Notez bien qu'il s'agit d'une installation qui vous fait repartir de zéro, toutes les données stockées sur l'iPad seront effacées. Pensez donc à réaliser une synchronisation complète de votre iPad (voir p. 42) avant de le jailbreaker. Vous pourrez ensuite synchroniser toute vos données de nouveau afin de les retrouver sur votre iPad. Attention, ne réalisez pas de restauration complète qui, elle réinstalle également le système. Celui-ci serait alors un système non modifié et donc, non «jailbreaké».

8 VÉRIFIER LA PRÉSENCE DE CYDIA Lorsque la procédure de jailbreak est terminée, votre iPad redémarre, comme si vous l'aviez éteint et relancé vous-même. Vous vous retrouvez devant votre environnement familier à une exception prêt: une nouvelle icône à fait son apparition. C'est celle de Cydia, le magasin d'application concurrent de celui d'Apple, qui vous donnera accès à de nombreuses applications inédites. Rendez-vous p. 124 pour savoir comment installer des applications jailbreakées.

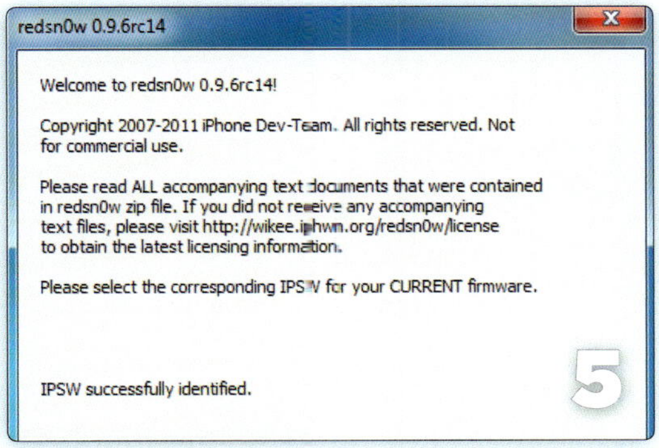

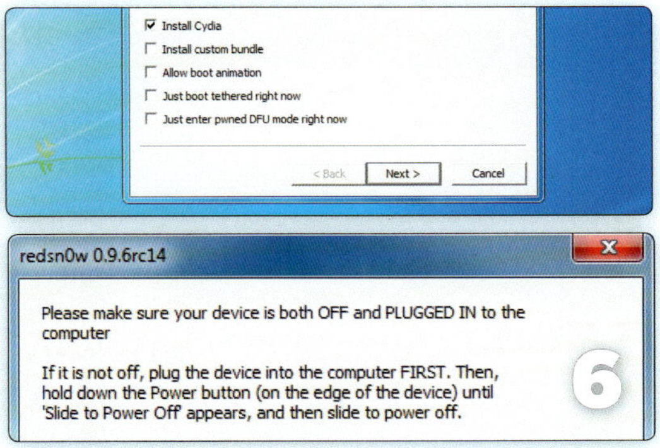

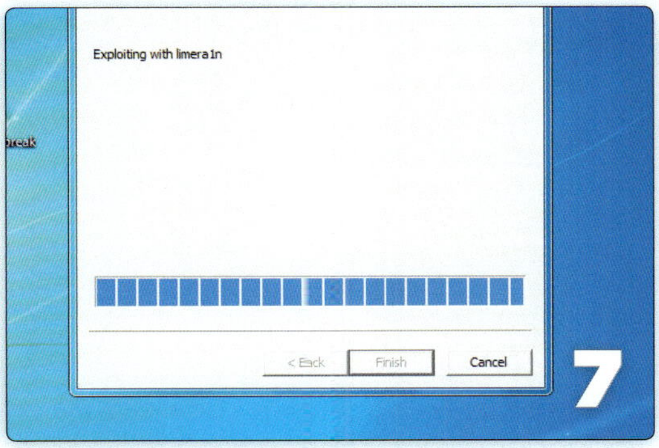

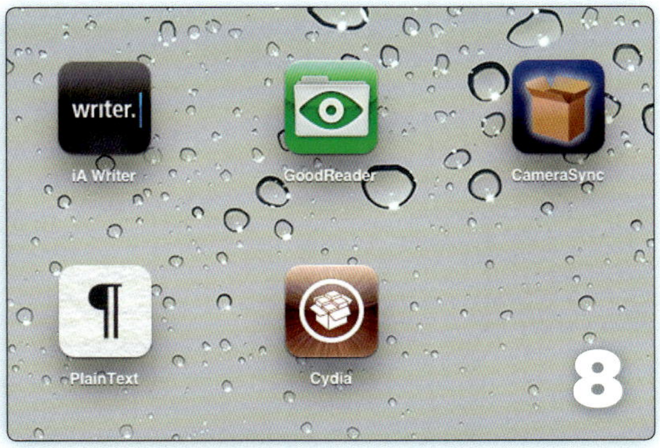

Attention aux mises à jour

Chaque outil de jailbreak est lié à une version particulière du système de l'iPad. Aussi, si iTunes vous propose une mise à jour système (voir p. 44) alors que votre iPad est jailbreaké, retenez-vous. Non seulement l'installation du nouveau système vous ferait perdre le bénéfice du jailbreak, mais, de plus, il faut donner le temps aux artisans du jailbreak de trouver le moyen de jailbreaker le nouveau système. Car chaque fois que Apple modifie son système, la méthode de jailbreak précédemment employée ne fonctionne plus.

COMMENT... INSTALLER DES APPLICATIONS JAILBREAKÉES

Une fois que votre iPad est « jailbreaké » (voir p. 122), vous pouvez installer des applications introuvables sur l'App Store d'Apple. Tout se passe dans l'application Cydia, installée lors de la procédure de jailbreak.

Les applications disponibles sur Cydia sont la raison d'être du jailbreak. Il peut s'agir d'applications traditionnelles, que l'on lance d'une pression sur son icône, ou bien d'extensions du système qui lui rajoutent des fonctions d'une manière qu'Apple n'approuve pas... mais qui peuvent pourtant s'avérer bien pratiques. Voici deux exemples : un gratuit et un payant. Car, oui, toutes les applications jailbreakées ne sont pas gratuites : il s'agit d'un véritable monde parallèle.

1 PREMIER LANCEMENT DE CYDIA

Tapez sur l'icône de Cydia. Lors de son premier lancement, l'application vous demande de choisir un mode d'utilisation. Optez pour le premier, appelé « Utilisateur », afin d'obtenir l'interface la plus simple.

2 DÉCOUVRIR CYDIA

La page d'accueil de Cydia vous donne quelques informations et des accès directs à ses différentes sections. Vous remarquerez que seules quelques-unes ont été traduites en français. Le monde du jailbreak est en effet essentiellement anglophone. Commencez par toucher le bouton Featured pour découvrir une sélection d'applications jailbreakées, parmi les plus intéressantes et les plus souvent installées. Dans la catégorie Free Extensions, tapez sur le bouton SBSettings.

3 INSTALLER UNE PREMIÈRE APPLICATION JAILBREAKÉE

La page qui s'affiche présente en quelques mots l'application sélectionnée, et propose parfois des captures d'écran. Lorsque vous êtes prêt, touchez le bouton Installer, en haut à droite de l'écran. Une fenêtre de confirmation s'affiche. Touchez le bouton Confirmer pour lancer le téléchargement et l'installation.

4 UTILISER L'APPLICATION JAILBREAKÉE

SBSettings pourrait à elle seule motiver le jailbreak de

Naviguer dans les catégories

Cydia propose une barre d'icônes en bas de l'écran. Touchez Catégories pour afficher toutes les sections d'applications jailbreakées disponibles. Passez de l'une à l'autre pour trouver l'application qui vous convient et l'installer comme indiquée ci-contre.

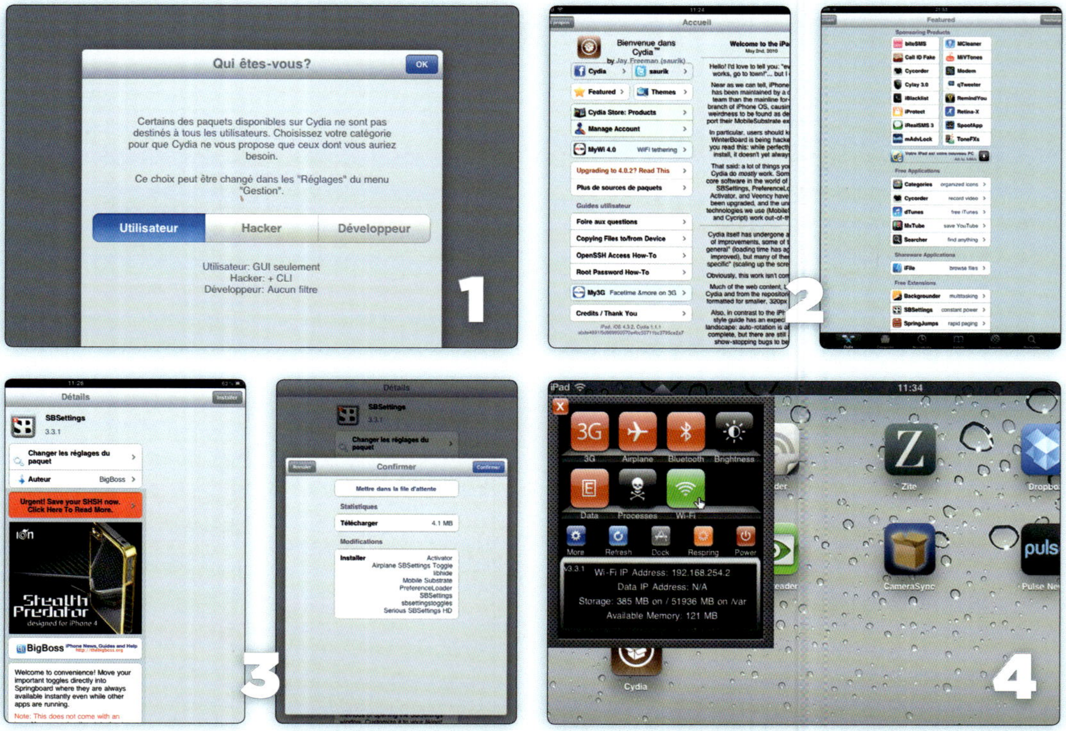

votre iPad. Elle n'installe pas d'icône sur l'écran d'accueil. Pour l'activer, faites glisser latéralement votre doigt sur la barre supérieure de l'iPad, là où s'affiche l'heure. Une petite fenêtre s'affiche, et propose un accès direct à quelques fonctions bien pratiques comme l'activation du mode avion pour couper toutes les communications de l'iPad ou la luminosité. Plus besoin de vous rendre dans les réglages de l'iPad, tout est à portée de doigt, y compris lorsque vous êtes dans une application.

5 **ACHETER UNE APPLICATION JAILBREAKÉE** Au fur et à mesure de vos pérégrinations dans Cydia, vous vous apercevrez que certaines des applications sont payantes. Le bouton Installer se transforme alors en Acheter ou Purchase, selon le cas, et le prix de l'application s'affiche en dollars.

6 **CRÉER UN COMPTE ET SE CONNECTER** Si vous vous décidez à l'acheter, Cydia vous demande de vous connecter à votre compte Facebook ou Gmail. Cydia se sert de l'un de vos comptes comme d'un identifiant pour lier votre iPad au magasin d'applications jailbreakées. Entrez l'identifiant et le mot de passe. S'il s'agit de votre premier achat sur Cydia, quelques secondes seront nécessaires pour que votre iPad soit enregistré dans la base de données de Cydia. L'écran suivant vous propose différents modes de paiement.

7 **PAYER ET INSTALLER** Pas question bien sûr de payer via votre compte iTunes cette fois-ci : Apple ne cautionne pas les applications jailbreakées ! Vous pouvez en revanche payer, par exemple, via votre compte Paypal (www.paypal.fr), le même que celui qui vous sert peut-être déjà pour payer ou recevoir des paiements sur eBay. Entrez vos identifiants pour payer. Une fois le paiement accepté, ce qui ne prend en général pas plus de quelques secondes, la fiche se met à jour et le prix de l'application est remplacé par le message « Package officially purchased ». Le bouton Purchase se transforme en Installer. Tapez dessus pour lancer la procédure d'installation habituelle (voir étapes précédentes). Cydia garde la trace de vos achats : vous pourrez donc réinstaller gratuitement toutes les applications jailbreakées que vous avez déjà payées.

8 **UTILISER L'APPLICATION PAYANTE** Ici, nous avons acheté l'application FoldersInFolders qui, comme son nom l'indique, permet de créer des dossiers d'applications à l'intérieur d'un dossier, ce que le système d'Apple n'autorise pas. Il suffit pour cela de faire glisser un dossier sur un autre dossier. Un sous-dossier se comporte comme un dossier, auquel vous pouvez donner le nom que vous souhaitez, dans la zone de titre au dessus des icônes qu'il contient.

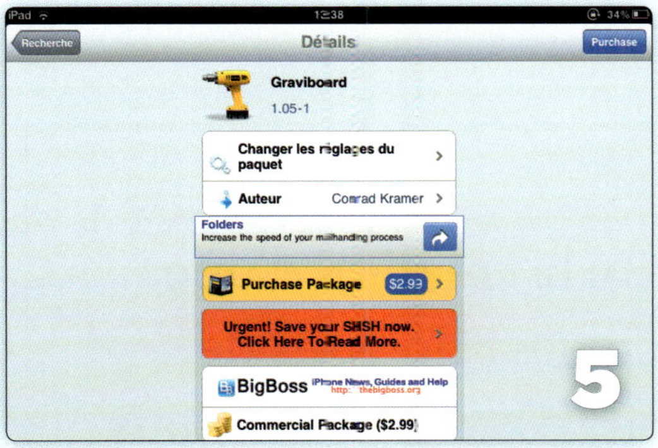

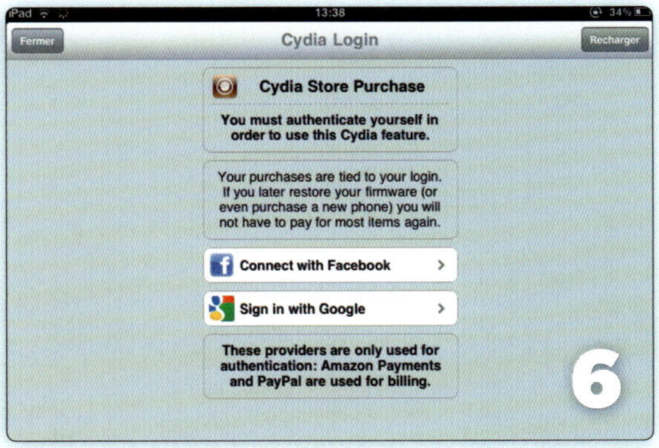

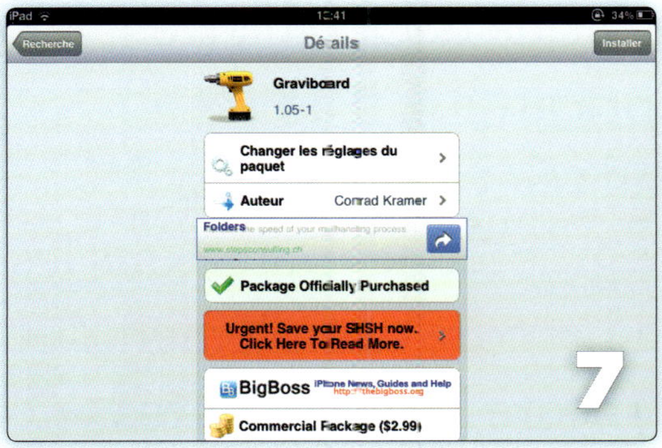

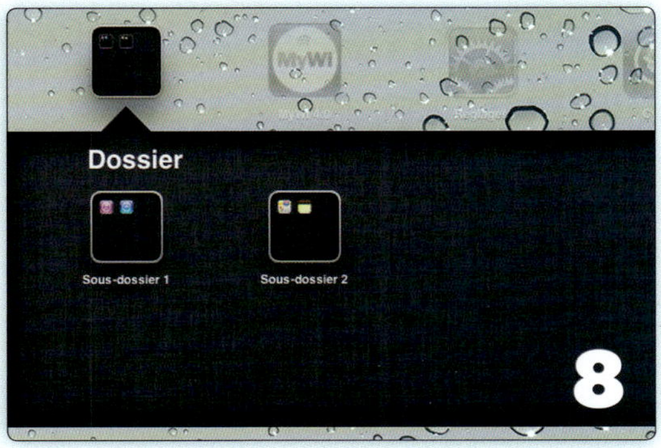

Trouver des applications

Si vous connaissez le nom de l'application que vous souhaitez installer, touchez l'icône Recherche dans la barre inférieure et tapez le nom dans la zone de saisie. Remarquez que la liste d'applications pouvant correspondre se met à jour au fur et à mesure que vous tapez. La recherche est donc aussi un bon moyen de dénicher une application intéressante en tapant un thème au petit bonheur la chance…

11

Equipez et complétez votre iPad

À DÉCOUVRIR DANS CES PAGES

Les meilleurs accessoires pour l'iPad

Comme l'iPhone, l'iPad suscite la création d'une foultitude d'accessoires classiques : housses de protection, chargeurs, stations d'accueil, etc. Mais le caractère profondément hybride de la tablette débride l'imagination des fabricants. L'iPad instrument de musique, l'iPad téléviseur, l'iPad console de jeu, l'iPad tablette graphique. Dans tous les domaines, vous pourrez lui adjoindre compléments et extensions pour en étendre encore les possibilités.

SUPPORT DESIGN

Encore

L'iPad fait le bonheur des designers. Pas seulement de ceux qui l'ont dessiné, mais aussi de tous ceux qui tentent de lui inventer compléments et accessoires. On en veut pour preuve les supports que conçoit pour l'iPhone, le Mac ou la tablette le taïwanais Just Mobile. Autour des mêmes matériaux que ceux utilisés par Apple, ce pied a été imaginé dans un double souci d'esthétique et de simplicité. Sa patte en plastique cale la tablette à l'horizontale ou à la verticale avec différents degrés d'inclinaison selon que l'on souhaite juste l'exposer pour la regarder, ou la toucher et travailler avec. Un concept que ne renierait pas Jonathan Ive, le designer vedette d'Apple.

PRIX : 70 €. MARQUE : JUST MOBILE - WWW.JUST-MOBILE.EU

TRANSMETTEUR AUDIO

BBR 100

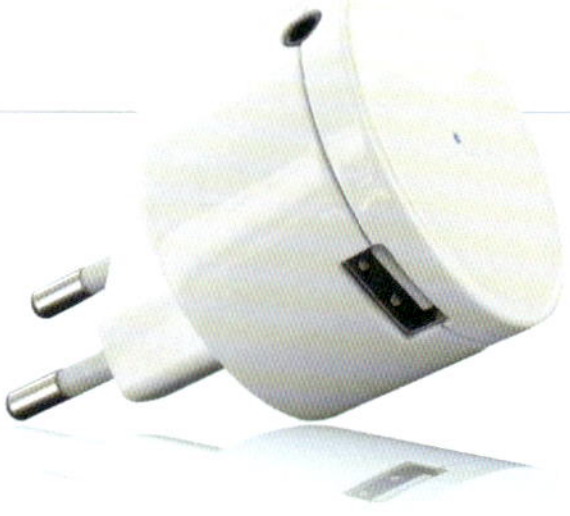

On dirait une banale prise de courant. En réalité, cet adaptateur abrite un récepteur audio sans fil Bluetooth. Avec son connecteur mini-jack, il se branche avec un cordon stéréo à l'entrée audio d'une chaîne Hi-Fi. L'iPad le détecte, effectue le jumelage nécessaire, et lui envoie sa musique, sans fil jusqu'à une trentaine de mètres. De quoi emmener la tablette loin du salon, sans arrêter la musique. La qualité de réception est étonnante, même dans un appartement avec des murs et des couloirs.

PRIX : 30 €. MARQUE : BEEWI

ENCEINTES

Philips Fidelio Primo DS9000

Une station d'accueil haut-parleurs de plus ? Outre le fait qu'elle est une des rares capables d'accueillir un iPad, celle-ci est surtout très haut de gamme avec des courbes soignées et plusieurs dispositifs de traitement sonore pour une acoustique hors-pair et une très haute-fidélité. Pesant dix kilos, cette station embarque deux tweeters mais aussi deux caissons de basse 4''. Son petit plus, c'est une application gratuite à télécharger sur l'App Store qui permet à fois d'égaliser le son depuis l'iPad quand il est en place sur la prise dock de l'enceinte, et de programmer une fonction radio-réveil pour s'éveiller en musique.

PRIX : 500 €. MARQUE : PHILIPS.
WWW.PHILIPS.FR

MANETTE AMOVIBLE

Fling Game Controller Ninja

Pas besoin d'être un « hardcore gamer » pour reconnaître que rien ne remplace une manette dans la plupart des jeux vidéo. L'accéléromètre de la tablette fait des merveilles, mais certaines actions se contrôlent mal, du bout du pouce dans un coin de l'écran. D'où l'intérêt de cette astucieuse manette, qui se colle sur l'écran à l'aide de 2 ventouses pour contrôler idéalement tous les jeux iOS utilisant un joystick directionnel. Shoot'em up ou first person shooter, jeu de rôle, peu importe dès qu'il s'agit de diriger dans quatre directions au moins. Transparent pour ne rien masquer du jeu lui-même, l'objet se fait oublier une fois en place sur l'écran

PRIX : 25 €. MARQUE : TEN ONE DESIGN
WWW.CRAZYPHONIC.COM

ENCEINTE SANS FIL

Jambox

Sous ces airs de gros Lego géant, ce pavé en acier brossé disponible en quatre couleurs n'est autre qu'une enceinte sans fil. Elle se connecte simplement avec la tablette ou n'importe quel appareil compatible Bluetooth pour remplacer avantageusement leur mini haut parleur et diffuser leur musique ou le son des vidéos un peu plus haut et fort. Mais cette brique colorée est aussi équipée d'un microphone pour permettre de discuter à plusieurs autour d'une table avec un correspondant via FaceTime ou Skype. Sa batterie Ion-Lithium offre une dizaine d'heures d'autonomie et se recharge sitôt l'enceinte branchée à la prise USB d'un ordinateur. La Jambox en profite alors pour se mettre à jour et ajouter régulièrement de nouvelles fonctions.

PRIX : 200 € MARQUE : JAWBONE - EU.JAWBONE.COM

STYLET

Alu Pen

Avec l'iPad, l'iPhone et tous les autres appareils dotés d'écrans capacitifs, ce stylet se propose de remplacer l'index. Une aubaine pour tous ceux qui rechignent à utiliser leur doigt, ou pour les applications « graphiques ». Conçu dans un aluminium léger en six coloris au choix, et taillé comme un bon vieux crayon (12 x 1,3 x 1,2 cm) pour se prendre en main le plus naturellement du monde, il ne se contente pas de «cliquer» précisément : son embout en caoutchouc souple glisse aisément sur l'écran pour tracer et dessiner plus simplement que le bout du doigt... Inutile de vous faire un dessin !

PRIX : 25 € MARQUE : JUSTMOBILE - WWW.JUST-MOBILE.EU

BRANCHEZ

Camera Connection Kit

Ces deux adaptateurs, vendus ensemble, pallient en partie l'absence de connectique de l'iPad. Le premier pour brancher la carte SD d'un appareil photo numérique et transférer les clichés qui s'y trouvent dans l'application Photos ; le second pour faire de même en reliant un appareil photo directement avec un câble USB. Mais d'autres périphériques peuvent aussi être branché en USB avec ce second adaptateur : un clavier comme l'ultra fin en aluminium d'Apple, ou une interface audio pour relier une guitare électrique dans Garageband. Apple ne le dit pas assez !

CAMERA CONNECTION KIT. 29 € - WWW.APPLE.FR

PINCEAU NUMÉRIQUE

NomadBrush

Plusieurs applications permettent de peindre et dessiner sur l'iPad. Toutes fonctionnent au doigt mais aussi avec un stylet... et maintenant avec ce pinceau spécial, pour retrouver, sur l'écran de la tablette, les gestes et les sensations de la peinture. Le Nomadbrush n'existe qu'en une taille (19 x 0,6 cm pour un peu plus de 5 g), mais d'autres modèles sont prévus. Le secret ? Des poils conducteurs et une structure métallique dans le manche du pinceau pour faire passer le courant entre votre main et la tablette.

PRIX : 25 €. MARQUE : NOMADBRUSH
WWW.NOMADBRUSH.COM

PUPITRE ÉLECTRONIQUE

iKlip

Pour monter sur scène, la tablette doit s'accrocher ! À un pied de micro, en l'occurrence, grâce à cet adaptateur universel. Sa rotule permet d'incliner l'iPad et de l'orienter horizontalement ou verticalement selon l'application utilisée. Les musiciens afficheront une partition ou les pédales d'effets virtuels de Garageband par exemple, les conférenciers ou animateurs se contenteront d'un éditeur de textes, d'une application de présentation comme Keynote, ou d'un prompteur pour faire défiler leur speech. Une sorte de pupitre électronique en somme.

PRIX : 40 €. MARQUE : IK MULTIMÉDIA - WWW.IKMULTIMEDIA.COM

COUVERTURE ÉCOLO CHIC

Miniot Cover

Le principe est le même que la Smart Cover d'Apple, mais la matière est plus noble que le polyuréthane et plus écolo que le cuir ! Conçue aux Pays Bas, la Miniot Cover protège l'écran de l'iPad 2 avec un bel empiècement de bois proposé en plusieurs teintes. Elle se roule et se replie au dos de la tablette pour la soutenir, légèrement inclinée pour la frappe ou debout pour faire face à son écran. L'objet est distribué en direct par son fabricant via eBay.

PRIX : À PARTIR DE 70 $ (50 €). MARQUE : MINIOT. WWW.MINIOT.COM

RÉCEPTEUR TNT

Tivizen

Fin et léger, ce petit boîtier noir n'est autre qu'un récepteur télé pour regarder les chaînes de la Télévision Numérique Terrestre sur l'iPad, ou l'iPhone, en économisant son forfait 3G. Sitôt en fonction et sa petite antenne déployée, il est détecté par la tablette comme s'il s'agissait d'un réseau Wi-Fi. Il ne reste plus qu'à lancer l'application gratuite Tivizen préalablement téléchargée sur l'App Store, pour accéder aux chaînes standard (non HD) de la TNT. L'application permet aussi de mettre en pause le programme ou de l'enregistrer sur l'iPad. Ce petit tuner fonctionne un peu plus de trois heures sur sa batterie, et se recharge sur la prise USB d'un Mac ou d'un PC, qui peuvent eux aussi profiter de ses fonctions.

PRIX : 150 €. MARQUE : ELGATO - WWW.ELGATO.COM

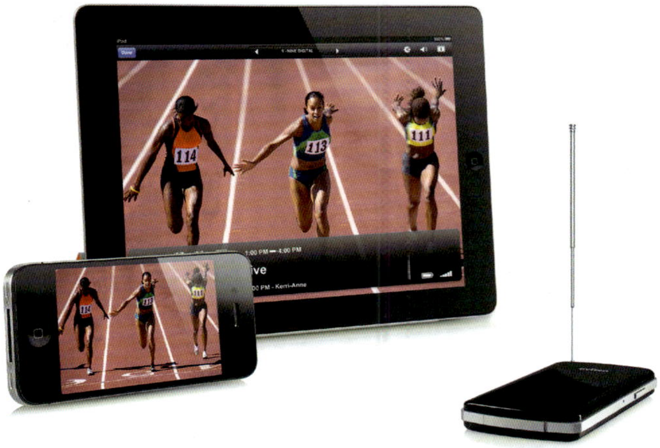

ADAPTATEUR POUR GUITARE

Jam Apogee

La guitare vous démange ? Faites-lui rencontrer l'iPad par l'intermédiaire de cet adaptateur, conçu par Apogee, un des grands noms de l'audio professionnel aux États Unis. Une guitare ou une basse électrique s'y branche avec un cordon jack, et l'adaptateur se connecte lui-même à la prise dock de la tablette. L'application Garageband détecte alors l'instrument qui peut être enregistré avec une qualité de son extraordinaire et profiter des effets et traitement proposés par le logiciel. Sur le côté, une petite molette ajuste le « gain » - le volume d'entrée - de l'instrument, et une diode lumineuse indique s'il est correctement réglé. De quoi emmener son studio d'enregistrement partout avec soi.

PRIX : 75 €. MARQUE : APOGEE. WWW.APOGEEDIGITAL.COM

ÉTUI LUXE

FoldiO

Si les étuis pour iPad sont légions, ceux pour le nouvel iPad 2 sont peu nombreux et les modèles luxe encore plus rares. Avec son extérieur cuir, celui-ci protège la nouvelle tablette de tous les côtés. Le dos est gainé sur toute la surface et ne laisse apparents que l'objectif de la caméra et les boutons de contrôle de volume sur la tranche. Devant, l'étui se ferme comme une chemise pour éteindre et couvrir l'écran durant les déplacements. Astucieuse, la couverture sert de support : soit pour incliner légèrement l'écran et faciliter la frappe sur le clavier virtuel, soit pour le tenir bien droit à l'horizontale pour regarder une vidéo.

PRIX : 45 € MARQUE : SCOSCHE.
WWW.SCOSCHE.COM/CONSUMER-TECH/PRODUCT/2118

CHARGEUR VIDE POCHE

Griffin PowerDock Dual

« Videz vos poches » semble proposer ce double chargeur qui fait le plein d'un iPad en même temps qu'un iPhone/iPod. Il remplace avantageusement deux chargeurs évitant à leurs câbles blancs de prendre la poussière. Installés verticalement, les deux appareils demeures visibles et fonctionnels, et leurs haut-parleurs actifs permettent de diffuser la radio ou de la musique. Au pied, un réceptacle accueille trousseaux de clés et menue monnaie.

PRIX : 60 €. MARQUE : GRIFFIN TECHNOLOGY
WWW.GRIFFINTECHNOLOGY.COM

CASQUE MICROPHONE

Jabra Halo

Pliable et confortable, le Halo possède une ligne qui évoque le design de Bang & Olufsen. Les oreillettes sont confortables et le son est équilibré. Il est livré avec un câble micro USB/mini-jack afin de le brancher à la sortie casque d'une chaîne Hi-Fi, d'un poste de radio ou d'un baladeur incompatible Bluetooth. Mais il s'utilise sans fil une fois jumelé avec l'iPad pour écouter de la musique ou communiquer via Facetime grâce à son microphone incorporé. Fin du fin, son contrôle du volume tactile, en effleurant la bordure de l'oreillette droite.

PRIX : 100 €. MARQUE JABRA.
WWW.JABRA.COM

MICROPHONE

iRig Mic

Dans sa bordure supérieure, l'iPad cache un microphone microscopique pour communiquer via FaceTime par exemple ou enregistrer simplement et grossièrement la voix dans des applications type dictaphone. Mais la tablette peut faire mieux et capturer une voix de façon plus directionnelle et soignée avec un vrai microphone externe. Pour enregistrer un chant dans Garageband, un conférencier ou un interlocuteur dans une interview, l'iRig Mic se branche avec son double connecteur spécial à la prise casque de la tablette ou d'un iPhone et accueille une paire d'écouteurs.

PRIX : 45 €. MARQUE : IK MULTIMÉDIA. - WWW.IKMULTIMEDIA.COM

CLAVIER TABLETTE

Akai Synthstation49

Ce clavier musical a besoin de l'iPad ! Sans, c'est un simple clavier maître MIDI, à quarante neuf touches et neuf pads sensibles, mais dépourvu de sons. Au centre de l'appareil, un emplacement avec prise Dock accueille la tablette qui joue le rôle de synthétiseur virtuel et fournit les sons, instruments ainsi que tous les réglages grâce à une application spécifique, SynthStation. L'objet présente à l'arrière des sorties audio et une sortie USB, qui lui permet d'être utilisé avec la totalité des logiciels MIDI sur Mac ou PC. Et comme il est aussi compatible Core MIDI, il peut piloter des dizaines d'applications musicales iOS sur l'iPad. Clavier et tablette combinés forment ainsi un synthétiseur complet avec écran tactile.

PRIX : 189 €. MARQUE : AKAÏ - WWW.AKAIPRO.COM/SYNTHSTATION49

Index des applications

NOTRE SÉLECTION D'APPLICATIONS INDISPENSABLES POUR ALIMENTER VOTRE IPAD, À PIOCHER SANS RETENUE SUR L'APPSTORE.

Actualités

Bande Dessinée

Communication

Musique

Dico/Encyclo

eBook

Internet

Jeux

Magazines

Partage Photo

Productivité

Retouche photo

Télévision

Utilitaires

Vidéo

NOTES